保育課程の研究

子ども主体の保育の実践を求めて

阿部和子・前原 寛［編著］

阿部和子
前原 寛
井上裕美子
宇佐美純代
内村真奈美
久留須泉子

萌文書林

発刊に寄せて

この度、『保育課程の研究』の刊行に際して、巻頭のことばを書かせていただくことは、大変うれしいことです。

著者のお一人である阿部和子氏とは「幼児の自主性」研究で、また前原寛氏とは「保育者・保育臨床」研究で、それぞれ共に長期に及ぶ取り組みを蓄積してきた経緯があるからです。しかもこれらの共同研究の共通点は、保育実践者との協働という形を取り続けてきたことでした。阿部氏は長年乳児保育の現場に臨み、自ら保育にかかわりながら状況理解と把握の方法を大事にしてこられました。その取り組み方には、発達生態学的な視点とメッシュ（編み目）状の関係構造的な了解という特色がありました。前原氏は、自ら保育所の園長として、長年保育者と集団のリーダーとして、共に実践研究に臨むという姿勢で、豊かな保育環境づくりに打ち込んでこられました。「解体保育」や「午前休息」という実践方法を地域の生活に即して展開し、園生活が子どもの最善の利益を護り、豊かな育ちの実現のために何をすべきかと、常に心を砕いて取り組まれてきた経緯を、私は知っております。

私は、このようなお二人の研究者と、保育実践に深くかかわりながら協働する場を得てきたのです。今もそしてこれからも、私たちの保育実践の探求は、ぶれることなく実践にはじまり実践に返る往還運動のような取り組みの意味深さとおもしろさに魅了され続けていくでしょう。しかも同時に、私たちは、実践研究ほど自分の在りようを問われ身を引き締める気持ちにさせられるものはない、という実感を持っています。もちろん、そのようなことを３人の間でわざわざ確認したわけでもありませんし、またその必要もないという確信を覚えています。このような実践研究への姿勢が、今回の研究のまとめを生み出していると思います。お二人自身が、実践の現場に臨み、そこでエマージェントな研究を発想し取り組まれたことは、その研究姿勢からすれば必然的なことであったと思います。

ところで、私にとってこの「エマージェント・カリキュラム」への最初のいざないは、エリザベス・ジョーンズの文献（1992）でした。その後の全米幼児教育協会刊行の雑誌「Young Children」を中心としたこの取り組みの紹介、私自身のイタリアのレッジョ・エミリア視察とドイツのヴァルデンブッフ森の幼稚園取材等の経験も加わり、この保育実践への関心は募っていきました。私はこうしたエマージェント・カリキュラムに匹敵する実践例ともっともよく遭遇したのは、障害児の支援にかかわる保育巡回相談においてでした。園に馴染まず、人に馴染まず、というような状態が続く子が、保育者の温かい受け入れの中で、しだいに人を信頼し、落ち着きはじめると、周囲への関心がめきめきと芽生えはじめ、自分なりのお気に入りの人や物や場を特定し、さらにその子らしさを発揮していく、というプロセスを経るということに遭遇することができました。子どもは自ら好んで着手しようとするように、直に触れたりかかわって学べるチャンスを持てるような温かいまなざしに見守られて育つ中で、たくさんのことを学んでいきます。形としては、子どもたちの興味・関心をベースにした保育計画（カリキュラム）です。どの子どもも、他の子たちと共に在ることからたくさんの興味・関心を得ているのだという事実、温かく受け入れられていることが子どもたちの興味・関心を広げ、また深めもするという大事な前提が重要であること、実体験こそが子どもの問題解決力や自由闊達な遊びに裏付けられた確かな学びを保障するものであることなどが、鮮烈に際立つ園生活をつくっています。

そのことは、今回のこの共編著に登場する保育園の実践例の中で確かめられるでしょう。「エマージェント・カリキュラム」に関心を持って取り組まれたこれらの園の実践例をみると、レッジョ・エミリアやアメリカに展開する保育方法の当てはめによる成功例の紹介、というような類の研究報告ではないことを教えられます。創発カリキュラムというように我が国では紹介されていますが、要は子どもの興味・関心をベースにした保育計画ですから、身近な子どもの生きる現場に臨んでみれば、都心なり里山なり、あるいは海辺なりにと、子どもと家庭の生活の営みがあるところに、必ずいきいきとした子どもたちの興味・関心と出会えます。それを保育者がしっかりとキャッチするとき、創発的な保育の計画的で組織的な取り組みは、そのような子どもの生きる現場においてこそ、間違いなく“立ち現れる”（emerge）のです。子どもの自由奔放な発想や感性の豊かさをベースにするということは、縦横のマトリックスで先験的に構成を備え、その枠組みへ子どもの言動を落とし込んでいくような発想やスタイルの対応では収まりが悪いため、むしろあふれ流れる想いを追える仕方として、ウェブ（あるいはウエッビングと言う）方式、つまり網目状の表現法が適切なものとして用いられています。前原氏らの実践例がその方式で興味深い状況描写を示してくれています。エリザベス・ジョーンズの紹介である「エマージェント・カリキュラム」では、保育者が子どもの遊びにプランナーとしてかかわる姿として描いています。子どもの興味・関心をベースにして、それをカリキュラムとして園生活を組織的・計画的に支えていくのは、他ならぬ保育者自身です。保育者の手に託されてはじめて子どもたちの興味・関心がさらに意思決定や自立心、あるいは責任能力へと高められていく手立てが備えられることになるのです。

今回の刊行が、新保育指針の大きな変更点となっている「保育課程」に、日頃の実践を踏まえた切り口からの研究的な取り組みをされているところに、まさに実践の創意工夫の実例をみる思いを新たにしています。

2009年4月8日

（大妻女子大学学長）大場幸夫

はじめに

保育は生活です。

それは、保育園という場所を中心にして、子どもとともに暮らす大人の生活であり、大人とともに暮らす子どもの生活です。そこで営まれる生活（保育）は、そこにいる人やものやことの関係が輻輳（ふくそう）する動態であり、とらえどころがないようにも見えます。

本書は、このとらえどころのない日々の生活を、場所の広がりとゆるやかな時間の流れの中で、子どもと保育者の育ちをとらえようとする試みです。この試みは、子どもや保育者の育ちとその土壌である生活（保育）を、保育の計画という視点から具体化しようとするものです。

おりしも、保育所保育指針が改定され、今までの保育と何がどのように変わったのでしょうか。また、変わらずに引き継がれているのは何でしょうか。そもそも、保育所保育指針を常に意識して保育してきたでしょうか。毎日の保育の中で「子どもが変わった」「保育が忙しくなった」など、断片的に意識に上っては消える気がかりなことを、忙しさに埋没して先送りしてきていなかったでしょうか。

保育所保育指針の改定を機会にこれまでの保育を振り返りながら、意識的に保育に取り組みたいものです。新しい指針の位置づけがガイドラインから厚生労働大臣告示になったことは、保育所保育が保育所保育指針に沿って行うことを要求しています。

新保育所保育指針の改定点はいくつかありますが、その中で、「保育計画」が「保育課程」という言葉に改められました。平成11年の保育所保育指針における保育の計画は、全体的な「保育計画」と具体的な「指導計画」とがありますが、そこにおける「保育計画」が「保育課程」という言葉に改められました。さらに、保育の計画に基づいて保育し、その内容の評価と改善に努め、保育の質の向上を図ることが明記されました。保育の計画（保育課程と指導計画）の考え方が大きく変わったというようには考えられませんが、計画と実践（―評価）の往還をより意識し密着させた形で「保育の質の向上」を図るように打ちだされたところに、変えたことの意図があるように思います。

本書は、これまでも言われてきていることであり、新保育指針においても明記された保育の計画－実践－記録－評価－計画の修正－実践……という保育の大きな環を「子どもの生活や育ち」と意識的に往還させようとする試みです。そのように保育実践を考えようとしますと、まず、私たちの実践の下敷きになっていて、普段あまり意識に上ることのない「子どもの育ちをどのようにとらえているのか（子ども観）」を意識化することが重要になります。そして、子どもにどのように育ってほしいのかという育ちの方向に対する目標（子どもの育ちの方向に対する願い）を意識に上らせることになります。それから、子どもへの願いをもとに、日々の生活をどのように実践するのかという大人のあり方や方法が検討されることになります。子どもとの生活を営むための見えない枠組みが検討されるだけでは不十分です。それは、どんなに注意深く子どもを見、理解しても、他者である子どもの「ここの今」を生きる欲求が、大人の理解を超えているからです。こうして、子どもとの生活のありようが振り返られ、大人の子ども理解やそれに基づく生活の枠組みを再構成する必要に迫られます。

このような営み（保育）は、子どもと生活をともにし続けようとする大人を成長させ、子ども自身を成長・発達させると考えられます。本書は、大人と子どもの成長・発達に寄与する保育の全体を包括する「保育課程」、それを「ここの今の子どもの姿」を発達過程の中に位置づけて展開する指導計画を標榜するものです。指導計画は、実際の子どもとの生活と保育目標の間を行き来しながら修正されるものであるという考え方を強く意識しています。

したがって、本書の構成は以下のようになります。

第1章は、「主体としての子ども」をキーワードに「子ども観」を描きだす努力をしています。「主体的」ということは、保育や教育、そして日常の生活の中で当たり前のように使われる言葉ですが、「主体的って何？」と問われたときに言葉に詰まってしまうことがしばしばです。しかし、保育・教育、日常の生活の中で大切にされている概念です。保育所保育指針にもしばしば出てきます。ここでは、子どもの興味・関心、自発的、「わたしの世界」などのキーワードを使って「主体的」「主体性の育ち」をとりあえず言葉にしました。

第2章は、新旧保育所保育指針の保育の計画にあたる部分を読み取り、保育課程の射程を明らかにしました。そして、なぜ、保育課程に盛り込まれる範囲が拡大されたのかについて、社会の変化を背景に読み解きました。さらに、保育の計画を「教育課程」と呼ぶ、幼稚園教育要領との相違点、共通点を明らかにしました。

第3章は、子どもの主体的行動や主体性の育ちを中心にした保育を展開するためのカリキュラム（保育課程・指導計画）はどのようなものになるのかを検討し、子どもの興味・関心をもとに計画される創発カリキュラムについての理論を展開しました。子どもの興味・関心を重視する創発カリキュラムの特徴は、子どもの遊びの力、自発的に外界にかかわる力を信頼することに基礎をおきます。それは、大人が考える従来の時系列の枠を緩やかにすることで子どもの自発性が尊重される（子どもの体感できる時間で生活が営まれる）ことになります。そこから、展開される保育を表現する方法としてウェブ式に活動が広がることになります。

第4章は、従来型の時系列に沿って書いていた保育の計画では、自分たちが重視する子どもの自発性や興味・関心を大切にする保育のありようが表現できないことに違和を感じ、研究会を開いて検討した経緯を記述しました。研究会では、子どもの興味・関心を大切にした保育実践を表現するカリキュラムの表現方法を検討し、創発カリキュラムにたどり着いた経緯を明らかにしています。

保育の計画を計画のままにして日々の実践と切り離されたところにおくのではなく、日々の保育の仮説として位置づけ、実践との関係で仮説（計画）を検証（振り返り）し、修正することを実践していたからこそ、たどり着いたカリキュラムであり、記述の方法だということが理解できます。

そして、第5章では、以下の続く創発カリキュラムとして、ウェブの形式へと変化していく過程が試行錯誤されています。ここは、従来型の時系列を重視したカリキュラムから、その時系列を緩やかにしたウェブ式のカリキュラムへの変更は形式だけの変更ではなく、保育において何を重視するのかという保育の根本となる枠組みの変更でもあり、もともと、時系列で表現するカリキュラムに違和を感じていた保育者でさえ、それの表現に苦しんでいる様子が記述されています。真に子どもを主体にする保育を模索し、それをどのように表現するに至ったのかを、等身大で表現しています。また、一時保育や子育て支援の計画についてもこの中で検討されました。

第6章は、子ども主体の保育をどのようにカリキュラムに表現するのかを具体的に展開しました。3歳未満児を0・1歳児クラスで、3歳以上児の例として4歳児クラスのものを展開しました。くり返しになりますがそこでは、計画を計画としてではなく、計画－実践－記録（評価）のサイクルの中での生きた計画を立てていることを強調しました。生きているということは、「とらえどころのなさ」を持っていますので、修正はつきものであることも述べました。

第7章は、これまでに展開してきた創発カリキュラムにおいて、重視される環境の構成についての計画について考えました。創発カリキュラムの中核は子どもの興味・関心に基づく自発的行動の尊重です。保育園で生活する子どもの一人ひとりの興味・関心に基づく自発的行動を尊重する保育は、ねらいを意識しながらも一人ひとりのここの今の興味・関心をできるだけ読み取り、それらの行動を展開することから保育を組み立てることを重視します。それは保育者が子どものそれらに応えることも重要ですが、子どもの興味・関心に沿った環境を構成する、つまり、環境が子どもの興味・関心に働きかけることも重要と考えます。第5章、6章において、子どもの興味・関心を土台にした生活を、時系列を緩やかにするという子どもの行動や生活のリズムの尊重という点を強調しましたが、第7章は、それを展開する場の豊かさという点から展開したものです。時間の緩やかさと活動が展開される場の豊かさの両面から検討されることで、創発カリキュラムが成り立ちます。第7章は園庭の環境を例に環境の構成の計画を展開しました。これは、保育室や園全体の生活リズムや四季の変化などを含みこんで検討されています。

第8章においては、創発カリキュラムに基づく保育の展開は「子ども理解（ここの今の興味・関心やその活動をもとに展開したときの発達の姿）」が重要になります。一人ひとりの子どもの理解は、実践の記録をもとになされます。また、話し合いが重要になります。ただでさえ、忙しい保育の日常において、そのような時間を確保するために、さまざまな保育の工夫が必要になります。ここに、今回、創発カリキュラムに沿って保育を実践しその経過を分担執筆した本書の主人公である安良保育園の先生たちの工夫を紹介しています。これらを参考に各園でさまざまな工夫がされ、忙しい中にも時間的なゆとりを持ち、子ども主体の保育を考える契機となることを願ってやみません。

そして、わたしたちの未来である「子どもの生活」を今一度、保育所保育指針の改定をきっかけに「（子どもの）生活を、（子どもとともにある）生活で、（子どもの）生活へ」という、保育者と子どもの主体性同士のかかわりを軸にした「子どもの生活」を考えてみたいと思います。

2009年3月

阿部和子

『保育課程の研究』もくじ

1 章

主体としての子ども
―子ども観と保育観をめぐって―

1 主体としての子ども

本書は、「はじめに」においても明らかにしましたように、保育所において、保育の計画－実践－記録－評価－計画の修正－実践……という保育の大きな環を「子どもの生活や育ち」と意識的に往還させて考えてみようとする試みです。

本書で展開しようとしている子どもの生活は、小学校以降の生活も視野に入れた保育所における子どもの生活です。この時期の子どもたちは、圧倒的に「わけのわからない世界」を生きています。その周囲に多少の訳知りの大人がいて、その生活を成り立たせている行為の意味を、ともに生活することを通して子どもに伝えようとし、子どもはその意味を獲得しようとします。これらのかかわりを通して、子どもはその行為の意味を理解し、それを実現する力を獲得していきます。やがては、どのような場面でどのように振舞うのか（考えるのか）を意識的・無意識的に行為を選択し、その行為に責任を持つ・持たないというように行動するようになっていきます。

次ページの図表1－1をもとに説明すると、保育は生活ですから、保育所は子どもと保育者の実際のやりとりが展開する場であり、そこで営まれる生活のすべてが保育内容です。この生活を成り立たせているものの基底は、子どものここの今を生きようとする欲求と、その子どもとともに生活（保育）する保育者の子どもの育ちへの願いです。

保育者側に焦点を当てると、子どもの育ちへの願いは、保育者自身の人間観（どう生きることが望ましいと考えているのか）が下敷きになっています。そしてそれらの願いを実践するうえでの保育の計画（生活内容の予定表）は、保育観（子どもを理解し、その育ちへの大人の願いをどのように実現していくのか）が下敷きになっています。このようにして、保育の計画は、これまでの子どもとの生活を通して理解した子どもの姿をもとに、その姿と重ね合わせるよう

【図表 1-1】生活と子どもと保育者の育ち

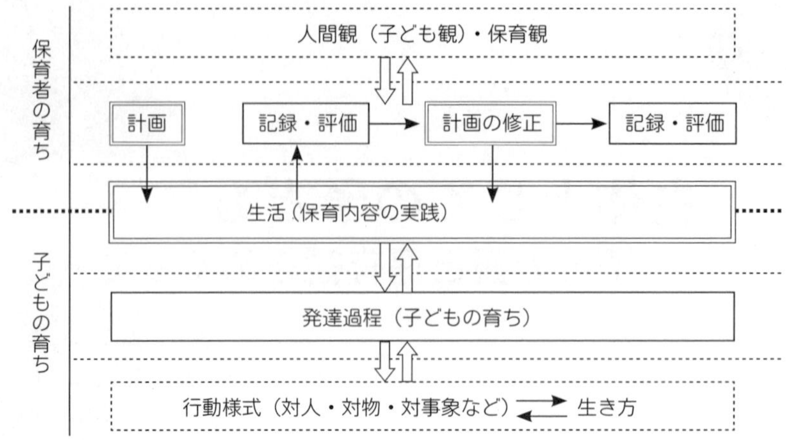

に、保育者の子どもへの願い（育ってほしい子ども像など）の実践の計画（保育課程・指導計画）を作成します。実践の計画は過去の子どもの姿をもとにした、これからの生活（経験したことのない近未来の生活）の計画です。ですから、子どもとの実際の生活（保育）は、計画を立てたあとの生活です。なかなか計画通りに、生活（保育）が展開しないことが予想されます。計画通りに生活（保育）が展開しない理由の一つは、保育者が子どもと日常生活をともにつくり上げているとしても、どんなに子どもを理解しようとしても、子どもが他者であるかぎり「わからない」ことがあり、子どもを理解しきれないということです。もう一つは、保育者がとらえた理解しきれていない子どもの姿をもとにした、これからの生活（保育）の計画であることから、ときに、保育者の予想をはるかに超えた生活に展開していく可能性を持っていることです。

他者である子どもを完全に理解することは難しいということです。このようなわからなさを持つものをもとにしてしか作成することができないのが保育の計画です（保育に限らず、計画はそのようなものだと思いますが）。したがって、保育の計画が実践されるときには、ねらい（保育者の願い）と目の前の「子どもの欲求（興味・関心）」との折り合いをつけながら計画は修正されることになります。保育は、保育者の計画通りに生活（保育）を展開するのではなく、目の前の子どもとの折り合いをつけて生活（保育内容）をつくり上げていくものです。

以上のような生活（保育実践）と計画に対する考え方から、保育課程・指導計画を考える上で、保育者自身がどのような生活（保育）を望んでいるのか。また、子どもとの生活（保育）をどのようにとらえるのかということを検討することが重要になってきます。

1．子どもを主体としてとらえるということ

保育の日常においては「主体的に……」という言葉が当たり前に聞かれます。しかし、「主体的に……」ということを、生活の断片においては実感できたとしても、日常の生活に

踏みとどまりながら、「子ども主体」とはどのようなことをいうのかを考えて、表現しようとしてきたでしょうか。

たとえば、子どもたちと一緒に遊び込んでいるとき、給食の時間がきてしまって子どもたちが口々に「もう、給食？　もっとやりたい」などと言い、なかなか遊びが終わらないときなど日常によく経験します。保育者も楽しさの中にいますから、子どもの気持ちが十分に理解でき、この楽しさを、給食を挟んでどう持続させるかを容易に提案できます。このエピソードのように遊びの楽しさの中に埋没していて、保育者自身が他の保育者に声をかけられ「我に返る」ような経験をしたとき、保育者自身の今の欲求を十分に満足して、遊びきったという感覚を持ったことがあると思います。

このように、生活のある一面において、「子どもが子どもの興味・関心の中で、我を忘れて感情の渦の中に埋没し動き回る」状態を保育者がともに経験したときに、子どもが、子どもの全身で遊びきった（主体的）生活を実感することができます。しかし、子どもを主体としてとらえるということは、エピソードのように日常の一瞬だけが、その生活の主人公（主体）として生活できればいいのでもありません。また、子どもの生活は、興味・関心のあることだけで展開されるとはかぎりません。

私たちは、ともに暮らす人たちと、ときに仲たがいをしたりしますが、基本的には、相手も自分と同じように感じたり、考えたりしているという暗黙の前提の上に日々の生活を営んでいます。日々が平穏に過ぎているときは「わたし（主体）」をあまり意識することはありません。人との関係が意識されるのは、「わたし」の常識とはかけ離れて、ことが展開するときです。「わたし」の常識がゆらいだときに、「私は……と考える」というように、他とは異なる「わたし」が姿を表します。「わたし」は人との関係の中で姿を表すようです。

子どもの行動は、子ども自身の欲求（興味・関心）のもとに展開されますが、それはおおよそ、一人の世界ではなく他者との世界の中で展開されることになります。ということは、日常に同じような経験を重ねているとしても、また、時や場を共有しているとしても、同じ興味・関心を持つとは限りません。他者との世界においては、興味・関心がある程度一致し、また、ある程度修正しさえすれば欲求がかなうこともあります。また、興味・関心がズレていたり、どうしても相手の使っているものがほしかったりしていざこざが起きたりします。また、自分の思い描いた遊びを展開するために、思い通りに相手を動かしたいが思うようにいかないことも起きます。これらの行為の一つ一つに、うれしい・楽しい、相手を攻撃して負かそう、イライラなどの感情が絡みつきます。

これらの行為のただなかで、フィードバックされる感情の渦は、他の誰でもないこの身体からわき起こる自分自身の感情です。この、他が代わることができない世界を、その主体の世界と考えます。この、他に代わることのできない世界を十分に生ききることが、その人がその人になっていく、つまり、その主体性が発達する上での核になる経験ととらえます。主体が発達するということは、そのときどきの主体としての在りようがあるということです。

主体性の発達は、良いとか悪いとかの善悪の判断を超えて、自ら動き、その身体にわき起こる感情の渦を十分に経験することがその出発点になります。そこには、その主体の生を支える大人がいます。

たとえば、0歳児の保育室、それまで、玩具を次から次へと代えてあっちこっち這いまわって遊んでいた子どもが、突然に泣き出します。すると、傍にいた保育者が「△△ちゃんは、○○先生が大好きなんだね。すぐに帰ってくるよ」と抱き上げるというように、今、まさにここでわき起こっている感情に、傍らにいた保育者が意味づけをします。また、ブロックで飛行機を作ろうとしています。完成させるためには☆☆のブロックが必要でそれに手を出したら、たまたま、○○君が使っています。完成させたい欲求が強ければ強いほどその☆☆のブロックに固執します（自分の興味・関心から出た行動を完成させようとする）。そこで、いざこざが発生します。このいざこざを十分に経験することです。泣き、主張し、何とか自分のものにしようとし、相手も譲りません。このいざこざに周囲の子どもたちや保育者が巻き込まれます。周囲でのやりとりを巻き込んでことが運びます。思い通り手に入れることができたときも、できなかったときも出来事には感情が絡みつきます。その感情をどのようにコントロールするのか。この感情のコントロールは、誰かが代わってするのではなく、ことの当事者が葛藤し、逡巡することを受け入れられ、自分自身でコントロールできるように周囲に支えられることで、主体的であること（そのときをこの身体で感じ取る）を経験します。主体性の獲得過程は、社会性（共同）の獲得過程と裏表の関係にあります。

よくよく考えてみると、人と異なるこの身体を持ち、その身体で生活をしているということは、他者とともに生活をし、ときに支えてもらいながらも、他者に代わってもらうことのできない、その個（「わたし」）としての生活をしているともいえます。他に代わってもらうことができないということは、他者とともにありながら「『わたし』が考え・感じ、『わたし』の身体で行為する（周囲のものや人とかかわることでフィードバックされる）感覚の中に、『わたし』がいる」ということです。それは、「わたし」が「わたし」の世界を方向づける代替のきかない存在（主体的存在）であることを指します。しかし、主体的ということは「わたし」が周囲から孤立することを意味しているわけではありません。先にも触れましたように、主体性と共同性は裏と表の関係にあり、一つの身体の中で、あるいは一人の「わたし」の中で、主体性と共同性の発達が、分かちがたく結びついていると考えられるからです。

さて、人は、いつか・どこかにその生を受けます。その生まれて生を営む場所は、すでに、さまざまな意味を持ち合わせている社会的・文化的な網の目が張りめぐらされています。

人は生まれ持っている力（種として持ち合わせている能力）を土台にして、生まれた場所で生を営みはじめますから、その生の内実はその生まれ育つ環境に大きく方向づけられます。その生の主体は、生まれた個別の環境の中で、生の営みを通して主体としての固有の世界と、他者とともにあるための共同の世界を併せ持つことになります。主体としての固有の世界は、これまでも述べたように、この身体を通して感覚する代替のきかない固有の部分を持つ「わたし」の世界を指すことになります。そして、主体としての共同の世界は、一人では生きられないヒトの生物学的な宿命と社会的文化的存在として、他者とのかかわりの世界を生きることになります。他者とは、共感したり意味を共有したりすることができる「わたし」と地続きの世界を生きる個であるとともに、「わからなさ」を併せ持つ存在ともとらえられます。

本書では、とりあえず、主体的ということを、周囲や他者の「わたし（主体）」の世界とどのようにかかわり、そして関係を結びながら、どのように「わたしがわたしである」世界を生きようとしているのか、また、生きているのかについて他から区別される個別のリアリティに軸足を置くこととととらえることにします。

2．主体としての子どもの生活　―関係を生きる子ども―

（1）子どもの園生活の日常　―主体性の読み取り―

ここでは、さらに前項で考えた主体的であることを保育実践の中で具体的に見てみようと思います。次のエピソードは、保育の日常の様子です。クラスは４歳児です。

保育者は、梅雨時の久しぶりの晴れ間に、本日の予定していた保育内容を変更して、外で思いっきり体を動かして遊ばせてやりたい①と考えました。「外で、ドン・じゃんけん（陣取り）しようか」と呼びかける②と子どもたちは「やる」③と言って園庭に出て、保育者と一緒に遊び始めました。よくルールのわからない子がいたりして、しばしば遊びが中断します。また、遊びの輪から離れていく子が増えてくる④と、保育者は「高鬼しよう」と誘います。すると、また、子どもたちが集まり遊びが活発になりますが、鬼に追いかけられることが少ない子（つかまりたくないので自分からそうしているのですが）は、輪から抜けていきます。そうして、子どもが少なくなってくると保育者は「〇〇までかけっこしよう」と誘い、また、子どもたちの動きが活発になっていきます。こうして、子どもと保育者は十分に体を動かして「楽しかったね。また、遊ぼうね」⑤などと言いながら給食の準備を始めます。

その集団の動きに加わらないで、遊んでいる子どもも数人います。その中の一人のＨくんは、最初は、「ドン・じゃんけん」をしようと思ったようです。保育者の後を追って、園庭の中央に行こうとし砂場を横切ったときに、少しの間、上を見上げています⑥。それから、立つ位置をずらしては上を見ています。しばらくして、砂場遊びの道具の中からペットボトルを持ってきて、ペットボトルの口を上に向けて、上を見ながらあっちこっち動いています⑦。砂場で遊んでいる子どもたちをよけながら、砂場を覆っている藤棚から落ちてくるしずくをペットボトルに入れようとしているようです。園庭にいる間中、落ちてくるしずくを待ち、ペットボトルに入れようとしています。こうして、給食の時間がくるまでペットボトルを持って砂場をうろうろしていました⑧。

次の日から毎日、シトシトと雨が降り続きます。多少の雨の場合は、砂場を覆う藤棚⑨のおかげで、外でも遊ぶことができます。次の日もその次の日もＨくんはペットボトルを持ってしずくを集めています⑩。何日か後には、ペットボトルの口にジョウゴが置かれています⑪。少し、集めやすくなっているようです。

梅雨が明けて晴れの日が続きますが、Ｈくんは砂場と水道を行ったり来たりしています。手には相変わらずペットボトルとジョウゴを持っています⑫。

砂場で保育者が「なに作ってるの？」と聞くと、うれしそうに「きれいな水」と答えます。よく見ると、ジョウゴの上には葉っぱや小石、木屑など園庭に落ちているさまざまなゴミのようなものがのっかっています。「それで、きれいな水ができるの？」と保育者が聞くと、「うん、少し」と砂場の泥水をジョウゴの上に流しながら言います⑬。少しすると、水が少しペットボトルに溜まっていきます。Hくんは保育者にそれを見せて「きれいな水ができた」（大人から見るとあまり変わらないようにも見えますが）とうれしそうに言います。それから、Hくんは「ひみつなの」と言って、これまでに作ったらしい水の入っているペットボトルが置かれている道具小屋の後ろの草むらに保育者を案内しました⑭。

図表１－２の中の①～⑤までの活動の流れについて、この流れを形づくっている「保育者の願い」はもっともなことです。毎日の雨で、狭い保育室で過ごしている子どもたちを見ると、「思いっきり体を動かして遊ばせて上げたい」という思いに駆られます。そして、この保育者の願いは、「うん、やる」と子どもたちが同意していることから、子どもの興味をある程度理解しての働きかけであることがわかります。しかし、子ども自らの発案ではない提供された遊びは、子ども一人ひとりの思惑と微妙に異なり、興味が長く続かないことが理解できます。図表１－２の④のところがそのことに気づくきっかけであったと思いますが、保育者の思い（体を思いっきり動かす）が強ければ強いほど、体を動かし続ける方向への働きかけになります。つまり、目の前で起きている出来事の、子どもの側の視点が見えにくくなります。たとえ、⑤「楽しかったね、また、遊ぼう」と子どもが喜んだとしても、保育者が育ってほしいと願っている「主体性の獲得」から離れて、ここの今の出来事が、主体性の獲得の筋道から切り離されて、子ども自らが遊び（生活）を作り出す機会を奪うことにもつながりかねません。

一方、⑥～⑭のHくんの行動の流れは、①～⑤の流れと異なったものになっています。Hくん自らが「おや、何だろう（事象への興味）」と動き出しています。この「冷たさ」の原因を探し出します。藤棚から落ちてくるしずくを発見し、さらに、そのしずくを追いかけて、自分の見解を確認しているかのようです。そのような動きをしている中で、これまでの生活（遊び）の経験と今の事象が結びついて「しずくを集めること」を思いつき、集めようとします。園庭の環境構成としての藤棚は、日よけのために設けられたのだと思いますが、保育者の意図を超えてさまざまに子どもに働きかけていることが理解できます。

先の「思いっきり体を動かして遊ばせてあげたい」と考えている保育者からすると、遠くから見るHくんの動きは、砂場をうろうろしていると映って、集団の遊びに誘うこともできますが誘いません。保育者は、集団で遊びながらも、そこから離れて遊んでいる子も気にかけますが、その子どもの「それで遊びたい」ということを尊重しているように見えます。

Hくんに関しては、必ずしもHくんを想定していたわけではなく、砂場での遊びの展開を予測して、砂場にジョウゴやペットボトルを多めに用意して置いていました。このような保

【図表 1-2】エピソードの整理

No	行動の流れ （①〜⑤は保育者、⑥〜⑭は主にHくん）	読み取り
①	外で思いっきり体を動かして遊ばせてやりたい	＊梅雨時の保育室内での活動状況からの思い
②	「外で、ドン・じゃんけん（陣取り）しようか」と呼びかける	＊保育者の思いの実行へ向けての子どもたちへの「働きかけ」（遊びの提案）
③	子どもたちは「やる」と言う	・保育者の誘いを受け入れ、気持ちが「ドン・じゃんけん」に向かう
④	しばしば遊びが中断します。また、遊びの輪から離れていく子が増えてくる	・遊びへの興味が持続しない子が多くなる
⑤	「楽しかったね。また、遊ぼうね」	・遊びを終えての「子どもの充実感」
⑥	園庭の中央に行こうとし砂場を横切ったときに、少しの間、上を見上げています	＊・保育者の誘いを受けて「ドン・じゃんけん」をしようと園庭に向かうが、偶然の出来事の原因を探す（「おや、何だろう」「何で冷たいんだ」）
⑦	砂場遊びの道具の中からペットボトルを持ってきて、	・落ちてきて当ったのはしずくだ。しずくを集めよう。集めるための道具を持ってくる ＊砂場遊びのための環境（道具がそろっている）
⑧	給食の時間がくるまでペットボトルを持って砂場をうろうろしていました	・ペットボトルにしずくを集めること（あるいは、狭い口にしずくが入るようにコントロールすることに）に夢中になる
⑨	砂場を覆う藤棚	＊Hくんの遊びのきっかけを作り、さらに持続させるための環境（保育者の意図を超えているかも知れないが、結果として）
⑩	次の日もその次の日もHくんはペットボトルを持ってしずくを集めています	・しずくを集めることに夢中・没頭（何がHくんを駆り立てているのか） ＊没頭できる時間、没頭できる園での生活のありよう
⑪	ペットボトルの口にジョウゴが置かれています	＊必ずしもHくんの行動を予測したわけではないが、砂場における子どもの活動を予想して、あるいは、展開してほしい遊びの環境を整えておく
⑫	砂場と水道を行ったり来たりしています。手にはペットボトルとジョウゴを持っています	・梅雨が明けて、しずくはもう集められない。Hくんの興味はジョウゴを使ってペットボトルに水を入れることに移ったらしい。水道と砂場を行き来する ＊砂場の砂、園庭のゴミ、水
⑬	ジョウゴの上には葉っぱや小石、木屑など園庭に落ちているさまざまなゴミのようなものがのっかっています。「それで、きれいな水ができるの？」と保育者が聞くと、「うん、少し」と言いながら砂場の泥水をジョウゴの上に流しながら言います	・ジョウゴを使って水をペットボトルに入れているうちに、偶然にそばにあった落ち葉をジョウゴに入れてみたら、水がゆっくりペットボトルに落ちることを発見 ・手当たりしだいにゴミを拾ってジョウゴにのっけて試していたら、水がにごることもあることを発見（ゴミについていた泥など） ・そのにごった水を、ジョウゴを通して入れているうちに、水の色の変化に気づく ・何回も何回も試しているうちに「きれいな水」になることを発見
⑭	Hくんは「ひみつなの」と言って、これまでに作ったらしい水の入っているペットボトルが置かれている道具小屋の後ろの草むらに保育者を案内しました	・作った水（興味の結晶・わたしの作り出したわたしの世界）を貯蔵する ・わたしの世界（秘密）の共有－他とは異なるわたしの世界が安定する ＊他とは異なるわたしの世界を共有する大人がいる（わたしの世界が踏みにじられない信頼できる大人がいる）

（表中の＊は保育者の働きかけや環境構成、・は子どもの行動や子どもの様子を表す）

育者の配慮があって、Ｈくんの興味は、少しずつ姿を変えて持続します。

Ｈくんが H くんの偶然に出会った出来事に興味をひかれて、その興味に従って、さまざまに周囲のものにかかわり、そのかかわりを通して得られる変化に気持ちを躍らせたり、何でだろうと考えたりしながら遊んでいる姿にこの時期の子どもの「わたしの世界（この時期の主体性）」を見ることができます。

「わたし」がわたしの世界を方向づける、つまり、こうでもない・ああでもないと考えながら外界を操作し（身体でかかわり）、その結果が身体を通じて直接に自分自身の感覚にフィードバックされる実感をもとに、次の行動を決定することを十分に経験していると考えられます。

このように主体的な生活を考えて、もう一度エピソードの①～⑤に戻って考えてみます。

くり返しになりますが、保育者の「梅雨時の晴れ間、思いっきり体を動かして遊ばせてあげたい」という願いは、保育者であれば当然に持つ願いであると考えられます。この保育者の「願いの実現」を子どもたちと共有するためには、一回、子どもたちの実感の世界をくぐり抜けることが必要になると思います。これからの活動（外で体を動かす）に向けて、それぞれの子どものこれまでに蓄積されている外遊びの経験（「あれをやったときにおもしろかった」など）から、これからの外遊びのイメージへの興味がわき起こって、それからの「遊び」（保育者のイメージとは多少異なったものになる可能性がありますが）であることが、子どもの主体性を尊重した生活ということになると考えられます。これまでにみんなで遊ぶ楽しさを十分に経験していて、この遊びをまたはみんなで遊びたい気持ちが強ければ、途中でおもしろくなくなったときにも、おもしろくする工夫ができる可能性があります。このときに、保育者は１人の意見だけではなく、その遊びに加わっている子どもたちの意見を調整しなければなりません。子どもたちは他の「わたし」の世界（他者の主体）と交渉することを通して、主体同士としての生活を実践することになります。主体同士としての生活のありようは、自然に、子どもたちに任せておけばできるものではなく、主体的な存在としての保育者のかかわりが必要になります。このかかわり合いそのものが保育の内容になります。

主体同士としてのかかわり合いは、エピソードのＨくんの遊びのように、時間がゆっくりと流れます。また、他者とのかかわりにおいては、予想通りにことが展開したり、予想外のことが起きてみたりということに伴ってわき起こる情動・感情の渦の内側を経験（いざこざや葛藤なども含めて）したり、渦の外側でどうすればよかったのかを考えたりしながら、急激にことが展開したり、ゆっくりと展開したりします。したがって、「時計の針が６になったら○○しよう」というような正確に時を刻む時間だけで生活していないことを理解する必要があります。主体的に生活をする子どもの時間は、概していうとゆったりと流れているように見えて、目を凝らして子どもの動きを見てみると、豊かな感情が細やかに、ときに大胆に躍動するダイナミックな時間です。

（2）主体として「向き合う」こと　―保育観―

これまで4歳児クラスのエピソードを通して「子どもの主体的な生活」の姿を考えてきました。主体性は、その最初から持ち合わせているわけではありません。誤解のないようにくり返しますが、主体として生活を展開する上での生物学的な基礎（体を持って生まれる）は持ちあわせてはいますが、それがすぐ、主体的な生活をしていることにはなりません。

人は内外未分化（自他融合）の状態で、この世に生を受けます。その生を出発させるのに必要な最低限の力を持って生まれてきます。しかし、その最低限の力も、周囲に受け入れられなければその力を発揮することができないばかりか、その生命を持続することすらできません。誰か他の人の世話が必要になります。

この世話をする大人の「人に対するありよう（何を大切に人とかかわるのかという人の生き方に対する価値観）」が、子どもの生活や発達に大きな影響を及ぼすことは、すでに触れました。

たとえば、子どもは何もわからないのだから、わかるように一つ一つ教えなければならないという考え方（大人主導）があります。この考え方に立つと、子どもがこの社会に適応していくために、あるいは生きていくために必要な行動様式を、乳幼児期が肝心であるからと、社会が要求する行動を、その場にふさわしい振る舞いをするように子どもに要求することになります。

たとえば、子どもの主体性を尊重するという考え方に立てば、その子どものそのときの心情や獲得されている振る舞い方などをベースに、その場における大人の願いを伝えることになります。その願いは必ずしも子どもに受け入れられるとは限りませんが、働きかけは、その場で要求される行動様式そのものにではなく、子どもの気持ち（欲求のありよう＝興味・関心）のありようを核にして、その場にふさわしい行動様式を獲得する過程における働きかけということになります。

人は生まれたそのときから、生物学的には主体的存在ですが、主体的に生きることが可能かどうかは周囲の世話を受ける人の考え方やその実践によって方向づけられます。肝心の生きる様式をその周囲に依存したところからその生が始まります。本書は、子どもがある程度、自分で考えられるようになるまでは、大人が主導的に生活を作り上げるという、いわゆる「しつけ」の考え方をとりません。子どもが、出生のそのときから、子どもがそのときに持ち合わせている力を十分に使うこと、そのとき持ち合わせている力を手がかりにして、できない部分を手伝うことで、そのときどきの子どもの主体のありようを前提に向かい合います。

つまり、子どもの発達過程におけるそのときどきの子どもの主体的なありよう（乳幼児期においては子どもの興味・関心が重要な意味を持つ）をかかわりの出発点にします。子どもに子どもの世界に住む主体的な存在（大人とは異なる世界の住人）として、向かいます。子どもを一人前にする（しつける）ために、大人の思うように操作する客体におとしめるのではなく、あくまでも、子どもが自分の人生を自分のものとして作り上げていく主体として向かいます。

主体同士の生活は、面倒です。いちいち、お互いに相手の欲求や意思を確かめ合わなければなりません。ときに、対立します。年齢が低ければ低いほどこのやりとりは難しく時間がかかります。しかし、子どもそれぞれが、それぞれに主体性を形成していくためには、主体として対応されることと、さらに面倒なやりとりを共にし合うことが肝心です。この面倒なかかわりが、相手の主体性に気づき、自分自身の主体性を形成していくことにつながっていきます。

誰かに動かされることの多いかかわり（そのときどきの気持ちの揺れ動きを考えてもらえず、もののように動かされる生活）からは、人をもののように利用すること（自分の思い通りに人を動かす）は学習されても、主体性は育ちようがありません。

（3）主体としての育ち（わたしの世界の形成）の過程

人は、主体として向き合われることで主体性を獲得していくということをこれまでに見てきました。主体性（わたしの世界）はどのように形成されていくのでしょうか。もちろん、保育は、ここの今を生きる子どもの欲求（興味・関心）を理解して、生活を作り上げていくことです。そこの、その場のそのような背景を持つ子どもの育ちは、そこにおけるやりとりの中で方向づけられていきますから、子どもの主体性はこのような発達過程を経るということをあらかじめいうことは、これまでに主張してきたことと矛盾します。

しかし、それでもなお、主体性はこのような発達の過程を経る（いわゆる一般法則）ということをいう意味は、子ども理解の認識の枠組みとして有用であるということです。大幅に社会のありよう（育ちの土壌）が異なれば、これまでに蓄積してきた子どもに対する知見は意味を持たなくなるということはあると思いますが、大枠で社会のありよう（育ちの土壌）の変化が小さなゆれ幅の中にある場合は、とりあえず、子どもの発達の方向を理解する手がかりとなるということです。

もちろん、主体性の具体的な表れ方は、個々に異なる様相を呈すると思いますが、その様相の意味を深くたどっていくと、ある幅を持って一般法則の中におさまるのではないかと考えています。しかし、主体同士としてかかわるということは、あくまでも、子どもの自発性（興味・関心）から出発するということを忘れてはならないと思います。子どもは一般法則を生きているのではなく、具体的な場所と時間で、それぞれの背景を背負いながら、そのときどきの子ども自身の興味・関心を中心とした（または大人が望むことを中心とした）個別の世界を生きています。

具体的には、1歳3か月になったら、どの子どもも一斉に歩き出すことはありませんし、言葉も片言を話し始めるということはありません。子どもがどのような環境で、どのような考え方の大人と生活しているのかということなどに大きく影響を受けます。そして、たとえきょうだいでも同じ環境の下で同じ生活をしているとは限らないことを考えますと、異なった環境を生きる一人ひとりの子どもの示す育ちの姿は一様ではないということです。その具体的な世界を抽象していったときに一般法則が見えてきます。大雑把な発達の道筋が見えてくるということです。

筆者は、保育現場に通いながら、子どもの育ちのエピソードを集めました。それらを、自己が形づくられるまでの3歳までと、自己を獲得した後の自己の広がりと深まりについて、

3歳から5歳までとして自己の育ちを整理しました。それを再度、「わたし（自己）の世界のありようの変容」として「わたしがわたしの世界」を獲得し、その後の広がりと深まっていく過程として整理し、さらに、保育所保育指針の第2章に書かれている発達過程をあわせて作成したものが図表1－3です。

図表1－3でわかるように、同じ子どもの発達過程の記述であっても、発達する子どもの姿のどこに視点を当てるのかでその様相が異なってくることがわかります。概して言うと、保育所保育指針における記述は、子どもが子どもの生活をすることを通して、その生活に必要な能力を獲得していく過程に力点をおいています。一方、「わたしの世界」を獲得する過程の記述は、どちらかというと、子どもが子どもの生活をすることを通して獲得した能力を使う主体である「わたし」が「わたし」になっていく過程の記述になっています。

保育（生活）は、一義的には、子どもが子ども自身の生活をするために必要な最低限の能力を獲得することを援助することです。その生活を通して、その能力の持ち主である「わたし」を獲得するとともに、その「わたし（主体）」が、生活の中で獲得した能力を駆使して、どのように生活を再構成していくのかという、「わたし」の生き方が方向づけることになります。

【図表 1-3】「わたしの世界（主体性）」の獲得過程

過程	「わたしの世界」のありようの変容	具体的な姿	保育所保育指針 第2章2発達過程から抜粋
Ⅰ 出生時	・内外未分化（自他融合）	・生まれ持っている力（原始反射・外界認知の手段である五感・共鳴動作など）で、積極的に外界に向かう。 ・周囲の大人はこれを手がかりにかかわる。	
Ⅱ 3、4か月頃から	・外界（先に自分の外側から）の分化	・内外未分化の中にあって、先に周囲が分化してくる。 ・子どもの快いという情動と結びついて、周囲から人が分化する。	・首がすわり、手足の動きが活発になる。 ・寝返り、腹ばいなど全身の動きが活発になる。 ・視覚、聴覚などの感覚の発達はめざましく、泣く、笑うなどの表情の変化や体の動き、喃語などで自分の欲求を表現し、これに応答的に関わる特定の大人との間に情緒的な絆が形成される。
Ⅲ 6か月以降	・外界の分化（人一般の中から、特定の人群が分化する）	・探索活動が盛んになる。 ・子どもの欲求充足（快の状態）と結びついて、快さと結びついた人へ向かう（人見知りが起きる）。 ・周囲のものが分化し、その意味（ものの性質を理解し始める）を獲得し始める。	・座る、はう、立つ、つたい歩きといった運動機能が発達する。 ・周囲の人や物に興味を示し、探索活動が活発になる。 ・特定の大人との応答的な関わりにより、情緒的な絆が深まり、あやしてもらうと喜ぶなどやりとりが盛んになる一方で人見知りをするようになる。
Ⅳ 1歳前後	・自立への欲求	・探索活動（見て触れて試してみるなど）が盛んになる。 ・できないのにやりたがるので、無数の試行（大人から見れば失敗と映る）をくり返す。 ・できないのにやりたがり、大人の制止の手を振り払う。	・身近な大人との関係の中で、自分の意思や欲求を身振りなどで伝えようとする。 ・大人から自分に向けられた気持ちや簡単な言葉かけが分かるようになる。 ・食事は離乳食から幼児食へ徐々に移行する。

Ⅴ 1歳半 前後から	・所有意識の芽生え（自分の欲求とのかかわりで外界をとらえ始める） ・自分の身体の所有（欲求と身体の関係に気づく）	・もの（遊具や道具など）とじっくりとかかわる―手指を使った探索活動が盛んになる。 ・ものにこだわる（お気に入りの玩具・遊び）。 ・身体と欲求の関係に気づいた子どもは、自分ですること（「自分で」を主張する）にこだわる。	・歩き始め、手を使い、言葉を話すようになることにより、身近な人や身の回りの物に自発的に働きかけていく。 ・歩く、押す、つまむ、めくるなどの様々な運動機能の発達や新しい行動の獲得により、環境に働きかける意欲を一層高める。 ・物をやり取りしたり、取り合ったりする姿が見られる。
Ⅵ 1歳半 ～ 2歳半頃	・もの・こと・ひとを独占する。 ・自他の内面におぼろげながら気づき始める。	・情緒的に結びついた大人を独占（甘え）。 ・情緒的に結びついたもの・玩具を独占（抱え込む）。	・象徴機能が発達し、玩具などを実物に見立てるなど人や物との関わりが強まる。 ・大人の言うことが分かるようになり、自分の意思を親しい大人に伝えたいという欲求が高まる ・指差し、身振り、片言などを盛んに使うようになり、二語文を話し始める。
Ⅶ 2歳代 ～ 3歳代	・自他の境目、自他のそれぞれに閉じられた空間が分化し始める。空間の間に向かう。 ・身体・行為・気持ちの関係に気づき、それらを所有する主体としての「わたし」が姿を表す＝自己の中心を獲得し、そこから世界に向かう。 ・欲求の論理（良くありたい）に埋没している	・人との間のルールに向かう（他の子の遊びに参加したいときは「いれて」―「いいよ」の約束事に従いだす）。 ・ルールを介して人へ向かう。 ・自分の経験に基づいた論理で行動する。大人から見ると自己中心的な（一見わがまま）行動が多くなる（自己の中心を獲得し、そこから周囲を見始めるので、当然の姿である）。自己中心の世界を十分に生きる。 ・他より良いわたしでありたくて、大人から見ると、つまらないことで張り合う（たとえば、声の大きさとか、他の子より速く帽子をかぶるとか）。	・歩く、走る、跳ぶなどの基本的な運動機能や、指先の機能が発達する。 ・食事、衣類の着脱など身の回りのことを自分でしようとする。 ・排泄の自立のための身体的な機能も整ってくる。 ・発声が明瞭になり、語彙も著しく増加し、自分の意思や欲求を言葉で表出できるようになる。 ・行動範囲が広がり探索活動が盛んになる中、自我の育ちの表れとして、強く自己主張する姿が見られる。 ・盛んに模倣し物事の間の共通性を見いだし、大人と一緒に簡単なごっこ遊びを楽しむ。
おおむね 3歳			・基本的な運動機能が伸び、食事、排泄、衣類の着脱などもほぼ自立できるようになる。 ・話し言葉の基礎ができ、盛んに質問するなど知的興味や関心が高まる。 ・自我がよりはっきりとしてくるとともに、友達との関わりが多くなるが、実際には平行遊びであることが多い。 ・大人の行動や日常生活において経験したことをごっこ遊びに取り入れたり、象徴機能や観察力を発揮して遊びの内容に発展性が見られるようになる。 ・予想や意図、期待を持って行動できるようになる。
Ⅷ 4歳代	・閉じた自己の内面に向かう。 ・欲求の論理・現実の論理のはざまにある。	・他とは違う「良いわたしでありたい」欲求が強くなる一方、ことに取り組み思うように身体をコントロールできないなどの現実を経験し、臆病になることがある。 ・「良いわたしでありたい」という欲求から、他児とのトラブルが増える。 ・他の人の目を通して自分を見て、「認めたくないわたし」を笑うことができる（できないわたしもわたしであることを受け入れ始める）。 ・秩序（決まりや約束事）に向かうことで、欲求をコントロールする。	・全身のバランスを取る能力が発達し、体の動きが巧みになる。 ・自然など身近な環境に積極的に関わり、様々な物の特性を知り、それらとの関わり方や遊び方を体得していく。 ・想像力が豊かになり、目的を持って行動し、つくったり、かいたり、試したりするようになるが、自分の行動やその結果を予測して不安になるなど葛藤も経験する。 ・仲間とのつながりが強くなる中で、けんかも増えてくる。 ・一方、決まりの大切さに気づき守ろうとする。 ・感情が豊かになり、身近な人の気持ちを察し、少しずつ自分の気持ちを抑えられたり、我慢ができるようになる

Ⅸ 5歳代 ～ 6歳代		・現実を受け入れつつ、未来（大きくなること）を良いものとしてとらえ始める（誕生日や4月生まれは8月生まれよりよいなど)。 ・一方、良いわたしを脅かす「他のわたし（他児)」を陥れてまでも「良いわたし」を守ろうとすることもある（自分ができない逆上がりをしている他の子を「かっこつけちゃって」と冷やかすなど)。 ・お互いの「わたしの世界」を共有しようとする（仲良し集団内だけの決まりごとを作り守ろうとする)。	・基本的な生活習慣が身に付く。 ・喜んで運動遊びをしたり、仲間とともに活発に遊ぶ。 ・言葉により共通のイメージを持って遊んだり、目的に向かって集団で行動することが増える。 ・さらに遊びを発展させ、楽しむために、自分たちで決まりをつくる。 ・自分なりに考えて判断したり、判断する力が生まれ、けんかを自分たちで解決しようとするなど、お互いに相手を許したりといった、社会生活に必要な基本的な力を身に付けていく。 ・他人の役に立つことを嬉しく感じたり、仲間の中の一人としての自覚が生まれる。
おおむね 6歳	・希望の論理（大きくなること＝未来は良いものという考え）で行動する。	・今はできないけどできるようになりたいと努力（練習－鍵盤ハーモニカ、縄跳び、鉄棒など）する。 ・「良いわたし」になるために、他児の忠告を受け入れて、忠告に沿おうとする。さらに、忠告に沿っているかどうかの確認を求める。 ・自分の取り組みにある程度の見通しが立てられ「できないとき手伝って」と援助を断る。 ・仲間関係を他と区別するが、そこでもトラブルが起きる。自分たちで修復できるときもある。	・全身運動が滑らかで巧みになり、快活に飛び回るようになる。 ・これまでの体験から、自信や予想や見通しを立てる力が育ち心身ともに力があふれ、意欲が旺盛になる。 ・役割の分担が生まれるような協同遊びやごっこ遊びに満足するまで取り組もうとする。 ・思考力や認識力も高まり、自然事象や社会事象、文字などへの興味や関心も深まっていく。 ・身近な大人に甘え、気持ちを休めることもあるが、様々な経験を通して自立心が一層高まっていく。

②　保育所保育指針からの子ども観・保育観の読み取り

1節において、本書が下敷きにする子ども観・保育観を述べました。2節においては、保育所保育指針においてこの子ども観・保育観を確認することを試みます。保育所保育指針の目次を構造化したものが図表1－4（p.20）になります。

第1章総則には、保育所の役割、保育所で展開される保育の原理（保育の目標・保育の方法・保育の環境）が書かれています。第2章と第6章は保育を受ける対象の理解と支援の方向が記述されています。第3・4・5章は、保育所の役割を果たすための内容とそれをどのように実践するのかということが記述されています。第7章は、保育所の役割を果たす上での保育所（保育者）に問われる資質を向上するための方法が記述されています。

保育所保育指針の子ども観やそれを実践するための保育方法（狭義の保育観）は、指針全体の中にちりばめられていると考えられますが、ここでは、子ども観・保育観を第1章 総則における保育の目標、保育の方法、保育の環境からの読み取りを試みようと思います。

【図表 1-4】保育所保育指針の目次の構造化

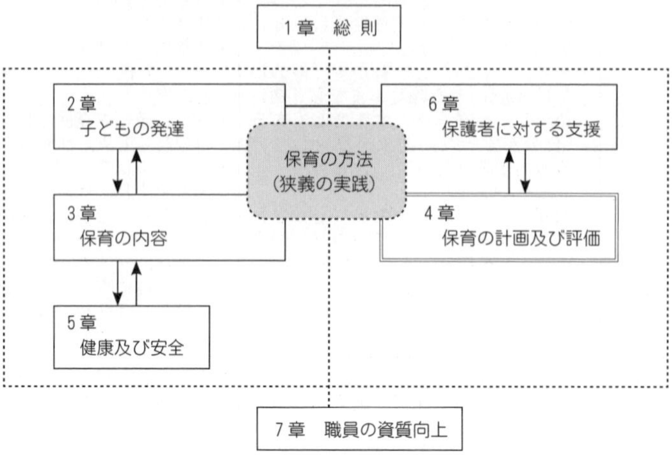

1．保育の目標から

保育所保育の目標は、現在を最も良く生き、その結果として望ましい未来をつくり出す力の基礎を育むところにあります。「現在を最も良く生きる」「望ましい未来をつくり出す力の基礎」とはどういうことをいうのでしょうか。保育の目標を達成するためのねらいからそれを見てみます。

「現在を最も良く生きる」については、次のように読み取ることができます。

周囲の大人によって配慮される養護的なかかわり（自分の気持ちを安心して表し、生理的な欲求が十分に満たされ、周囲から主体として受け止められる健康で安全な生活）のもとに、身近な環境（人やもの、自然や社会事象など）に身体を十分に動かしてかかわり、また、言葉でかかわり、自分の気持ちを表現し伝え合う喜びと充実感に溢れた生活をすることと読み取ることができます。そのような生活を通して、「望ましい未来をつくり出す力の基礎」が培われるとしています。

それでは、「望ましい未来をつくり出す力の基礎」とはどのような力だといっているのでしょうか。保育の目標（ア）～（カ）をもとに図表1－6を作成しました。それをもとに考えてみます。

自分自身やその周囲の人や環境（生命、自然及び社会事象）に興味を持つことが核になり、望ましい未来をつくり出す力の基礎が培われます。望ましい未来をつくり出す力は「自分自身を含めた人に対する愛情や信頼感、人権意識、豊かな感情や思考力、創造力、言葉や自分の感じたこと・考えたことを表現する手段」を指しているといえます。保育所保育指針は、これらの力を持つ「わたし」を獲得し、その世界を広げていくことを、未来を生きる人々に望んでいると理解することができます。

乳幼児期の保育において、子ども自身の興味・関心（子どもの自発性）の理解がとくに重要であることが強調されていると考えられます。

【図表 1-5】指針にみる子ども観・保育観（保育所保育指針第１章３（１）より）

<table>
<tr><td colspan="4">ア　保育所の保育は、子どもが現在を最も良く生き、望ましい未来をつくり出す力の基礎を培うために、次の目標を目指して行わなければならない。（抜粋）</td></tr>
<tr><td colspan="2">保育の目標</td><td colspan="2">保育のねらい</td></tr>
<tr><td rowspan="2">（ア）</td><td rowspan="2">十分に養護の行き届いた環境の下に、くつろいだ雰囲気の中で子どもの様々な欲求を満たし、生命の保持及び情緒の安定を図ること。</td><td>養護
生命の保持</td><td>・一人一人の子どもが快適に生活できるようにする。
・一人一人の子どもが健康で安全に過ごせるようにする。
・一人一人の子どもの生理的欲求が、十分に満たされるようにする。
・一人一人の子どもの健康増進が、積極的に図られるようにする。</td></tr>
<tr><td>養護
情緒の安定</td><td>・一人一人の子どもが、安定感を持って過ごせるようにする。
・一人一人の子どもが、自分の気持ちを安心して表すことができるようにする。
・一人一人の子どもが、周囲から主体として受け止められ、主体として育ち、自分を肯定する気持ちが育まれていくようにする。
・一人一人の子どもの心身の疲れが癒されるようにする。</td></tr>
<tr><td>（イ）</td><td>健康、安全など生活に必要な基本的な態度を養い、心身の健康の基礎を培う。</td><td>教育
健康</td><td>・明るく伸び伸びと行動し、充実感を味わう。
・自分の体を十分に動かし、進んで運動しようとする。
・健康、安全な生活に必要な習慣や態度を身に付ける。</td></tr>
<tr><td>（ウ）</td><td>人との関わりの中で、人に対する愛情と信頼感、そして人権を大切にする心を育てるとともに、自主、自立及び協調の態度を養い、道徳性の芽生えを培うこと。</td><td>教育
人間関係</td><td>・保育所生活を楽しみ、自分の力で行動することの充実感を味わう。
・身近な人と親しみ、関わりを深め、愛情や信頼感を持つ。
・社会生活における望ましい習慣や態度を身に付ける。</td></tr>
<tr><td>（エ）</td><td>生命、自然及び社会の事象についての興味や関心を育て、それらの対する豊かな心情や思考力の芽生えを培うこと。</td><td>教育
環境</td><td>・身近な環境に親しみ、自然と触れ合う中で様々な事象に興味や関心を持つ。
・身近な環境に自分から関わり、発見を楽しんだり、考えたりし、それを生活に取り入れようとする。
・身近な事物を見たり、考えたり、扱ったりする中で、物の性質や数量、文字などに対する感覚を豊かにする。</td></tr>
<tr><td>（オ）</td><td>生活の中で、言葉への興味や関心を育て、話したり、聞いたり、相手の話を理解しようとするなど、言葉の豊かさを養うこと。</td><td>教育
言葉</td><td>・自分の気持ちを言葉で表現する楽しさを味わう。
・人の言葉や話などをよく聞き、自分の経験したことや考えたことを話し、伝え合う喜びを味わう。
・日常生活に必要な言葉が分かるようになるとともに、絵本や物語などに親しみ、保育士等や友達と心を通わせる。</td></tr>
<tr><td>（カ）</td><td>様々な体験を通して、豊かな感性や表現力を育み、創造性の芽生えを培うこと。</td><td>教育
表現</td><td>・いろいろの物の美しさなどに対する豊かな感性を持つ。
・感じたことや考えたことを自分なりに表現して楽しむ。
・生活のイメージを豊かにし、様々な表現を楽しむ。</td></tr>
<tr><td colspan="4">イ　保育所は、入所する子どもの保護者に対し、その意向を受け止め、子どもと保護者の安定した関係に配慮し、保育所の特性や保育士等の専門性を生かして、その援助に当たらなければならない。</td></tr>
</table>

（下線筆者）

【図表 1-6】望ましい未来を作り出す力

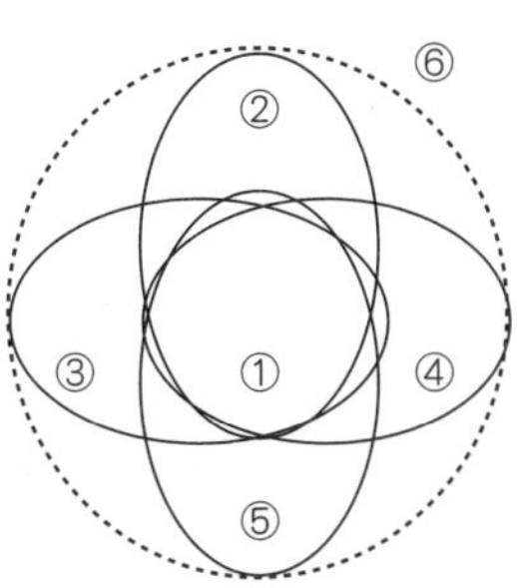

① 健康、安全な生活に必要な基本的態度
② 人に対する愛情と信頼感、人権を大切にする心、自主、自立及び協調の態度
③ 言葉への興味や関心、言葉の豊かさ
④ 生命、自然及び社会の事象についての興味や関心、それらに対する豊かな感情や思考力
⑤ 豊かな感性や表現力、創造性
⑥「わたしの世界」

2．保育の方法から

子どもの興味や関心（自発性）から出発する保育がどのように展開されるのかを、図表１－７に示した保育の方法から確認していきます。

図表１－７にア～カの保育の方法から導き出されたキーワードをもとにさらに、子ども観に基づく保育観（保育の方法）を整理すると図表１－８のようになります。

この図から、子どもの主体性や自発性を尊重する子ども観を実践する方法として、子ども一人ひとりの発達理解、さらに、その子どもが生活する地域やその家庭・保護者の理解を基本とし、そのような背景を抱えた一人ひとりの子どもの興味・関心から生活が展開できるよ

【図表 1-7】指針による保育の方法（保育所保育指針第１章３（２）より）

	保育の方法の関する留意事項	キーワード
ア	一人一人の子どもの状況や家庭及び地域社会での生活の実態を把握するとともに、子どもが安心感と信頼感を持って活動できるよう、子どもの主体としての思いや願いを受け止めること。	・家庭及び地域社会での生活の実態 ・安心感と信頼感 ・子どもの主体としての思いや願い
イ	子どもの生活リズムを大切にし、健康、安全で情緒の安定した生活ができる環境や、自己を十分に発揮できる環境を整えること。	・子どもの生活のリズム ・情緒の安定した生活ができる環境 ・自己を十分に発揮できる環境
ウ	子どもの発達について理解し、一人一人の発達過程に応じて保育すること。その際、子どもの個人差に十分配慮すること。	・子どもの発達理解 ・一人一人の発達過程に応じた保育
エ	子ども相互の関係作りや互いに尊重する心を大切にし、集団における活動を効果あるものにするよう援助すること。	・子ども相互の関係作り ・子ども集団の効果 ・互いに尊重する心
オ	子どもが自発的、意欲的に関われるような環境を構成し、子どもの主体的な活動や子ども相互の関わりを大切にすること。特に乳幼児期にふさわしい体験が得られるように、生活や遊びを通して総合的に保育すること。	・子どもが自発的、意欲的に関われるような環境の構成 ・子どもの主体的な活動 ・乳幼児期にふさわしい体験
カ	一人一人の保護者の状況や、その意向を理解、受容し、それぞれの親子関係や家庭生活等に配慮しながら、様々な機会をとらえ、適切な援助をすること。	・一人一人の保護者の状況や、その意向を理解、受容する。

【図表 1-8】子ども観を実践する方法

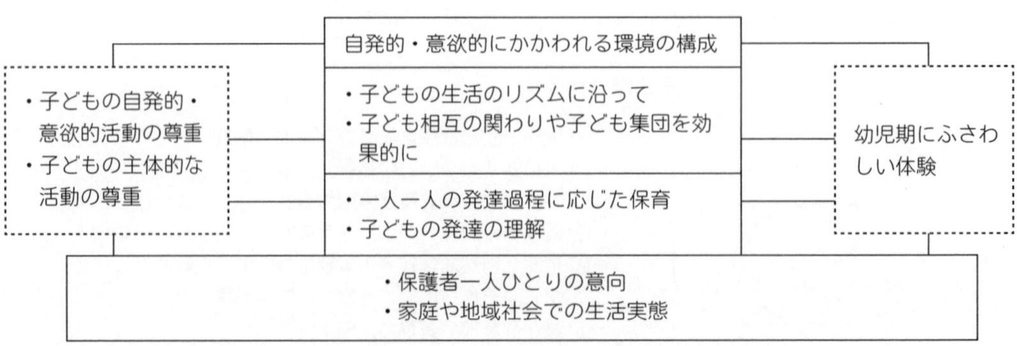

うな環境を構成するという、「環境を通して行う保育」が導き出されてきます。

そのような環境とかかわる経験が、乳幼児期にふさわしい、つまり、興味・好奇心に添ったものであるかどうかが重要になります。

3．保育の環境から

子どもの主体性や自発性を尊重する子ども観・保育観に立った保育は「環境を通して行う保育である」ことを見てきました。

最後に、保育所保育指針には環境がどのように記述されているのかを確認することにします（図表1－9）。

保育の環境は、子どもの生活が豊かになるように構成されなければならないとしています。とくに保育室は、くつろぎの場であるとともに生き生きと活動できる場でなければならないとしています。子どもを育てる主体的・自発的活動が豊かに展開される保育室環境は、子どもの生き生きとした活動を触発する環境の構成と、次の活動のエネルギーをため込む上で重要なゆったりした環境から構成されます。

【図表 1-9】指針による保育の環境（保育所保育指針第１章３（3）より）

	保育の環境に関する留意事項	キーワード
ア	子ども自らが環境に関わり、自発的に活動し、様々な経験を積んでいくことができるよう配慮すること。	・子どもが自発的に環境に関わる ・様々な経験を積む
イ	子どもの活動が豊かに展開されるよう、保育所の設備や環境を整え、保育所の保健的環境や安全の確保などに努めること。	・豊かな活動 ・保育所の整備・環境を整える ・保健的環境や安全の確保
ウ	保育室は、温かな親しみとくつろぎの場となるとともに、生き生きと活動できる場となるように配慮すること。	・保育室はくつろぎの場 ・保育室は生き生きと活動できる場
エ	子どもが人と関わる力を育てていくため、子ども自らが周囲の子どもや大人と関わっていくことができる環境を整えること。	・子どもが自ら、周囲の子どもや大人と関われる環境

以上、保育課程を編成する上で、最初に確認しなければならない子ども観・保育観をめぐって検討してきました。

子どもが望ましい未来を作り出す力の基礎を獲得する土壌は、無味乾燥な真空状態ではなく、その時、その場を生きる具体的な出来事そのものです。一人ひとりの子どもが具体的な人やものやことの網の目（その子どもの生活世界）を生きるとしたら、その網の目は子どもの数だけあります。その世界を尊重し保育を展開しようとするときに「子ども主体」の保育が展開されることになり、その子どもが主体性を獲得していくことに添うことができるのだと思います。

2章 保育課程の射程

1 保育所保育の広がり

1．保育所保育の変貌

長年保育者を勤めている人たちにとって、保育所の変化を振り返ると、改めて驚くのではないでしょうか。特別保育事業と呼ばれるさまざまなメニューを展開している最近の状況は、一昔二昔前の保育所とまったく違った姿となっています。

以前であれば、年度初めに入所した子どもたちは、ほとんど入れ変わりなく年度終了まで在籍していました。途中退所、途中入所もまったくないクラスが普通でした。保育時間は朝から夕方まで、運動会や誕生会などの行事はありましたが、日常的にはとくに大きな起伏もなく過ごしていました。

今はどうでしょうか。保育所によって違うと思いますが、何らかの特別保育事業を行っている保育所が大多数になっています。延長保育、障害児保育、病児・病後児保育、子育て支援センター事業などの展開により、保育所の保育がどこまで広がっているか、見定めるのが容易ではありません。さらには、保護者支援、食育などの新たな職務も加わり、保育者はどこまで手を出せばいいのか、とまどう部分も増えてきています。

2．特別保育対策

このように、近年の保育所保育の変貌は驚くべきものですが、その直接の引き金となったのはエンゼルプランでしょう。1994（平成6）年12月に策定されたエンゼルプランは、深刻化しつつあった少子化問題への具体的な対策として、子育て支援を前面に打ち出しました。

その目玉が、「緊急保育対策等５か年事業」と呼ばれていたものでした。それまでにも特別保育と呼ばれるメニューはありましたが、これを機会に特別保育の積極的展開が推し進められ、メニューの多様化は現在まで続いています。

今日特別保育事業という呼び方は、制度上はあまりされなくなりましたが、それに相当するものにはどのようなものがあるか、ここで整理しておきたいと思います。『保育所運営ハンドブック　平成20年度版』によると、2008年度現在で特別保育対策として、次のようなものがあげられています。

「特別保育対策」
乳児保育、乳児保育促進事業、障害児保育、夜間保育、延長保育、一時保育、地域子育て支援拠点事業（センター型）、定員の弾力化、小規模保育所、家庭支援推進保育事業、休日保育事業、送迎保育ステーション試行事業、駅前保育サービス提供施設等設置促進事業、家庭的保育事業、認可化移行促進事業、特定保育事業、病児・病後児保育事業。

（保育法令研究会監修『保育所運営ハンドブック　平成20年度版』、中央法規出版、2008）

これらのメニューをすべて実施している保育所は少ないと思いますが、どれも実施していない保育所というのも多くはないと思います。これには取り上げられていませんが、「地域活動事業」まで加えると、ほとんどの保育所が何らかの事業に取り組んでいるのが現状ではないでしょうか。

３．保育計画から保育課程へ

このように、保育所保育の多様化が進行しています。今回の保育所保育指針の改定において、保育所保育の広がりをどう位置づけるか、という視点があります。そのことが典型的に示されたのが、「保育課程」です。

保育課程は、新しい用語ですが、概念自体も全く新しいというわけではありません。従来の保育所保育指針には、「保育計画」という用語で示されていたものが、それに相当します。ですから、表面的には、「保育計画」という用語が「保育課程」という用語に置き換わったといえますが、その意味するところが全く同じということではありません。用語が変わったのには、それだけの理由があります。

ここでこの２つを見比べてみたいと思います。

平成11年改訂の保育所保育指針においては、保育計画は次のように記されています。

保育計画は、第３章から第10章に示すねらいと内容を基に、地域の実態、子どもの発達、家庭状況や保護者の意向、保育時間などを考慮して作成する。

ここにある「第３章から第10章に示すねらいと内容」とは、「６か月未満児の保育の内容」から「６歳児の保育の内容」までの、年齢別に示した保育の内容を指します。それに基づいて作成するのですから、入所している子どもを対象にした発達カリキュラムとしてとらえることができます。地域の実態や家庭状況などを考慮していますが、通常の保育の対象となっている入所児を念頭に置いて示されているような文になっています。

それに対して、今回（平成20年）改定された新しい保育所保育指針において、保育課程は次のように示されています。

> 1 保育の計画
> （1）保育課程
> ア　保育課程は、各保育所の保育の方針や目標に基づき、第2章（子どもの発達）に示された子どもの発達過程を踏まえ、前章（保育の内容）に示されたねらい及び内容が保育所生活の全体を通して、総合的に展開されるよう、編成されなければならない。
> イ　保育課程は、地域の実態、子どもや家庭の状況、保育時間などを考慮し、子どもの育ちに関する長期的見通しを持って適切に編成されなければならない。
> ウ　保育課程は、子どもの生活の連続性や発達の連続性に留意し、各保育所が創意工夫して保育できるよう、編成されなければならない。

これをみると改定前よりずいぶん詳しく規定されていることがわかります。また、今回改定の保育所保育指針には解説書が作成されていますが、そこには次のような説明があります。

> 「保育課程」は、保育時間の長短、在所期間の長短、途中入所等に関わりなく入所児童すべてを対象とします。保育所の保育時間は、児童福祉施設最低基準第34条に基づき、1日につき8時間を原則とし、地域における乳幼児の保護者の労働時間や家庭の状況等を考慮して、各保育所において定めることとされています。さらに延長保育、夜間保育、休日保育などを実施している場合には、それらも含めて子どもの生活全体を捉えて編成します。
>
> （厚生労働省「保育所保育指針解説書」）

これを読むと、保育課程の性格がわかります。それは、子どもすべてを対象にしようとしていることです。

先に述べましたように、現在の保育所は、多様な特別保育対策を実施しています。かつては、新入所児も年度当初がほとんどで、途中での入退所は少数でした。

しかし、現在では、年度途中での入退所も少なくありません。保育所によっては、年度当初の入所より、途中入所児の方が多いというところもあります。というより、その方が一般的になっています。それだけではなく、ニーズの多様化により、数か月程度のみの入所児も珍しくありません。

また保育時間についても、以前は「1日8時間を原則とする」という文言をそのまま適用し、午前8時から午後4時までの保育時間という保育所もあったりしましたが、現在では実質11時間の保育時間を適用しているところが一般的です。加えて、延長保育を実施している保育所もかなりの数に上ります。

したがって、子どもの保育時間そのものも、1日8時間程度の子どももいますが、早朝から延長保育まで1日12時間以上の保育時間に上る子どももいます。保育士が出勤すると子どもが「おはよう」と出迎えてくれて、保育士の勤務終了には同じ子どもが「さようなら」

と見送ってくれる風景すら見られます。

子どもの登園時間も、早朝から午前10時過ぎまでと数時間の幅があります。何時になったら全員の登園が終わるのか把握しにくくもなっています。降園時間も数時間の幅がありますから、保育時間は長くなるが、全園児がそろっている時間は意外に短いという場合もあります。

保育時間が多様化していますが、この範囲をすべて保育課程はカバーしようとしています。子どもの生活は24時間でとらえられなければなりませんので、登降園時間や保育時間の長さなどの違いによって、カバーされない部分が出てこないようにしようという意図がここにはあります。

従来の保育計画は、意図的ではないでしょうが、通常保育の範囲をカバーするニュアンスが感じられ、特別保育の部分は別枠というとらえ方が一般的だったように思います。実際、現場においては、延長保育などを指導計画として作成し、それが保育計画に反映されていることはあまりなかったように思います。

その点、今回の保育課程は、通常保育と特別保育という制度上の枠はともかく、実践の場においては、通常保育も特別保育も保育所保育としては同等であることを前提にしています。

同様に、保育期間についても、従来の保育計画は年度当初に入園した子どもが卒園するまでの期間を対象とすることを、暗黙の前提にしていたように思われます。つまり、1年間から6年間までの在籍期間を年単位でとらえる傾向がありました。今回の保育課程は、6年を超えるような長期間の在籍児はもちろん、たとえ1、2か月という短期間の在籍児であっても、その対象とすることを明確にしています。

つまり、保育所の入所児の保育は、すべて保育課程の中に位置づけられるようになっているのです。それが今回の改定によって、保育計画が保育課程という名称に変更された大きな理由の一つだと思われます。

4．保護者支援

保育課程が射程におさめようとしているのは、特別保育にとどまりません。今回の保育所保育指針改定で明確化されたものに、「保護者に対する支援」があります。第6章において、「入所児の保護者に対する支援」と「地域における子育て支援」の2つが示され、事実上地域の子育て家庭のすべての保護者支援を、保育所が担うことが明確にされています。

保育課程の中で保護者支援に関連する部分は、解説書において、次のように説明されています。

> なお、入所児童の保護者への支援、地域の子育て支援は、保育課程に密接に関連して行われる業務と位置づけられます。　（厚生労働省「保育所保育指針解説書」）

ここには、保育課程は、保護者支援については、「密接に関連して行われる業務」と微妙な記述がされています。これについては、保護者支援というその性格上、計画的に実施するという場合、なじまない部分があるからだと思われます。しかし、無関係でいいと言っているわけでもありません。保育課程に位置づけられるものであれば、むしろ位置づけたほうがいいということだと思われます。

どのようにということは難しいのかもしれませんが、その意味合いを汲むと、保育課程に保護者支援を位置づける創意工夫を保育所には求められているということでしょう。

そのことは、入所児の保護者支援とともに地域の子育て支援にも当てはまると思われます。地域の子育て支援にはさまざまなバリエーションがありますが、その代表的なものは、子育てサークルと一時保育でしょう。

子育てサークルは、保育所で行う場合、園庭開放として行う場合、保育所以外の施設で行う場合、保健センターなどに出かけて行う場合とさまざまなパターンがあります。そこに共通しているのは、親子が一緒という状況が多いということです。そのような状況は、入所児の保育では、保育参観などの特別な行事をのぞくとありません。子育てサークルは、親子が一緒にいる場としての特徴があります。言い換えれば、その特徴を生かした保育実践が求められるわけですが、そのことが保育課程には反映される必要があると思われます。

一時保育は、保護者の緊急的、一時的事情によって生じる保育ニーズへの対応です。市町村の委託を受けずに保育所との直接のやりとりの中で保育されますので、入所児ではありません。またその性格上、１日だけ、数日間のみ、１週間に１日のみなど、バリエーションがさまざまです。中には、１日ではなく、２時間とか半日という場合もあります。

一時保育は、入所児対象ではありませんが、保育所で行われることが一般的です。園舎内に一時保育専用の部屋が用意されている保育所もありますが、通常のクラスと一緒という場合もあります。担当者が配置されている場合もあれば、そうでない場合もあります。

一時保育の特徴は、補助制度対象ではなく、自主事業として非常に多くの保育所で実施されていることです。したがって、毎日一時保育があるところもあれば、ときおり一時保育の利用があるという保育所まで幅広くあります。年間を通して、何らかの形で一時保育を１回でも行っている保育所はかなりの数に上ります。

言い換えれば、保育所では、入所児だけでなく、一時保育も含めて入所児ではない子どもの保育が行われている場合が、かなりあるということです。実際、現場においては、一時保育の子ども、園庭開放で参加した親子連れの子ども、保育所見学にやってきた保護者の子どもなど、入所児以外の子どもがいる風景が、現在では珍しくありません。入所児以外の子どもの姿が、年間を通してほとんど見受けられなかった以前と比べると様変わりしています。

このような状態を考えれば、保育課程が入所児に限定されているというほうが不自然ではないでしょうか。ですから、入所児はもちろん、保育士のかかわるすべての子どもを対象にしているのが、保育課程であると理解できます。

5．計画の最上位に位置する保育課程

ここまで特別保育との関係で、保育課程が保育計画からどのように変わってきたかを見てきました。

変化はこれにとどまりません。今回の保育課程について、解説書で触れられている部分に次のようなものがあります。

> 保育課程を他の計画の上位に位置付け、全職員の共通認識の下、計画性を持って保育を展開し、保育の質の向上を目指すことが重要とされました。　（厚生労働省「保育所保育指針解説書」）

ここには、「保育課程は他の計画の上位に位置付け」とあります。つまり、保育課程は指導計画の上位にあるだけでなく、保育所で作成される計画のすべての最上位に位置する、ということです。従来の保育計画は、「全体的な「保育計画」と具体的な「指導計画」とから成る「保育の計画」を作成する」とあるように、指導計画との関係だけで位置づけられていましたから、これも大きな変化です。

では、具体的に保育所にはどのような計画があるのでしょうか。

保育所保育指針において、第4章の「保育の計画及び評価」以外で計画という用語が出てくるのは、第5章の「保健計画」と「食育の計画」です。このうち食育に関しては、これまですでに保育所に関しては「保育所における食育に関する指針」が2004（平成16）年に制定され、2005（平成17）年には「食育基本法」が制定されました。また2007（平成19）年には、「保育所における食育の計画づくりガイド ～子どもが「食を営む力」の基礎を培うために～」が財団法人こども未来財団より提案されています。

食育に関するこのような流れに対して、危惧を抱いている保育者も多かったと思います。食育の重要性は理解できるが、それが保育と別の動きになっていることに関する危惧です。

食育という言葉自体は明治時代からありましたが、以前はさほど使用されていませんでした。それが、21世紀になる頃からよく使われ始め、保育現場においても急速に一般化してきました。畑作り、クッキング、バイキングなどが一種のブームになりましたが、しかし振り返ってみると、これらは食育が唱えられ始めてからなされるようになった実践ではありません。

保育所は、児童福祉施設最低基準に調理室が明記されているように、子どもの食べるものをその場で調理するシステムが、当初から備わっていました。長時間の保育は、食事と切り離せないからです。多くの園では、3歳未満児で1日3回、3歳以上児で1日2回の食事とおやつがあります。延長保育を実施している場合、さらに軽食が加わります。そのような事情から、保育所では非常に早い時期から食事への取り組みが意識的になされてきました。それは保育の一環として実践されてきたのです。

たとえば、安良保育園（筆者らの園）がコーナー保育におけるバイキング形式の食事を、『ひとつの試み』という小冊子[1]で報告したのは、1987（昭和62）年のことです。このよう

な実践は以前から取り組まれてきたことです。畑での野菜作りやクッキングもそうです。これは何も安良保育園に限ったことではないと思います。

それが、食育の流行に従って、微妙な様相を示すようになってきました。食育を保育と対比的にとらえる視点が現れ、保育実践とは別に食育実践とでもいうべきものが出現する傾向が出てきました。そこには、食育と保育とを分離する意識が働いています。

先述した食育指針は、言い換えればそれまで保育実践で培われてきた「食の営み」を、保育指針とは別に示しているかのような印象を与えます。食育の計画づくりガイドは、保育計画、指導計画とは別に食育の計画を作成することを奨励しているように受け取られます。そのような意図が本来あったかどうかは別として。

今回の保育指針の改定において、保育課程は他の計画の上位に位置するというとらえ方は、食育が分離する傾向に歯止めをかけ、保育課程のもとで一貫性をもたらすというねらいがあるものといえます。食育の計画を作成し実践することについて、保育所全体に一貫性をもたらす保育課程との整合性を意識しています。いわば、食育の一人歩きに歯止めをかけるという意味があるかと思えます。

同様のことが、保健計画にもいえます。保育所の特徴として、保健面、たとえば子どもの薬などの問題と直面します。感染症など登園が医師の指示により禁止されるようなものもありますが、軽度の病気やケガなどは、保護者の事情などにより、薬持参で登園してくる場合が少なくありません。与薬は、本来医療行為ですが、医療従事者、たとえば看護師が常駐していない保育所において保育士がどのように取り扱うかについて議論がなされてきたところです。保育所保育指針解説書には、与薬についての基本方針が示されていますが、これまでの経過を踏まえてのことです。

薬に限らず、子どもの保健は重要事項ですが、医療の側面が強いため、保育士の業務範囲を超える部分が強く、またそのため、保育とは別というとらえ方もされないとはいえないところがあります。その意味では、食育と同じような性質の問題を抱えています。

保育課程は、保健計画もその中に位置づけることになります。これも食育と同様に一人歩きするのではなく、保育所全体の一貫性をもたらすことが考えられていることがわかります。

また、指導計画の部分にしても、障害のある子どもについて、保育指針に次のように示されています。

> 子どもの状況に応じた保育を実施する観点から、家庭や関係機関と連携した支援のための計画を個別に作成するなど適切な対応を図ること。

ここには、障害のある子どもに関して個別の支援計画を作成することが記されています。これも保育課程の中に位置づけられることが必要になります。

改定以前には、保育計画は指導計画との関係で上位性を求められるだけでした。そのため、

1）『ひとつの試み―解体保育―』安良保育園、1987

他の計画との関連をとる必要はありませんでしたが、それは保育実践の計画が事実上指導計画に限定されていたからです。しかし、食育のように、指針や計画づくりガイドまで提案される状況になると、保育計画の限界が明らかです。ですから、保育計画とはその性格を変えて、すべての計画の最上位に位置する計画として保育課程が提起されたわけです。

保育所には、その他にもさまざまな計画があります。それぞれによって違いがあるでしょうが、消防計画、避難訓練計画、交通安全計画など、計画として作成されているものは、保育課程に位置づけられることが求められていると思われます。

2　幼稚園教育要領との相違点と共通点

1．相 違 点

幼児期の保育施設は、保育所だけではありません。幼稚園も同様の施設です。文部科学省の管轄で、学校の一つであり、厚生労働省管轄で児童福祉施設の保育所とは、制度上の位置づけは異なりますが、幼児期の保育としては共通しています。

今回の保育所保育指針の改定では、保育課程という用語が、幼稚園教育要領に示される教育課程とどのように関係づけられるか、というポイントがあります。その意味で明確になっている相違点は、保育課程と教育課程の射程の違いです。幼稚園教育要領では、教育課程について次のように述べられています。

> 幼稚園の1日の教育課程に係る教育時間は、4時間を標準とすること。

ここにあるように、幼稚園では4時間を標準とし、それを教育課程の射程におさめています。実際の幼稚園は、4時間ではなく、夕方までの預かり保育を行っているところが多数に上ります。そのことについて幼稚園教育要領は、「教育課程に係る教育時間終了後等に行う教育活動」としています。そしてこの部分について、「教育課程に係る教育時間終了後等に行う教育活動の計画を作成する」とあるように、計画は作成されるのですが、教育課程とは別ということになります。

幼稚園教育要領に準ずると、4時間の部分として教育課程におさめられるところと、教育課程の外側の部分との2階建て方式とでもいうものになっています。その2つの関係をどうするかという視点が必要になります。

保育所保育指針においては、保育課程は通常の保育と特別保育とを問わず、すべての入所児、すべての計画を射程に置きますから、保育課程で一本化されます。そこに大きな違いがあります。

2．共 通 点

さきに相違点を述べましたが、保育の基本的な考え方については共通性が強いといえます。環境を通して行う保育、子どもの主体性の尊重、子どもの育ちをとらえる視点など。このような共通点については、ここでは詳述する必要はないかと思います。

ここで共通点として取り上げたいのは、小学校との連携の部分です。幼稚園から小学校へ送付される資料として幼稚園幼児指導要録があります。

今回の保育所保育指針の改定において、保育所からも、小学校へ保育所児童保育要録が送付されるようになりました。解説書にはその様式も、参考例として示されています。

ここではその様式のことではなく、小学校との接続という部分で着目したい共通項目を取り上げてみたいと思います。それは、「小学校以降」という言葉です。

幼稚園教育要領においては、「第３章　指導計画及び教育課程に係る教育時間の終了後等に行う教育活動などの留意事項」の「第１ 指導計画の作成に当たっての留意事項」の「１ 一般的な留意事項」において次のように記されています。

> (9）幼稚園においては、幼稚園教育が、小学校以降の生活や学習の基盤の育成につながることに配慮し、幼児期にふさわしい生活を通して、創造的な思考や主体的な生活態度などの基礎を培うようにすること。

また、保育所保育指針解説書においては、「保育課程編成の留意事項」の部分において次のように記されています。

> さらに、保育所の保育が小学校以降の教育や生活につながることを踏まえ、発達の連続性に配慮して編成します。その際、保育所における保育が、一人一人の子どもをかけがえのない個性ある存在として認め、子どもが充実感を持って生活できる場であることにより、小学校の生活につながっていることを認識することが重要です。
>
> （厚生労働省「保育所保育指針解説書」）

幼稚園教育要領においては、「幼稚園教育が、小学校以降の生活や学習の基盤の育成につながることに配慮し」とあります。

保育所保育指針解説書においては、「保育所の保育が小学校以降の教育や生活につながることを踏まえ」とあります。

言い回しは若干違いますが、いずれも幼児期の保育が小学校以降につながることを重視しています。普通に考えれば、「小学校につながる」でよさそうなのに、あえて「小学校以降につながる」と、以降という言葉を入れています。

小学校との接続というと、小学１年生にどうスムーズにつなげるかということが焦点になります。しかし、それでは不十分だというメッセージが、保育所保育指針にも幼稚園教育要領にもあります。

思春期以降も含めて、青少年の育ちの問題が社会的な関心を呼んでいます。そのときに取り上げられるのが、幼児期からの育ちの重要性です。思春期の問題は、幼児期の問題でもあるという認識があります。

そのようなことを踏まえて、幼児期の保育は、単に就学という点に接続するのではなく、就学に始まる学童期から思春期、青年期までの発達の土台となる重要なものであることを意味しています。

小学校との接続について、「小学校１年生の１学期までを視野に入れてつなげましょう」と言われることがありますが、それでは近視眼的にすぎます。幼児期の保育は、大人になるまでの長いスパンを視野に入れ、それを踏まえて小学校とどのように接続するか、ということを問われているのです。その象徴が、保育所児童保育要録であり、幼稚園幼児指導要録なのです。

そのように、子どもの発達の長いスパンをとらえる視点があることが、保育所保育課程と幼稚園教育課程との共通点の一つなのです。

3章 保育課程と指導計画の考え方

1 保育課程とカリキュラムの考え方

1．保育課程の実際

前章で保育課程の射程の広がりを考えました。そこで見てきたように、保育課程は、保育所保育のすべてに一貫性をもたらすものです。

以前の保育計画は、指導計画との関連のみで作成されていましたので、いわば発達カリキュラムという性格を持っていました。次にあげたのが安良保育園で以前に作成した保育計

【図表 3-1】保育計画

〔保育理念〕
自分らしさを十分発揮できる人間（自我）
心を分かち合う人間（宗育）

↓

〔保育目標〕		
	心情	自分の場がある（存在感）
	意欲	自分のしたいこと、できることを自分でしようとする（自発性）
	態度	生活に応じた行動の仕方を身につける（自律性）

		0歳児	1歳児	2歳児	3歳児	4歳児	5歳児
育ちのねらい	心情 意欲 態度	・安定した情緒の下で五感の経験を豊かにする。 ・人とのかかわりの中で自分の気持ちを表現しようとする。 ・身の回りへの興味、関心が芽生える。	・安定した中に、他者の存在に気づく。 ・身振りだけでなく、言葉でも表現しようとする。 ・身辺の生活の仕方を身につけ始める。	・他者とのかかわりの中で自己の存在を確立しようとする。 ・自己―他者―物という認識が育つ。 ・できるできないにかかわらず、やろうとする意欲がある。	・象徴機能が形成され始める。 ・想像の世界に遊ぶ。 ・できるできないの判断がつき始める。	・他者の立場を理解するようになる。 ・生活や遊びの中の規則に気づく。 ・生活場面と遊び場面の区別が身について行動する。	・規則に応じた生活や遊びを行い、生活や遊びに応じて規則をつくる。 ・自分の思うことなどを言葉などによって表そうとする。 ・自分で自分の生活を整える。
行事その他							

画です。

保育の目標と発達の見通しを表現したもので、不十分なものですが、安良保育園では保育計画としていました。これをもとに、各種の指導計画が作成されていました。

今回の保育所保育指針の改定で新たに示された保育課程は、子どもの育ちを見通す発達カリキュラムの部分ももちろんありますが、同時に保育所保育全体をとらえて一貫性をもたらすという役割があります。

今回の保育所保育指針の改定を機に、当園では次のような保育課程を編成してみました(図表3－2)。

今回は保育課程の編成の初年度で、まだ検討の余地がずいぶん残っています。ただ、保育課程の持つ意義を少しでも明らかにできるように編成しました。

この保育課程の図を見て、奇妙に思われた方もあるかと思います。一般的なものとずいぶん違うからです。

この保育課程は、子どもを真ん中に置いています。そして、保育所保育の時期の発達を、入れ子構造にして表現しています。4歳児、5歳児の姿は、別個にあるのではなく、その内側にそれまでの発達を内包しています。単に土台というより、年輪のように刻む発達のイメージを描こうとしています。その育ちの方向を、上部に位置づけています。そして、子どもの育ちを側面から支えるように、周辺にいくつかの計画を配置しています。それらを土台から支えるのが、保育です。

このような計画の様式は珍しいかもしれませんが、当園では日常の指導計画において、保育課程とは意味合いが違いますが、スタイルとしてはよく似ている計画を作成しています。

本章では、このようなスタイルによって表現される計画の考え方について述べていきたいと思います。

2．子ども主体のカリキュラム論

前章で、保育課程について考えてきました。そのことを受けて、本章では、保育課程の編成さらには指導計画の作成において、どのように考えればいいかということを取り上げていきます。具体的な例については、5章以降で取り上げますので、本章では考え方を中心にしていきます。

保育課程の編成及び指導計画の作成については、いろいろな考え方がありますが、その多くは、時系列に沿って立てていくというものではないでしょうか。

このこと自体はよく理解できることです。計画というものは、時間を追って考えていくのが普通です。たとえば、旅行計画のことを考えてみても、出発からどのように目的地に行くか、目的地でどのように過ごすか、目的地からどのように帰ってくるか、というように立てていくと思います。旅行会社の旅程表もおおむねそのようになっています。

実際、カリキュラムの語義を尋ねるとそのようになるのも当然のことです。『教育思想事

【図表 3-2】保育課程

＜保育理念＞
・自分らしさを十分発揮できる人間（生涯発達）
・心を分かち合う人間（宗育）

→

＜保育目標＞

心情	自分の場がある（存在感）
意欲	自分のしたいこと、できることを自分でしようとする（自発性）
態度	生活に応じた行動の仕方を身につける（自律性）

●食育の推進
・「食を営む力」の育成

↓

・嘱託医・歯科医との連携

↑

●健康支援
・子どもの健康と安全

●保護者支援
・地域の子育て支援の拠点としての保育園

↓

・育児相談
・子育て支援センター
・一時保育

↓

●親子サークル（ぴよぴよ）
・地域の親子の育児サポート
・施設及び設備の開放
・子育て家庭の交流の場の提供と交流の促進
・情報の提供

↓

関係機関との連携
・保健センター
・保健所

＜5歳児＞
・規則に応じた生活や遊びを行い、生活や遊びに応じて規則をつくる。
・認識、思考、感情などを言葉などによって表そうとする。
・自分で自分の生活を整える。

＜4歳児＞
・他者の立場を理解するようになる。
・生活や遊びの中の規則に気づく。
・生活場面と遊びの場面の区別が身について行動する。

＜3歳児＞
・象徴機能が形成され、想像の世界に遊び始める。
・自己と他者のかかわりを調整しようとする。
・できるできないの判断がつき始める。

＜2歳児＞
・他者とのかかわりの中で自己の存在を確立しようとする。
・自己一他者一物という認識が育つ。
・できるできないにかかわらず、やろうとする意欲がある。

＜1歳児＞
・安定した中に、他者の存在に気づく。
・身振りだけでなく、言葉でも表現しようとする。
・身辺の生活の仕方が身につき始める。

＜0歳児＞
・安定した情緒の下で五感の経験を豊かにする。
・人とのかかわりの中で自分の気持ちを表現しようとする。
・身の回りへの興味、関心が芽生える。

●地域との連携
・他の社会資源との連携を通して子育てのネットワークを形成する

↓

・小学校との連携
・地域のお年寄りとの交流
・民生委員、児童民生委員
・公共機関との連携
（警察署、消防署、農協など）

●学童クラブ
・放課後の児童の預かり
・園児との交流

●職員相互の協働
・個々の資質の向上と集団としての組織力の向上

●療育（ぽっぽくらぶ）
・障害をもっている子どもたちの育ちのサポート

↓

・療育機関との連携
・保護者との連携

子どもが原点

保育方針

「なごやかに」
　ゆったりとした雰囲気の中で、子どもたちの気持ちの落ち着きを大事にします。「急げ急げ」は禁物です。

「おおらかに」
　子どもって楽しいよ。そんなふうに、そのままの良さを大事にします。「こうしなさい、ああしなさい」「あれはだめ、これはだめ」そんな指示語、禁止語はなるべく使いません。

「しっかりと」
　よく遊ぶことを大事にしています。人生に必要なことは、幼児期の遊びの中で全て身につけます。そして、しっかりと育っていきます。

典』においては次のように記述されています。

> カリキュラム　英 curriculum/ 独 Curriculum, Lehrplan
> 語義　語源とされるラテン語の “cursus” は、「走路」、「競争」、「経過」を意味する。ラテン語の “curriculum” は、「走路」、「循環」、「競走用馬車」などを意味し、また、古代ローマの政治家であり著述家でもあったキケロ（Cicero、前 106-43）にまでその起源を遡ってみれば、「人生の競争」あるいは「来歴」（curriculum　vitae）という比喩的な意味でも使用されていた。そのような語の使用が敷衍（ふえん）されて、さらに、秩序づけられた連続的な学習の経験およびその過程という意味をもつようになった。……行動主義的な狭義の定義では、カリキュラムは、ある教育目標の設定に基づいて教育内容を選択し、編成し、また評価するという教育に関する一連の全体計画とみなされる。（後略）
>
> （教育思想史学会編『教育思想事典』勁草書房、2000）

ここにあるように、カリキュラムは、語源をさかのぼると、走路という意味があり、その人の走るレーンを決めるという意味合いがあります。そこから派生して、「秩序づけられた連続的な学習の経験およびその過程」と意味が出てきます。そして、「カリキュラムは、ある教育目標の設定に基づいて教育内容を選択し、編成し、また評価するという教育に関する一連の全体計画とみなされる」というように、現在では教育全体の計画を意味しています。ここには、「行動主義的な狭義の定義」とありますが、これがむしろ一般的な定義ではないでしょうか。

保育課程は、カリキュラムの性格を持っています。というよりも、保育所保育についての全体計画である保育課程は、カタカナでいえば、カリキュラムになるということです。ここでは、保育課程とカリキュラムを同義として取り扱っていきます。

先の事典の説明からすると、教育目標を設定し教育内容を選択配置するということですから、カリキュラムは時間順に編成されることが想定されます。実際、カリキュラムの多くが、時系列を前提としています。それは、カリキュラムに限定されることではなく、指導計画も時系列で作成されるのが一般的です。

しかし、保育の実践を考えると、時系列がふさわしいのかということには疑問符がつきます。なぜなら、保育目標に向けて保育内容を選択配置するということが、保育実践にふさわしいとはいえないからです。

保育所保育指針に示された保育目標は、次のようになっています。

> （1）保育の目標
> ア　保育所は、子どもが生涯にわたる人間形成にとって極めて重要な時期に、その生活時間の大半を過ごす場である。このため、保育所の保育は、子どもが現在を最も良く生き、望ましい未来をつくり出す力の基礎を培うために、次の目標を目指して行わなければならない。
> （ア）十分に養護の行き届いた環境の下に、くつろいだ雰囲気の中で子どもの様々な欲求を満たし、生命の保持及び情緒の安定を図ること。

（イ）健康、安全など生活に必要な基本的な習慣や態度を養い、心身の健康の基礎を培うこと。
（ウ）人との関わりの中で、人に対する愛情と信頼感、そして人権を大切にする心を育てるとともに、自主、自立及び協調の態度を養い、道徳性の芽生えを培うこと。
（エ）生命、自然及び社会の事象についての興味や関心を育て、それらに対する豊かな心情や思考力の芽生えを培うこと。
（オ）生活の中で、言葉への興味や関心を育て、話したり、聞いたり、相手の話を理解しようとするなど、言葉の豊かさを養うこと。
（カ）様々な体験を通して、豊かな感性や表現力を育み、創造性の芽生えを培うこと。
イ　保育所は、入所する子どもの保護者に対し、その意向を受け止め、子どもと保護者の安定した関係に配慮し、保育所の特性や保育士等の専門性を生かして、その援助に当たらなければならない。

ここには、子どもの保育の目標と保護者支援の目標の2つが立てられています。先述したように、保育課程には保護者支援を位置づけるということが、保育目標とも関係してきます。

このうち、子どもの保育の目標は、発達の目標として示されています。子どもの発達を5つの領域からとらえた視点です。発達の目標ということは、そのポイントに到達するということではなく、方向性を示したものとして理解される必要があります。すなわち、保育の目標は、そこを到達点とする到達目標ではなく、育ちの方向目標であるということです。

先に引用したカリキュラムの定義では、教育目標は到達目標として理解されます。その違いが、内容にも及んできます。

保育所保育指針では、第3章に保育の内容が示されています。それは、養護と教育の両面から記述されていますが、教育の部分については子どもの発達の側面から示されています。そして、子どもの発達の体験のために、保育の方法において「環境による保育」が明記されています。

このことは、保育の方法のオにおいて次のようになっています。

オ　子どもが自発的、意欲的に関われるような環境を構成し、子どもの主体的な活動や子ども相互の関わりを大切にすること。特に、乳幼児期にふさわしい体験が得られるように、生活や遊びを通して総合的に保育すること。

ここにあるように、環境の構成とは「子どもが自発的、意欲的に関われる」ことを大前提としています。言い換えれば、子どもからの働きかけが、保育内容になるのです。

そうしますと、保育内容を前もって配置するというのは困難です。また、方向目標との関連でいうと、あらかじめ子どもの走路を決定しておくのには無理があります。

計画を考えるときに、子どもの自発性を基盤におくことが必要です。それは、子どもの興味・関心をとらえるということです。子どもの興味・関心に基づく行為は、前もって決定しておくことはできません。そして、それに対する保育者のかかわりも、そのときの直感に基づく感覚的なものになります。そのことを、望月は次のように考察しています。

「子どもの主体的な育ちを支える役割をもつ保育者は、子どもがより良く育つような願いをもって、目の前のそれぞれの子どもとかかわる存在です。保育カリキュラムは、そうした願いをもつ保育者自身が取り組もうとする保育の具体的なイメージ、構想として捉えることもできます。それが自覚化されていない場合でも、願いとイメージは保育者の身に付いたものとして、保育の展開を支えているのです。

またそれらの願いやイメージは論理的な思考や学習によって形成されることもありますが、多くの場合、個々人の経験の積み重ねの中で感覚として形成されているために、他者に説明することが難しいのです。その場の状況によって直感的に自分の行為を決定するので、事前にその行為を検討することも不可能です。しかし、保育が極めて一回性の高い、つまり同じ状況や場面が再現されることのない生身の人間同士としての営みである以上、それぞれの場面での保育者の感覚的な動きに注目する必要があります。具体的な保育行為はそれぞれの保育者の感覚で決定されることが多いとすれば、人間の生活や保育に関する保育者の感覚こそが保育のあり方を導きだす保育カリキュラムとして機能していることになります。」

（望月威征『保育の基本と工夫　環境とカリキュラムを考える』スペース新社保育研究室、2007）

保育者は、子どもの行為を予測してかかわろうとしていますが、子どもは容易にその予測を超えていきます。そのような予測を超える子どもにかかわるには、直感の働きが重要になります。それを、望月は「保育者の感覚こそが保育のあり方を導きだす保育カリキュラムとして機能している」と表現しています。つまり、カリキュラムは保育者の感覚に埋め込まれているのです。

それは、時間順に並べられるような整然としたものではなく、臨機応変に対応できるようなものになります。カリキュラムは、それを表現できるものでなければなりません。

保育は子どもが主体です。そういいながら、時系列のカリキュラムにこだわることは不自然です。なぜなら時間順というその時間は、大人が時計で計っている時間だからです。時系列にとらわれている限り、子ども主体というより、保育者主体に意識が傾きがちになります。

3．創発カリキュラム

ここまで記したように、カリキュラムとは子どもの主体性を映し出すものでなければなりません。しかし、ともすると時系列のカリキュラムになりがちな状態から脱却するためには、子どもの生活世界をどう描き出すかということを主眼におく必要があります。

乳幼児の保育についてのカリキュラムを、ピーターセン[1)]は次のように定義しています。

「そこで次のように言うことができます。カリキュラムは、プログラムにおいて起きると予測される事柄に対する記述された計画、すなわち「ロードマップ」であり、そしてまた、

1）Petersen, Evelyn A.　アメリカ。保育研究者。ベイ・ミルズ・コミュニティ・カレッジでオンライン教育を担当。40年にわたる経験の中で、子ども、保護者、保育者の教育に携わる。中でも新聞の育児相談のコラム連載は20年に及んでいる。

起きると予測される事柄は、健やかな子どもの発達の原則、一般に認められた基準、そして現場におけるより良い実践をベースにしていると。記述された計画には、ねらい、学びの経験、環境構成、保育者の役割が、盛り込まれなければなりません。」（筆者訳）

（"A Practical Guide to Early Childhood Curriculum" Petersen, Evelyn A., Allyn and Bacon, 2003, p.4）

ここにあるように、保育で起きると予測される事柄を描き出すのがカリキュラムです。それでは、カリキュラムを組織化するにはどのようにしたらよいのでしょうか。そのことについて、フィーニィ他[2]によると、3種類あると述べています。

「カリキュラムは、いくつかの方法で組織化されます。カリキュラムを組織するためにどの方法を選ぶかは、保育者の価値観や信条が反映されます。しばしば利用される組織的アプローチは、子ども中心のカリキュラム、主題中心のカリキュラム、両者を統合したカリキュラムです。」（筆者訳）

（"Who am I in the Lives of Children ? 7th.ed" Feeney, S., Christensen, D., Moravcik, E., Pearson, 2006, p.338）

ここには、子ども中心のカリキュラム、主題中心のカリキュラム、両者を統合したカリキュラムと3種類が取り上げられています。その中で、主題中心に組織化するカリキュラムについては、より年長の児童や大人を対象にするのがふさわしく、乳幼児には適切ではないと述べています。そして、乳幼児にふさわしいカリキュラムとして「子ども中心」の組織化について述べています。

「カリキュラムが、子どもの発達のステージやニーズ、興味・関心に基づいて組織化されるとき、それは子ども中心であると言われます。子ども中心のカリキュラム・デザインにおいて、保育者は、前もって予定していた活動を提供することはほとんどなく、その代わりに子どもたちが、構成された環境の中で、遊んだり探索したりするためのまとまった時間を保障します。このアプローチの主唱者は、学びの経験の全ては、子どもたちの興味に基づくべきであると信じています。外部から与えられる活動を無理強いすることは、子どもがその活動内容に心を向けることができないので、逆効果であると感じています。立案された活動は子どもの観察から創発するものであり、子どもの興味・関心に基づいたものです。この理由から、子ども中心のカリキュラムは、しばしば創発カリキュラム（emergent curriculum）と呼ばれています。

子ども中心にカリキュラムを組織化することは、乳幼児クラスにふさわしいものであり、乳児、トドラー（1歳半から2歳児の意味）、幼い就学前児のための計画を立てる最良の方法です。」（筆者訳）

（"Who am I in the Lives of Children ? 7th.ed " Feeney, S., Christensen, D., Moravcik, E., Pearson, 2006, p.338）

このように、子どもを中心に置き、子どもの中から現れる興味・関心をとらえ、そこから計画を組織化するような考え方を創発カリキュラムと呼んでいます。

創発カリキュラムの原語である "emergent curriculum" の "emerge" には、「内側から外側に現れる」という意味があります。つまり、子どもの興味・関心をとらえる視点と

2）Feeney, Stephanie　アメリカ。保育研究者。ハワイ教育大学教授。主著である "Who am I in the Lives of the Children ?" は初版が1979年。その後、版を重ね、2009年3月には第8版が刊行されている。

して創発カリキュラムはあるのです。

先に引用したピーターセンは、ここでいう子ども中心のカリキュラムを、インタレストベースカリキュラムと呼び、それを表現する創発カリキュラムは、表現方式としてウェブ方式になる傾向があると言っています。

ウェブ方式のカリキュラムといってもわかりにくいと思いますが、網の目のような形式のものです。具体的な例をあげてみましょう。図表3－3が車イスのウェブです。

【図表 3-3】ウェブ方式のカリキュラム

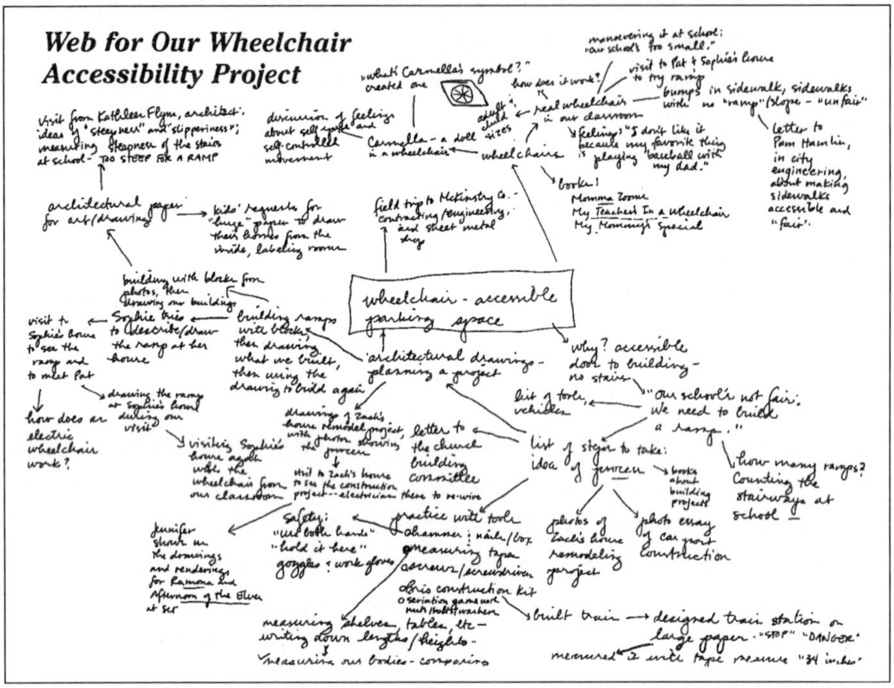

（“ “Our School’s Not Fair!” A Story about Emergent Curriculum” Pelo, A. , Young Children November, 1997 ）[3]

子どもたちが、車イスでの訪問者に出会い、そのことから興味を広げていく様子を描き出しています。車イスとは何だろうかという疑問や、車イスで行けるところ、行けないところを調べる様子、そして行けないところがあることは「フェア（公平）」ではないことに気づくところ、これらが１枚の用紙に網の目のように描かれています。このような計画の作成の仕方を、「クモの巣」の意味である“web（ウェブ）”と呼んでいます。

ここに紹介した図は、手書きですからわかりにくいですが、実際に現場で作成されているものはこのようになると思います。

このようにウェブ方式で作成された車イスの図は、保育所でいえば、月間や週間の長さの指導計画に相当すると思えます。ただし、食事や昼寝などの活動はここには含まれていませ

3）Pelo, Ann　アメリカ。保育研究者。シアトルのヒルトップ子どもセンターの教員。

ん。砂遊びやごっこ遊びなどもなく、あくまで車イスに関する興味・関心が広がるところに特化した計画となっています。おそらく、生活面の活動とか、他の遊びなどの活動は、また別の計画において示されているのではないかと思います。たとえば、生活面に関しては、デイリープログラムに相当する部分で表現することもできます。そのようないくつかの計画が合わさって、子どもの生活全体についての計画になっていると思われます。

私たちが一般的に立てている計画は、１枚の用紙にすべてを、時間の順序に配置するように書き込むスタイルになっているものが多いのではないでしょうか。先に述べたように、カリキュラムの語源が「走路」ですから、そのようになるのも無理はありません。

しかし、保育実践では子どもの興味・関心をとらえることが重要です。その意味で、創発カリキュラムは、子どもの興味・関心の現れてくるところをよくとらえることができるといえます。

> 「創発カリキュラムは、理解しやすいものですが予測性はあまり高くありません。それは、実践者が、遊びの力、すなわち数多くの可能性の中から選択する自発性への信頼を前提にしています。」（筆者訳）
>
> （"Emergent Curriculum" Jones, E. & Nimmo, J. , Nationl Association for the Education of Young Children, 1994）[4]

ここにあるように、子どもの自発性による遊びを信頼することが、創発カリキュラムの基盤となります。このことは保育実践において、もっとも重要なことです。

安良保育園では、ウェブ形式の創発カリキュラムという発想で、指導計画の作成を行っています。具体例については５章以下に述べていきますが、このことが先ほどの保育課程に反映されているのです。

2　計画→実践→評価→計画〜の輪

1．指導計画の作成

保育実践は、指導計画に基づいてなされます。指導計画は、保育課程を具体化したものとして示されています。前節で、創発カリキュラムという計画の作成の仕方について述べましたが、ここではそこから進めて、どのような手順で指導計画を作成するかということについて述べていきます。

指導計画の作成について、保育所保育指針には次のように示されています。

> ア　指導計画の作成
>
> 指導計画の作成に当たっては、次の事項に留意しなければならない。
>
> （ア）保育課程に基づき、子どもの生活や発達を見通した長期的な指導計画と、それに関

4）Jones, Elizabeth　アメリカ。保育研究者。カリフォルニアのパシフィック・オークス・カレッジで51年にわたり教鞭を執る。

連しながら、より具体的な子どもの日々の生活に即した短期的な指導計画を作成して、保育が適切に展開されるようにすること。

（イ）子ども一人一人の発達過程や状況を十分に踏まえること。

（ウ）保育所の生活における子どもの発達過程を見通し、生活の連続性、季節の変化などを考慮し、子どもの実態に即した具体的なねらい及び内容を設定すること。

（エ）具体的なねらいが達成されるよう、子どもの生活する姿や発想を大切にして適切な環境を構成し、子どもが主体的に活動できるようにすること。

ここには、「（ア）保育課程に基づいて長期と短期の指導計画を作成すること」とあります。安良保育園では、長期の計画は、年間を最長にしています。その次が期間になります。期間の分け方は一律ではなく、それぞれの年齢で担任が適切と思う期間を設定します。短期の計画は、３歳以上児は週、３歳未満児は月になります。

保育所保育指針に、「３歳未満児については、一人一人の子どもの生育歴、心身の発達、活動の実態等に即して、個別的な計画を作成すること」「３歳以上児については、個の成長と、子ども相互の関係や協同的な活動が促されるよう配慮すること」とあるように、３歳未満児は個人別の計画、３歳以上児はクラス別の計画になります。

次に（イ）は子どもの姿をとらえることを示しています。保育課程に基づくということは、子どもの発達過程を踏まえるということですが、それが杓子定規に子どもに当てはめられるということではなく、発達過程を踏まえた上で、今の目の前の子どもがどのような姿や実態であるかを理解することが、求められています。

（ウ）においては、子どもの実態に即したねらいと内容を設定することとなっています。ねらいと内容については、保育所保育指針の第３章に、次のように記されています。

「ねらい」は、第１章（総則）に示された保育の目標をより具体化したものであり、子どもが保育所において、安定した生活を送り、充実した活動ができるように、保育士等が行わなければならない事項及び子どもが身に付けることが望まれる心情、意欲、態度などの事項を示したものである。また、「内容」は、「ねらい」を達成するために、子どもの生活やその状況に応じて保育士等が適切に行う事項と、保育士等が援助して子どもが環境に関わって経験する事項を示したものである。

ねらいは、保育の目標を具体化したものです。保育の目標は、養護の目標と教育の目標とが示されています。養護と教育が一体となって保育は営まれるものですが、今回の保育所保育指針では、養護と教育の定義が、次のように記述されています。

ここにいう「養護」とは、子どもの生命の保持及び情緒の安定を図るために保育士等が行う援助や関わりである。また、「教育」とは、子どもが健やかに成長し、その活動がより豊かに展開されるための発達の援助であり、「健康」、「人間関係」、「環境」、「言葉」及び「表現」の５領域から構成される。この５領域並びに「生命の保持」及び「情緒の安定」に関わる保育の内容は、子どもの生活や遊びを通して相互に関連を持ちながら、総合的に展開されるものである。

ここにあるように、養護は生命の保持、情緒の安定にかかわる部分、教育は子どもの発達にかかわる部分です。

ここで、とくに教育の側面を取り上げると、育ちの方向性を示したものであることがわかります。その意味で、方向目標であり、そこまで行き着かせようという到達目標ではないことが明確です。

そして、ねらいにおいて、育ちの方向性をとらえる柱として、心情、意欲、態度がありますが、この3点は何を表現しているかについて考えていきます。

一番わかりやすいのは、「意欲」ではないでしょうか。子どもの中から外に向かって現れてくるものです。自発性、やる気などといっても大きな違いはないと思います。

次に、心情です。これは、意欲との対比で考えられます。意欲が子どもの内側から外に向かうものだとすれば、心情は子どもが外のものを内部に受け入れるものです。無味乾燥な言い方になりますが、意欲を出力（アウトプット）とすると、心情は入力（インプット）となります。

このような言い方をあえてしているのは、心情という用語のニュアンスから、情緒的な部分だけとして理解しがちだからです。しかし、感情や情緒などの情的な部分だけを心情として理解してしまうと、知的な部分が抜けてしまいます。「これは何だろう」というような知的な部分も心情として受け止めておきたいので、あえて入力（インプット）という言い方をしているのです。

このように、育ちの方向性として意欲・心情を理解するのですから、同様に「態度」も理解する必要があります。心情がインプット、意欲がアウトプットとすれば、態度はインプットとアウトプットをつないでコントロールする働きとして理解できます。そのような意味で、態度は、思考あるいは判断という働きをするものになります。

したがって、右のようなイメージでとらえることができます。

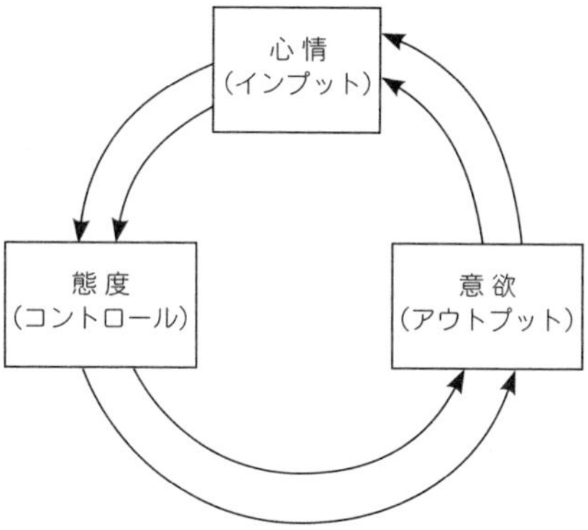

子どもの精神機能の働きをこのように理解すると、態度の項目を発達としてとらえる必要性がわかります。なぜこのように言うかというと、「態度」という項目が、「態度がよい」とか「態度がよくない」というような外面的なとらえ方に終始し、子どもを態度よく育てようという行動面を優先したねらいが生じがちだからです。

ねらいは育ちの方向性を示すものという意味から、この図のように考え、子どもの心の働かせ方を、インプット、アウトプット、コントロールという3つの柱でとらえようとしていると理解できるのではないでしょうか。

この中で、早くから現れるのがアウトプットである意欲です。子どもは、好奇心の塊で、乳児期から外界の環境に積極的にかかわっていきます。

意欲の表れは、インプットである心情を豊かにしていきます。知的、情的、どちらであっても、意欲の高まりによって心情も育ちます。

そして、コントロールである態度は、ゆっくり育ちます。考えること、判断することというのは、促成栽培できることではありません。数多くの試行錯誤をくり返していく中で、じっくり醸成されていくものです。

ねらいの項目をこのように見てくると、何よりも意欲が重要です。自分から働きかける、子どもは生まれながらそのような自発の力を持っています。保育者は、子どもの自発の力を信頼することが大事になります。それはとりもなおさず、子どもの遊びを信頼することです。

そのことが心情を豊かにし、ひいては態度を育てていきます。そのためには、遊びを通して、試行錯誤も含めた、多様な体験をすることが必要です。その体験を位置づけているのが、「内容」です。育ちにつながる体験を、保育所保育指針は、5つの領域で示しています。それが5領域であり、健康、人間関係、環境、言葉、表現です。

これを単純化していうと、ねらいは、子どものこれから育つ姿、内容はそのために体験してほしいこと、ということになります。

このことをイメージすると次のようになるかと思います。

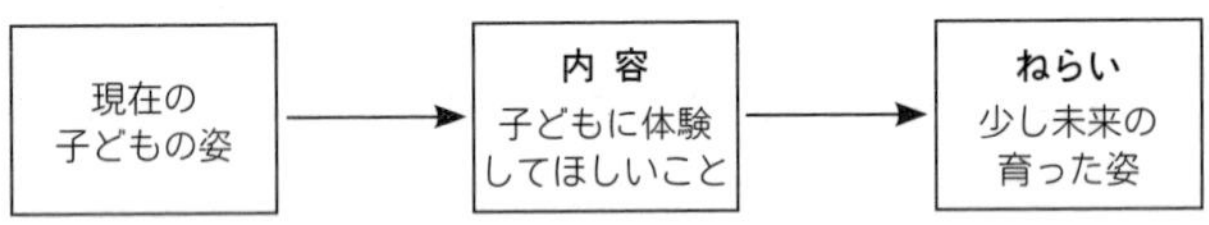

このように考えると、ねらいや内容は、現在の子どもの姿から導き出されるものであることがわかります。

ねらいと内容が設定され、それに伴って環境の構成がなされます。それが、先の（エ）の項目です。そこには、「子どもが自発的、意欲的に関われるような環境を構成し」（第1章 総則3保育の原理（2）保育の方法 オ）とあるように、環境に自らかかわることによって、子どもの主体的な活動が生まれてきます。それが「創発」という言葉で呼ばれるものです。

子どもの中から生まれる活動に対して、環境の再構成や保育者の援助や配慮というかかわりがなされていきます。

そのような実践に対して日誌などの記録がとられ、それがまた次の計画に反映されるという流れになります。

これを図示すると、図表3－4のようなイメージになります。点線で囲まれた部分が、指導計画で作成される部分になります。

2．計画と実践の関係

前項で、計画を作成する基本的な手順について述べてきましたが、計画は実践につながらなければなりません。保育所保育指針には、指導計画の展開について次のように記述されています。

【図表 3-4】指導計画作成のイメージ

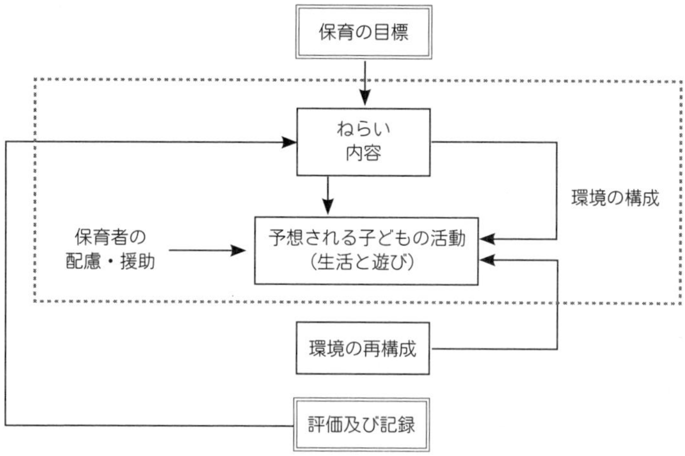

イ　指導計画の展開

指導計画に基づく保育の実施に当たっては、次の事項に留意しなければならない。

（ア）施設長、保育士などすべての職員による適切な役割分担と協力体制を整えること。

（イ）子どもが行う具体的な活動は、生活の中で様々に変化することに留意して、子どもが望ましい方向に向かって自ら活動を展開できるよう必要な援助を行うこと。

（ウ）子どもの主体的な活動を促すためには、保育士等が多様な関わりを持つことが重要であることを踏まえ、子どもの情緒の安定や発達に必要な豊かな体験が得られるよう援助すること。

（イ）と（ウ）に示されているように、子どもの主体的な活動が成り立ち、そこで豊かな体験が得られるように保育者が援助することが求められています。環境の構成があり、そこへ子どもが自発的にかかわるからといって、保育者は手出しをしないということではありません。

この部分は、保育実践において誤解されやすいところです。すなわち、子どもの主体性に任せるという名目で、子どもへのかかわりを薄くしてしまうことです。そうではなく、子どもの主体的な活動が持続するためには、保育者のかかわりが欠かせません。また、そこで得られる体験も、子ども任せでは乏しいものになりかねません。ですから、保育者の援助が重要になります。この部分も、計画において記述されることになります。

このように子どもの主体性を重視することが保育所保育指針には明確にされていますし、そのことは「環境を通して行う保育」として以前より唱えられていることです。

そのためには、保育者が孤立した存在になってはいけません。子どもの興味・関心に基づく環境へのかかわりは、「みんながそろって」ということはあまりありません。むしろ個別に現れます。もちろん、友だち同士の関係で一緒に動き始めることはありますが、クラス全員が一緒という形にはなりにくいものです。

そこでは子どもの動きがバラバラになっているように感じられます。それをクラス担任1

人で対応しようとしても無理が生じます。それを避けようとすると、クラスをそろえて動かすことによって対応しようとする保育者主導のスタイルになっていきます。

ですから、保育者が孤立した存在になるのではなく、相互に連携をとって子どもにかかわるというあり方が必要になります。それが、（ア）に述べられている「適切な役割分担と協力体制」です。安良保育園は60人定員ですが、「保育者全員で子ども60人とかかわる」という言い方をよくします。つまり、自分の担任しているクラスの子どもとだけかかわるというのではなく、そのときの状況に応じて体制を柔軟に変更しつつ、子どもへのかかわりを手厚くしています。

一例をあげると、「子どもが園庭で活動しているときは、必ず保育者も園庭にいる」という原則があります。子どもの主体的な活動は、室内に限らず園庭も含めて全体に広がります。中でも戸外遊びは子どもの好むものです。昼食などのように、子どもも保育者も全員園舎内にいる時間帯があります。その後、子どもが園庭に出て行こうとするときは、そのとき対応できる保育者がすぐに園庭に出て、子どもだけが園庭で活動するという危険な状態にならないようにしています。子どもの数に応じて、保育者の数も変わります。

ここでの原則は、子ども優先ということです。保育者の準備が整い、保育者の指示があってから子どもが園庭に出るということではありません。子どもが園庭に出るときに、それ以前に保育者はすでにスタンバイしていなければならないということです。たとえば、5歳児が真っ先に園庭に出るとき、3歳児の担任が園庭で対応するということも珍しいことではありません。

このような体制は、年間を通してどの時間帯でもとっています。

こう述べると、計画通りに実践できないではないか、という疑問が出てくるかもしれません。それは当然です。なぜなら、子どもの興味・関心から創発する主体的な活動を重視するので、予測通りにいくわけではないからです。子どもは保育者の思い通りに動くわけではありません。保育者が予測しても、そこから外れる動きやそれを超える動きをすることは珍しくありません。

このことを避けようとすると、子どもを思い通りに動かす実践になります。その場合、子どもの主体的な活動は失われていきます。

つまり、予測通りにいかないのが実践なのです。では計画を立てる意味がないように思えますが、そうでしょうか。そんなことはありません。予測なしで保育するということは、単なる行き当たりばったりです。予測をし、予測を外れていくところを不断に修正しながら、柔軟にかかわることが必要なのです。そのためにも計画を立てておくことは必要です。

そして、予測が外れるということには、大きく2つのポイントがあります。

一つは、子どもの実態をとらえ損ねている場合です。目の前の子どもの姿から計画が立てられていきますので、それが大きくズレるということは、子ども理解が不十分だということです。そこでは保育者の力量が問われます。

もう一つは、子どもの可能性の大きさということです。子どもの実態を把握していたつもりでも、実際の子どもはこちらの予想を超えて動き始めるということが、保育では珍しくありません。そして、それが保育の醍醐味の一つです。子どもの持つ力の素晴らしさに感動することになります。

いずれにしても計画通りに実践するのではなく、不断に修正しながら実践することが求められます。ですから、計画は、常に修正されることを前提にするのですが、しかしそれは計画が必要ないということではありません。単なる行き当たりばったりになってはいけませんし、子どもを理解する必要がないということでもありません。子どもの傍らにいる大人の重要な役割に、その子のことをその子のままに理解して受け入れるということがあります。そのためにも、計画の作成において、子ども理解が重要なのです。

3．記録の位置づけ

保育は、計画→実践→記録のサイクルで行われます。前項では、計画と実践について述べてきましたが、ここで記録について取り上げます。

記録について、保育所保育指針には、先の「指導計画の展開」の（エ）の項目で次のように述べられています。

> （エ）保育士等は、子どもの実態や子どもを取り巻く状況の変化などに即して保育の過程を記録するとともに、これらを踏まえ、指導計画に基づく保育の内容の見直しを行い、改善を図ること。

ここにあるように、記録することは、反省とともに、保育内容の見直しや改善として意図されています。したがって、計画と記録は、なるべく一体となっていることが望ましいことになります。

安良保育園では、計画→実践→評価というプロセスを一体化する試みとして、3歳未満児は月案と日誌の一体化、3歳以上児は週案と日誌の一体化をしています。ここで実際の様式を例として示しておきます。さらに、年間（図表3－5）、期間（図表3－6）の例もあげておきます。この中で、期間、月、週は定型の様式がありますが、年間は各担任が様式そのものから作成しています。

3歳以上児の週案日誌（図表3－7）がわかりやすいと思いますが、左側に計画を書き、右側に日誌を書くようになっています。1枚で完結しています。3歳未満児については、1枚目が月案（図表3－8）、2枚目が日誌（図表3－9）、3枚目（図表3－10）が日誌と月の記録となっています。この3種類を組み合わせて完結するようになっています。

実際にどのように使用しているかということについては、第6章で具体的に詳述していきます。ここでは、日誌や記録を、計画と実践とのつながりの中でとれるような様式の工夫をしていること、同時にそのことは、計画→実践→記録というプロセスが分離しないようにすることが大事であることを汲み取っていただきたいと思います。

次節では記録をとることの意味について考えていきます。

【図表 3-5】年間計画

クラス名

		始まりの時期（4月～5月）	雨の時期（6月～7月）	暑さの時期（7月～8月）	運動会の時期（9月～10月）	爽やかさの時期（10月～12月）	寒さの時期（12月～2月）	終わりの時期（2月～3月）
育ちのねらい	心情 意欲 態度							
発達の5領域	心と体の健康							
	人とのかかわり							
	身近な環境とのかかわり							
	言葉の獲得							
	感性と表現							
保育者の配慮・援助								
大きな行事								

【図表 3-6】期間の計画

時期の計画（　月　～　月　）
組

検印		担任	

育ちのねらい・養護のねらい	環境構成　子どもの中から生まれる活動　保育者の配慮	行事予定
経験する内容		評価及び反省

【図表 3-7】週案及び日誌・記録

組　　　　　月　第　週　月　日～　月　日

検印		担任	

前週後半の子どもの姿		今週の評価・反省		特に記すべき事項	
育ちのねらい 養護のねらい					

環境構成　子どもの中から生まれる活動　保育者の配慮	日付	天候	予定事項	実践の記録
	日（月）			
	日（火）			
	日（水）			
	日（木）			
	日（金）			
	日（土）			

【図表 3-8】月案及び日誌・記録

歳児　月案（　月分）

検印		担任	

名前（生活年齢）	前月の子どもの姿	育ちのねらい	環境の構成　子どもの中から生まれる活動 保育者の配慮・基礎的事項	個別の配慮
行事				

【図表 3-9】個人別日誌

個人別日誌

月　週　　組　子どもも名　　　　（　歳　ヶ月）

検印		担任	

今週の反省		特記事項	

	天候	予定事項	生活の仕方の基礎				健康	遊び
			食事	睡眠	排泄	着脱		
日（月）								
日（火）								
日（水）								
日（木）								
日（金）								
日（土）								

個人別日誌

月　週　　組　子どもも名　　　　（　歳　ヶ月）

検印		担任	

今週の反省		特記事項	

	天候	予定事項	生活の仕方の基礎				健康	遊び
			食事	睡眠	排泄	着脱		
日（月）								
日（火）								
日（水）								
日（木）								
日（金）								
日（土）								

【図表 3-10】個人別日誌及び月間の記録

個人別日誌及び月間の記録

月　週　　組　子ども名　　　　（　歳　ヶ月）　検印　　担任

今週の反省							特記事項	
	天候	予定事項	生活の仕方の基礎				健康	遊び
			食事	睡眠	排泄	着脱		
日（月）								
日（火）								
日（水）								
日（木）								
日（金）								
日（土）								

月　週　　組　子ども名　　　　（　歳　ヶ月）　検印　　担任

当月に見られた子どもの育ち
育ちに対する保育者のかかわりについての反省

3 自己評価—専門性の発達

1．「自己評価」という意味

先に日誌について述べましたが、保育者の中には、日誌を書かなくていいのなら保育は楽しいのに、という人もいます。確かに、毎日記録をとることは結構な労力を費やしますが、そのことの重要性をしっかり認識することも必要です。そのことに関連して、今回改定された保育所保育指針においては、「自己評価」という概念が示されています。

そもそも、なぜ「自己」評価と、自己をつけたのでしょうか。計画→実践→記録というプロセスにおいて、記録における反省と評価の重要性は、これまでも指摘されてきました。その意味では、「評価」だけでもよさそうですが、それにわざわざ自己をつけて「自己評価」としてあります。

そこには、近年の潮流となっている「第三者評価」の影響があります。現在保育所において第三者評価が努力義務になっています。このことが一人歩きして、評価といえば第三者評価を指すような傾向があります。また、第三者評価そのものの理解も不十分で、何か保育所のあら探しをするような意味で受け止められているところもあります。

第三者評価とは、保育所以外の第三者の立場からの評価ということで、いわば三人称評価です。いきなり三人称評価にいくものではなく、まずは一人称評価から始めていくべきでしょう。その一人称評価が、自己評価です。

自己評価のポイントは、大きく2つあります。一つは、子どもの育ちをとらえる視点、もう一つは保育者自身の実践をとらえる視点です。

この2つの視点を踏まえて計画から実践への流れを問い直すとき、その根底にあるのは、保育所保育指針の第1章の保育所の役割に示された次の言葉でしょう。

> 子どもの最善の利益を考慮し、その福祉を積極的に増進することに最もふさわしい生活の場でなければならない。

この言葉を受けていくとき、生活という言葉の重みが改めて感じ取れます。倉橋惣三は、保育の神髄を「生活を、生活で、生活へ」と示しましたが、この言葉を大場幸夫は、次のように読み込んでいます。

> 「倉橋惣三の「生活を生活で生活へ」という存名な言葉はご存じでしょう。幼児教育の関係者の中に、これがおまじないのような言葉だとお思いになる方々が意外に多いことに驚かされます。そのような理解は生活理解のうわべをなでて終わらせていられるという思い違いであります。倉橋の言葉を新指針の「生活の場」に援用させていただくなら、次のように読めませんか。すなわち新しい保育所保育は「子どもたちの生活を、子どもの最善の利益を守

> るに最も相応しい生活で、子どもさながらの生活へと高めていく実践を実現する」という理念をもっているという読み方を、願いを込めてしてみたいのです。」
>
> （大場幸夫・網野武博・増田まゆみ『保育を創る８つのキーワード』フレーベル館、2008）

子どもにとって、子ども主体の生活が日々送られているか、ということこそが、問われるべきことです。そのことは、保育所保育指針の第１章 保育の目標において示された「現在を最も良く生き」るということと通じます。

自己評価すべきことはたくさんありますが、この原理原則を外すことがないようにしなければなりません。

２．専門性の向上

自己評価すべき視点について述べてきましたが、ここで自己評価の必要性について考えていきます。

自己評価は、単にチェックポイントをつけることではないのはいうまでもありません。自己評価、もっといえば自分の保育を振り返り、そこでの子どもの育ちをとらえようとすることは、次の計画へつながり、次の実践の質の向上につながるものです。計画→実践→評価のプロセスは、さらにつながり、評価→計画→実践→……とサイクルになっていくものです。

このことがなぜ、実践の質の向上につながるのでしょうか。それは、自己評価が、保育者の専門性の向上と密接な関係があるからです。

このことは、保育分野というより、他の分野における知見によって裏付けられます。

鈴木は、『生涯発達のダイナミクス』の中で、特定の専門分野においてその資質が向上するのには、自分一人になって沈思黙考することが必要であることを説いています。

同書では、チェスのプレーヤーが、上達していくのに必要な条件として、次のように書かれています。

> 「マスターレベルのプロからアマチュアまで一五八名のチェスプレーヤーについて、日頃どのような練習をしているかを調べた研究によれば、ランキングの評点に特に影響していたのは、試合をたくさんこなしたかどうかよりも、「ひとりで研究をすること」と「チェス関係の書籍の数」であった。」
>
> （鈴木忠『生涯発達のダイナミクス』東京大学出版会、2008）

ここにあるように、上達するのには、一人で本を読み研究することが必要です。同様のことが、バイオリニストやピアニストについての研究においても示されています。そのことを踏まえて、同書では、次のように述べられています。

> 「単なる経験量ではなく熟慮が必要だということはどういうことだろうか。熟達化を達成するために経験を積むことが必要なのは言うまでもないが、ただ場数をたくさん踏んでいれば自然に熟達化に至るわけではない。チェスなりバイオリン演奏なりの基本的な知識やスキルを身につけることから出発し、熟達化の「目標に向けて」上達を自分でコントロー

ルするための工夫が肝心だということだろう。指導者から教わるだけでなくひとりで練習すること」がとりわけ重要であることは、自分の知識状態や長所、短所を把握しながら自分の力を伸ばしていくことが大切なことを示している。熟慮とは、己を知り、自分自身が上達していく道筋をイメージすることだと言ってよいだろう。」

ここに述べられていることは、保育分野でよく引用されているショーンの反省的実践者という概念と結びつきます。ショーンは、保育実践者を特に取り上げたわけではなく、現代社会において専門家と呼ばれる者に必要な姿勢として、次のように述べています。

「実践が同じような問題に対する技術の繰り返しの作業であるとき、実践者は余暇を安息の源泉として求めたり、早々と引退することを考えたりするかもしれない。しかし、実践者が「実践の中の研究者（researcher-in-practice）」として働くときには、実践それ自体が刷新の源泉となる。不確実性によって生じた誤りを認識することは、自己防衛の機会ではなく、むしろ発見の源泉となるのである。」

（ドナルド・A・ショーン『省察的実践とは何か』柳沢昌一・三輪建二監訳　鳳書房、2007）

ここにあるように、日常の実践が単なる反復くり返しに陥るとき、実践者はその場を逃れようとします。実践への反省的営みを持つとき、日常の実践は、実践する者を日々新たな次元に導いてくれます。

このようなことが最近でも明らかだったのが、2008年の北京オリンピックにおいて、ピッチャーとして、女子ソフトボールに金メダルをもたらした上野由岐子の例です。『サムライハート　上野由岐子』の中で、優勝直後に、「頭が疲れました。体力的な疲れより、頭がパンクしそうになるくらい疲れました」と語っています。2日間で3連投、413球を投げきった後なのに、体力ではなく、「頭が疲れました」と言っているのです。そこには、反省的実践者の姿があります。

日本代表の元監督として有名な宇津木妙子は、上野由岐子に対して、「練習ノートを書くように指示している。自分の考えをまとめ、整理する癖をつけさせたかったのだ」と言っています。また、所属チームの監督である宇津木麗華も、「上野に日記を書け、とうるさく言い続けた」と話しています。そして、上野自身、「日記もせっせと書くようになった」とあります。

そして、上野は次のように語っています。

「頭ですよね。みんなを見て思うのは、なぜ自分でもっと工夫しないのかということです。言われたことを素直にやるのは大事なんですけど、それを頭のなかで柔軟に自分流に置き換えてやれるかどうか、じゃないでしょうか。例えば、コーチが人さし指でなく、中指にボールをひっかけてやるんだと言ったとき、ただボールに中指をひっかけることを考えるのではなく、どうやったら中指にかかるようになるのかを自分自身に置き換えてやっていかないとダメでしょ。その感覚は自分にしかわからない。どう自分のものにするか。自分で工夫するしかないじゃないですか。」

（松瀬学『サムライハート　上野由岐子』集英社、2008）

このように考えることの重要性を指摘していますが、それは分野は違っても、保育者という実践者にも通ずることです。

ソフトボールは、集団球技です。試合に出る9人に加えてベンチにいる選手まで含めてお互いの役割がしっかりと連携をとれることが必要です。ですから、よくミーティングが行われます。チームプレーの精度を高めるための練習も必須です。それではみんなが一緒に練習する時間がふんだんにあればいいのか、というとそれだけでは十分ではありません。というのも、チームの連携は高まるでしょうが、その基盤となる個々人の能力はそれだけでは高まらないからです。

上野の例でわかるように、個人の能力の高まりには内省的な時間を要求します。このような例は、スポーツの世界だけでなく、これまで議論されてきたことからいうと、すべての分野において共通することです。つまり、保育者の資質の向上においても、同様であるということです。

このことは、保育界において、指摘されていなかったわけではありません。むしろ、保育における内省の重要さは、倉橋惣三以来、再三取り上げられてきました。次の文章は、倉橋惣三のものです。

「子どもらが帰った後

子どもが帰った後、その日の保育が済んで、まずほっとするのはひと時。大切なのはそれからである。

子どもといっしょにいる間は、自分のしていることを反省したり、考えたりする暇はない。子どもの中に入り込みきって、心に一寸の隙間も残らない。ただ一心不乱。

子どもが帰った後で、朝からのいろいろのことが思いかえされる。われながら、はっと顔の赤くなることもある。しまったと急に冷汗の流れ出ることもある。ああ済まないことをしたと、その子の顔が見えてくることもある。――一体保育は……。一体私は……。とまで思い込まれることも屡々である。

大切なのは此の時である。此の反省を重ねている人だけが、真の保育者になれる。翌日は一歩進んだ保育者として、再び子どもの方へ入り込んでいけるから。」

（倉橋惣三『育ての心　上』フレーベル館、1976（原著1936））

このように、反省や内省という言葉で表現されるものが、自己評価です。保育者の専門性向上のためには、それが不可欠です。この自己評価を保育者の日常に組み込む、その重要な手段が、日誌を書くことです。

日誌を書くことは、自分のかかわりの言語化、子どもの育ちの言語化を意味します。実践という渾沌としたものに言葉による輪郭を与えるのです。容易なことではありません。同時に、容易にというか安易に輪郭を与えすぎるのも問題です。

このことをうまく表現したものに、荘子の話があります。

> 「南海の帝を儵(しゅく)といい、北海の帝を忽(こつ)といい、中央の帝を渾沌(こんとん)という。
> 　あるとき儵と忽とが、渾沌のすむ土地で出会ったことがある。主人役の渾沌は、このふたりをたいへん手厚くもてなした。感激した儵と忽とは、揮沌の厚意に報いようとして相談した。
> 『人間の身体にはみな七つの穴があって、これで、見たり、聞いたり、食ったり、息をしたりしている。ところが、渾沌だけにはこれがない。ひとつ、穴をあけてあげてはどうだろうか』
> 　そこでふたりは、毎日一つずつ、渾沌の身体に穴をあけていったが、七日目になると渾沌は死んでしまった。」
> （『荘子1』森三樹三郎訳　中央公論新社、2001）

　ここにあるように、渾沌に安易に目鼻をつけるとその存在が失われてしまいます。しかし、保育実践という渾沌を、ただ渾沌のままにしておいていいということではありません。それでは少しの進歩もなく、怠惰な日々をくり返すだけになりかねません。実践という渾沌に、適切な輪郭を与える努力をすることが必要なのです。それがなければ、実践の生き生きしさは失われてしまいます。

　自己評価の重要性の一つがここにあります。自らの保育実践を適切に描きだすという大きな努力は、本人にしかできません。いくら職場の同僚や先輩であっても、他人の実践を代わることはできません。それは、本人の孤独な作業によって可能になることです。

　確かに、保育はチームプレイです。チーム保育という言葉があるように、保育は1人ではできないのは自明のことです。したがって、保育者同士のチーム力を高めることは重要なことです。しかし、そこにだけ目を奪われると、自分自身の向上に至らないことになります。自分の資質向上をなおざりにして、ただ他者との連携だけをうたっても、組織の力とはなりません。

　組織力を高めるためには、まず一人ひとりの向上が必要です。ですから、日誌を書くことが重要になります。それは、計画から実践へ至るプロセスをていねいに振り返る作業です。そのためにも計画の作成が重要になります。計画を作成し、記録をとる、それは、実践という渾沌に適切な輪郭を描きだそうと努力することです。

　もし、計画や記録を、やらされているつまらない書類仕事だと考えていたなら、苦痛しか感じないと思います。子どもと楽しく遊ぶだけで自分は満足なんだから、書くことはしたくない、そう思いたくなる人もいるかもしれません。それでは、保育がマンネリ化し、仕事は仕事として義務的にこなし、それ以外に楽しみを見いだすような日常になるかもしれません。

　そこには自己満足しか生まれません。本人はそれなりの楽しさを満喫できるかもしれませんが、そこには向上がありません。

　向上がないということはどういうことでしょうか。

　子どもにとっては、もっとよい生活を送り、よい発達を実現できる可能性があったにもかかわらず、向上しない保育者とマンネリの日々を送り、それだけのこととして卒園するということになります。保育者は満足かもしれませんが、子どもにとってはおもしろみのない生活です。子どもは、残念ながら、そのようなことを自分で主張してはくれません。つまり、保育者の自己満足は、子どもの犠牲の上に成り立っていることになります。

また、現状維持は、資質の向上によってもたらされます。1年目の保育者はがむしゃらに実践に臨むでしょう。そのことが保育に良さをもたらします。しかし、5年目になっても1年目と同様の実践だったらどうでしょうか。初心者のがむしゃらさは消え、陳腐さだけが際立ってくるでしょう。変わらないようでいて、実際にはレベルは低下しています。15年、20年の保育経験があっても、それが単なる経験年数であったならば、それなりに手慣れた実践になるでしょうが、古くささという臭みがついて、子どもの育ちもそれなりのものにしかならないでしょう。

どうしてそうなるのでしょうか。それは、毎年の保育を、前年通りに行えば事足れりという意識がもたらすものです。そのため、本人にとっての現状維持は、資質の低下を意味してます。

資質の向上が経験年数に伴っていきますと、実践の生き生きしさが失われません。その結果、質のレベルは保たれます。それが現状を維持するということです。現状維持のためには、資質の向上を不断に図っていくことが必要なのです。

そのためにも、計画と記録は、単なる書類仕事ではなく、自らの保育者としての力量に直結する大事な職務であることを理解しなければなりません。

しかしながら、日々の保育の記録だけでは、十分な振り返りが難しいのも事実です。ですから、一定期間をおいて、子どもの育ちをとらえ直すことも必要になります。それを当園では、発達の記録として様式化しています。

保育所は、児童福祉施設最低基準に基づいて運営費が算定されています。自治体によっては保育士加算などがあるところもありますが、安良保育園は、県や市の独自加算はなく、最低基準のみの運営費によって運営されています。そのため、職員数には余裕がなく、日誌を書く余裕がなかなか持てません。そのような状態で日誌をつけていますから、先に述べたような自己評価の重要性はわかりながら、ていねいに日誌をつけることが難しくなっています。

そこで、期間の節目ごとに、子どもの育ちをとらえ、自分の保育を振り返る機会をしっかりと持てるようにしています。保育者が、どのようにして自らを高めるための時間を捻出するかということは、保育所への期待が高まる中で、非常に重要な要件となっています。

ここで、5歳児の発達の記録（図表3－11）を例としてあげておきます。実際にはこのような様式が、各年齢ごとに作成されています。

【図表 3-11】発達の記録

5歳児　　　　平成　　年度　　　組

児童氏名		生年月日	年　月　日	検印		担任		
ねらい（発達をとらえる視点）								
心身の健康	明るく伸び伸びと行動し、充実感や楽しさを味わう。							
	自分の体を十分に動かし、様々な遊具や用具を使い、複雑な運動や集団的な遊びなどを進んでしようとする。							
	安全や健康に必要な基本的な習慣や態度を身につけ、そのわけを理解して行動する。							
人とのかかわり	異年齢の子どもたちとかかわり、生活や遊びなどを楽しみ、自分で行動することの充実感を味わう。							
	進んで身近な人とかかわり、愛情や信頼感を持って生活する。							
	身近な人とのかかわりを深め、集団の中で自己主張したり、人の立場を考えながら行動する。							
身近な環境とのかかわり	身近な環境に親しみ、自然と触れ合う中で様々な事象に興味や関心を持つ。							
	身近な環境や自然などに自らかかわり、それらを生活や遊びに取り入れ、生活経験を広める。							
	身近な事物や事象を見たり考えたり、扱ったりする中で、物の性質や数、量、形などに対する感覚を豊かにする。							
言葉の獲得	自分の気持ちを表現し、相手と伝え合う楽しさを味わう。							
	人と話し合う中で、自分の経験したこと、考えたことなどを適切な言葉で表現しようとする。							
	生活に必要な言葉が身につくとともに、絵本や物語などに親しみ、言葉に対する感性や想像力が豊かになる。							
感性と表現	身近な社会や自然事象への関心を深め、美しさ、やさしさ、尊さなどに対する感性を豊かにする。							
	感じたことや思ったこと、想像したことなどを工夫して、様々な方法で表現する。							
	生活の中でイメージを豊かにし、様々な表現を楽しむ。							

3．保育者の発達段階

自己評価やさまざまな学びを経て、保育者も発達していきます。発達するのは子どもだけではありません。保育者の発達は、生理的、身体的な発達ではなく、専門性の発達です。保育者の専門性の発達について、カッツ[5)]は次のような4つのステージを提案しています。生き残り（survival）、足元固め（consolidation）、再生（renewal）、円熟（maturity）の4段階です。

最初の1年から2年は、生き残りの段階です。無我夢中で目の前のことに取り組む時期ですし、訳がわからずにただ休みの日を待ち望んでいたりする時期です。

次が、足元固めの段階です。2年目から4年目ぐらいの頃で、一応の保育実践に慣れ、一人ひとりの子どもが見えてくるようになり、適切なかかわりを探るようになっていきます。

3つ目の段階が、再生です。早ければ3、4年目頃にはこの段階に行きますが、もちろんもっと年数がかかる場合もあります。毎日がマンネリ化し、目新しいものがなくなってきます。そこで、自分自身はどのようにしたらいいだろうかと問い、新たな実践の手段や方法を模索し、試みる段階です。

最後の段階が、円熟です。5年以上の経験を積んでくると、保育に対する思索が深まり、信頼感のある落ち着いた保育者になっていきます。

最初の生き残りの段階、2番目の足元固めの段階は、多くの保育者に思い当たることがあるかと思います。おそらく大きな転換点となるのが、3番目の再生の段階です。保育者として一皮、二皮剥(む)けて大きく飛躍する段階です。

この時期を、しかし、飛躍しきれずに足踏みした状態で過ごし、年数だけが経っていくこともありえます。10年、20年と経験年数はあるけれども、手垢の付いた自分の経験だけで保育を考えたり、語ったりすることで終わってしまう、いわば年数が専門性としての発達に結びついていない保育者の存在も、残念ながら珍しくありません。

専門性の発達にはいろいろなパターンがあります。

2年目、3年目までは順調に伸びていたのに、5、6年目以降が足踏み状態が続いていくケースがあります。第2段階から第3段階へと移行することが難しいのだと理解できます。

ゆっくりと時間がかかりながら、着実に第3段階から第4段階まで発達するケースもあります。そこでは、反省的実践者という言葉がふさわしく思えます。

1年目にはいい取り組みを見せていた保育者が、10年後にはさほど取り柄のない第2段階のままの状態ということがあります。

1年目には、この先どうなるだろうかと心配されるような保育者が、着実に成長し、10年後にはその園の中核を担うところまで発達するというケースもあります。

5）"Talks with teachers of young children：a collection" Katz, Lilian Ablex, 1995
Katz, Lilian. アメリカ。保育研究者。イリノイ大学名誉教授。アメリカ幼児教育協会（NAEYC）の会長（1992-1994）を務め、アメリカ50州すべてと43の国々で講義するなど、保育分野の多方面で活躍。

このような保育者の発達に対して大きく影響を与えるのが、自己評価なのです。自己評価だけが専門性の発達を可能にするわけではありませんが、自己評価抜きの発達は不可能と言っていいかもしれません。

自らに問い、自らの答えを探し続ける、それが専門性の発達につながるのです。

４．組織力としての保育所

保育所保育指針には、保育士等の自己評価に並んで保育所の自己評価があります。この部分については、次のように記されています。

（２）保育所の自己評価

ア　保育所は、保育の質の向上を図るため、保育の計画の展開や保育士等の自己評価を踏まえ、当該保育所の保育の内容等について、自ら評価を行い、その結果を公表するよう努めなければならない。

イ　保育所の自己評価を行うに当たっては、次の事項に留意しなければならない。

（ア）地域の実情や保育所の実態に即して、適切に評価の観点や項目等を設定し、全職員による共通理解を持って取り組むとともに、評価の結果を踏まえ、当該保育所の保育の内容等の改善を図ること。

（イ）児童福祉施設最低基準第 36 条の趣旨を踏まえ、保育の内容等の評価に関し、保護者及び地域住民等の意見を聴くことが望ましいこと。

この部分を見ていくと、保育者の自己評価を踏まえた上で保育所の全職員の共通理解を持って、自己評価することが求められています。保育所の自己評価は、従来の保育所保育指針には取り上げられていなかった部分です。

従来の保育所保育指針には、「指導計画は、それに基づいて行われた保育の過程を、子どもの実態や子どもを取り巻く状況の変化などに即して反省、評価し、その改善に努めること」とありましたが、これを読むと、保育者の自己評価にとどまっています。限定的に記述されているわけではないので、保育所全体での自己評価も必要といえますが、実際にはほとんど意識されていなかったと思います。

それが今回の保育所保育指針では明示されました。そのことは、先に述べましたように、保育者個人の力量は必要だが、しかし個人プレーだけでは、保育は成立しないということと関係します。確かに、保育者の自己評価による資質の向上は必要ですが、そこにとどまっていてはいけません。

スポーツにおいても、スーパースターがいると、そこだけが浮き上がってしまい、チーム全体の力になっていない場合がよくあります。保育も同じです。

１人の保育者が優れた実践を行っても、それだけでは閉じてしまいます。その保育者１人で、園全体の保育を行えるはずもありません。自分の保育だけを優先したら、その枠内だけで行うしかありません。典型的にはクラス保育になってしまいます。自分の担当するクラスだけが、良い保育が行われる、しかし、それは他との連携はなく、浮き上がっている、そんな状態です。

優れた実践者を否定しているわけではありません。そうではなく、優れた実践者というのは、自分の実践の遂行だけでなく、他の実践者との有機的な連携ができるという両面を持ち合わせている必要があるということをいいたいのです。ともすると、個人の閉じた実践のみに注目が集まりがちですが、他者と開いたつながりを持てることが重要です。

今回の保育所保育指針のキーワードの一つに、「協働」があげられていますが、そのことがとくに必要とされるのが、保育所の自己評価です。個々人の自己評価を踏まえて保育所全体の自己評価を行うわけですから、それは単に個人の実践ではなく、保育所全体でどのように保育実践がなされているか、ということが問われてきます。

実際、外部から見たとき、保育所全体ではどうか、ということを見るでしょう。仮に、4歳児のクラスが優れた実践をしていても、それだけでは外部から見るとちぐはぐな印象になるでしょう。保護者からすれば、4歳児がよかったとしても、自分の子が3歳児であれば、直接関係ないということになります。逆に3歳児の保育の見劣りする部分に目がいき、保育所全体の評価は下がることになりかねません。

確かに、保育者の力量はある程度のばらつきがあります。しかし、お互いが連携をとることによって、全体としてバランスのとれた状態をとることは可能です。そして、その状態を、なるべく高い水準に上げていくことが必要です。

また、保育所全体の連携が取れていると、子どもと家庭の問題や地域との連携などに対して、厚みのある対応が可能になります。

こんなエピソードがありました。母子家庭の2歳児の例です。

> 母親が病気で入院する必要が出てきました。しかし、子どもを頼めるところがなく、そのため子どもを24時間預かってくれるところはないだろうかと、母親は担任に相談しました。担任は自分の力量では無理と判断し、園長に報告しました。園長は母親と直接話をし、対応を探りました。結果として子どもは児童養護施設の短期入所で対応することになりました。
>
> 2週間後、母親も無事退院し、子どもも児童養護施設を退所し、再び保育園に通ってくるようになりました。

このエピソードで、担任が自分のところだけで何とかしようとしていたら、母親に対するサポートはできなかったでしょう。また、園長も、保育所は子どもの宿泊まではしていないから無理な相談だと理解していたら、その親子は困ってしまったでしょう。自分で何とかしなさいというのは、それができる人にはよくても、無理な人には冷たい仕打ちにしかなりません。

保育所は子どもにとってできる限りの支援をする社会資源であるという共通理解があったので、担任は相談されたことを報告しましたし、園長もネットワークを使って児童養護施設の短期入所という対応をとることができました。それは、他の社会資源との連携を図ることによって、子どもに生じた問題状況の解決を目指すということで、保育所の持つソーシャルワーク機能が発揮された例といえます。

このエピソードのように、保育所の全職員が、自分たちの役割や職責は何かということを考え、子どもの育ちを支えるためにできるだけのことをしていく姿勢を持ち、お互いの協働を通して、対外的に表現していくことが重要です。

そのためにも、保育所の自己評価が問われてくるのです。

4章

保育課程が具体化されていくために

1 「保育と子育て研究会」の立ち上げ

ここまで見てきましたように、保育課程は保育所保育の全体を一つにするものです。そこでは、指導計画をはじめとするさまざまな計画が関連づけられていることが必要です。

たとえば、保育課程と指導計画の関連についていえば、保育所保育指針解説書において「「指導計画」は、保育課程に基づいて、保育目標や保育方針を具体化する実践計画です」と記されています。

第３章で取り上げた保育課程は、安良保育園で編成されたものです。これを具体化した指導計画も、当園では作成されています。それは、創発カリキュラムという考え方で作成されています。指導計画の実際については第５章以下で取り上げていきますが、ここでなぜ創発カリキュラムによる計画の作成が行われるようになったかについて、触れておきたいと思います。

安良保育園では、従来から子ども主体の保育を実践することを方針にしてきました。その方針を再確認したのが、1990（平成２）年の保育所保育指針の改訂のときです。

1990 年の改訂は、1965 年に制定された保育指針の最初の改訂であり、25 年ぶりということもあり、非常に大幅なものでした。そのときのキーワードの一つが「主体性」です。それまでは、自発性、自主性という用語がよく用いられていましたが、その頃から主体性という用語もよく使われるようになりました。これらの言葉にニュアンスの違いはありますが、個人的には主体性という言葉は嫌いではありません。「自分の体の主である」という漢字が、子どもが主人公であるという意味をよく表現していると思えるからです。

1990 年は、保育指針の初めての改訂でしたので、当時もいろいろな形で勉強会や研修会を行っていました。保育の中心に子どもの主体性を置き、子どもの中から生まれる活動を大切にするために、どのような取り組みが必要か、園全体、そして近隣の保育園との合同の勉強会を立ち上げ、学びを進めていました。

そのように保育内容の充実を進めようとしていましたが、同時にその年は「1.57 ショック」が起きた年でもありました。少子化問題が社会的に大きくクローズアップされ、その後 1994 年にエンゼルプランが策定され、保育所において子育て支援の大合唱が巻き起こりました。

当園もすでにその頃から子育て支援センター事業を実施しています。最初は手探りで子育て支援を行っていました。やがて、子育て支援を行う保育園が増え、全国レベルでの研修会も盛んになってきました。新たな取り組みである子育て支援の実践はどのようなものであるのか、しきりに考えていました。

というのも、子育て支援の大波は、多様な特別保育事業を保育所に強いるものとなり、とにかく目先の保育ニーズに対応することを優先的に求められ、保育指針の求める子ども主体の保育についてゆっくり振り返る余裕がなくなってきたからです。保育所の現場からゆとりが消えていったように感じていました。

その頃、筆者は、大場幸夫先生と共同研究を行っていましたが（現在でもまだ継続しています）、その主軸が「保育と子育て」でした。保育所保育が子育て支援と別物になっていくような流れに危惧を覚え、保育所保育と子育て支援は一つのものであることを理論的に検討することを目的とした研究です。

この共同研究と現場の実践をリンクさせることを意識しながら、安良保育園と文政保育園とで、「保育と子育て研究会」を立ち上げました。2001（平成 13）年 1 月のことです。

この研究会は、両保育園の園長、主任、子育て支援担当者など 6 名で始めました。少人数で小回りをきかせられるように意図していたからです。そこでは、子育て支援についてさまざまな問題を持ち寄り、検討していきました。その内容については図表 4－1 を見ていただきたいと思いますが、1、2 か月に 1 回のペースで進めていきました。

研究会に大きな変化が起きたのが、2003（平成 15）年でした。その年の全国規模の研修会に参加した宇佐美より、一時保育のカリキュラムについての指摘があったのです。

一時保育の分科会において、参加者から「一時保育のカリキュラムを立てているか」という質問が出され、話題提供者からは「一時保育なのでカリキュラムは作成していない」という答えがなされました。その分科会の助言者も、その点についてはとくに触れることもなかったそうですが、宇佐美は腑に落ちない様子で、保育と子育て研究会で報告したのです。

子育て支援を保育の一環としてとらえようとしていた私たちは、計画という視点が抜け落ちていたことに気づかされました。子育て支援も保育であるならば、保育所保育と同様に計画を作成できるはずだ、という結論が先に出てきました。しかし、それは、「作成できるはずだ」というのみで、では実際にどのように作成すればいいのか、という点については未知数でした。そこで、まずは、一時保育と子育てサークルの両方の計画を作成してみることにしました。このあたりのいきさつについては、第 5 章で述べています。

【図表 4-1】保育目標・保育計画

○「保育と子育て研究会」
安良保育園・・・・・・前原、井上、内村
文政保育園・・・・・・宇佐美、H保育士、S保育士

日　時	研究会の内容
2001年	
1.23（火）	・「保育と子育て研究会」立ち上げのために集まる
2.7（水）	・用意された資料に基づいて、話し合いを進める
3.12（月）	・５人それぞれが資料を出し合い、検討する
4.10（火）	・前回と同様の検討
5.18（金）	・親向けの育児雑誌の検討
6.19（火）	・育児雑誌の情報の質や内容についての議論
8.18（土）	・９月１日の研修会に向けての話し合い
9.1（土）	・大場先生を講師としてお招きし、子育て支援センターの現状、あり方について研修会を行う
10.24（水）	・子育てサークルの親子の事例の検討
11.22（木）	・前回と同様
2002年	
3.11（月）	・保育園の事例、子育て支援センターの事例検討
4.23（火）	・『保育の実践と研究』所収の大場幸夫氏の論文「「子育て支援」における保育者の主導権（ヘゲモニー）を問う」を読む
5.29（水）	・今後の研究方向についての話し合い
6.27（木）	・排泄の自立についての検討
8.1（木）	・排泄についての相談の実際について検討
8.31（土）	・大場先生を講師としてお招きし、“ヘゲモニー”“アカウンタビリティー”について研修する
11.12（火）	・文政保育園の研究発表に向けての話し合い
12.10（火）	・文政保育園県大会発表について
2003年	
1.9（木）	・他の人に伝える文章作りについての話し合い
2.12（水）	・文政保育園発表原稿「地域ぐるみで支援を進めるにあたって」についてディスカッション
3.10（月）	・熊本県大会を通して現在の課題を探る
4.22（火）	・２ヶ園合同研修会の打ち合わせ
5.11（日）	・２ヶ園合同研修会 テーマ：「保育者の文字離れを問う」
6.26（木）	・前回の研修会の反省
7.14（月）	・熊本尚絅短大のシンポジウム参加
8.30（土）	・大場先生を講師として招いての保護者向け講演会 テーマ：「心の時代の子育てを考える」
8.31（日）	・大場先生を講師として招いての保育研修会 テーマ：「マスメディアと保育者」
10.29（水）	・一時預かりの計画は必要か。計画のあり方の見直し
12.3（水）	・文政……一時保育の一日を想定しての計画作成 ・安良……子育てサークルの計画の作成 ・創発カリキュラムの紹介
2004年	
1.7（水）	・子育てサークルでの砂場遊びの創発カリキュラムの作成
2.16（月）	・学会論文「保育と子育て一保育者論考（4）」を読む ・障害児保育についての創発カリキュラムの作成
3.16（火）	・計画についての２ヶ園合同研修会についての話し合い
4.24（土）	・２ヶ園合同研修会 創発カリキュラムについて
6.19（土）	・２ヶ園合同研修会 前回の研修会を踏まえて実際に年間計画の作成と話し合い
8.3（火）	・２ヶ園合同研修会の反省と次回へ向けての話し合い
8.21（土）	・２ヶ園合同研修会 各クラスごとに月案、週案の作成と話し合い
11.28（日）	・大場先生を講師として招いての研修会 エマージェントカリキュラムについての研修会

②　創発カリキュラムとの出会い

実際に子育て支援の保育を計画として書こうとしてみましたが、案の定といいますか、うまく書けないことがわかりました。

その頃、筆者は、大場先生と継続していた共同研究でカリキュラムを取り上げようとしていました。それは、大場先生より、第3章で引用した“Emergent Curriculum”という文献を紹介されたのがきっかけです。この「エマージェント・カリキュラム」を本書では「創発カリキュラム」と訳していますが、保育の日常の計画を網の目のように描きだそうとした内容の文献です。非常に興味深いものがあり、これをきっかけに海外のカリキュラム論をいくつか探りながら、共同研究の形にしようとしていました。その成果は、日本保育学会において「保育と子育て―保育者論考（4）interest-based curriculum に着目して」(2004) として発表しました。

共同研究していた創発カリキュラムを、保育と子育て研究会で取り上げようかどうしようか迷いました。というのも、創発カリキュラムについてまとまって取り上げた保育関係の専門書が、日本では見当たらなかったからです。海の向こうではこんなことをしているよ、というのは簡単ですが、それが単に情報提供にとどまるのでは意味がありません。自分たちの実践とはリンクされないからです。

ウェブ式の表現方法はこれまでに思い及ばなかったものですから、それ自体受け入れがたいかもしれないし、ましてや英語文献だということでは抵抗感だけが強まるのではないかという危惧がありました。しかし、このままでは、突破口が見いだせません。2003年12月の研究会で、創発カリキュラムを紹介しました。そのとき、第3章で取り上げた車いすのウェブも、具体例として紹介しました。車いすのウェブを紹介したのは、手書きで書かれていて、実際に保育者が書いたものということでイメージがつかみやすいのではないかと思ったからです。いくつかの文献を見ても、ウェブ方式の図はきれいにプリントされているのがほとんどですが、この図だけは、手書きのウェブがそのまま紹介されていて、実際に作成した過程が見えやすいように思えたからです。

不安を持ちながら紹介したのですが、反応は意外なものでした。車いすのウェブは、英語であるということを超えて、こんなふうに計画を作成するという意味で、全体に理解される方向で受け入れられました。中でも本書の執筆者の一人でもある井上が、平成2年の保育所保育指針改訂のときに子ども主体ということを大事にして作成していた計画は、これに似ていた、と発言しました。

もちろん、創発カリキュラムという言葉を知っていたということではありません。ただ、当時の保育指針の改訂の柱であった主体性、すなわち子どもの興味・関心から生まれてくる活動を計画に描きだそうとした工夫の一つとして、枝分かれするような書き方をしていたのです。ですから、創発カリキュラムを紹介したとき、全く新奇なものを見たという反応にならなかったわけです。むしろ、自分たちがかつて試みていた方法を記憶の中から引きずり出す効果がありました。

同時に、1990年頃の計画の書き方が定着しなかった理由もわかりました。当時は、枝分かれするように書いていても、結局は時間順になっていたのです。創発カリキュラムは子どもの興味・関心をとらえようとするものですから、時間順である必要はありません。むしろ、時系列にとらわれていると、創発カリキュラムの発想は生かされません。時系列ではなく、子どもの興味・関心の広がりをとらえるところに特徴があります。そのためには、子ども理解が前提となるということもわかってきました。

その点に気づいたとき、子育て支援の計画の作成の糸口がつかめたような気がしました。子育てサークルであれ一時保育であれ、そこにいる子どもの興味・関心をとらえる視点で計画を作成することの必要性が明確になってきました。実際に子育てサークルや一時保育の計画を作成したり、また障害児保育という個別の計画の作成も試みました。

このあたりのプロセスについては、第5章で詳述されています。

3　クラスの指導計画への反映

ここまで研究会が進んできたとき、保育所保育と子育て支援が一つのものであるならば、子育て支援の計画だけが創発カリキュラムであるのは不自然だということに気づきました。何よりも保育所保育において子どもが主体であるならば、それを計画に描きだすのには創発カリキュラムがふさわしいのではないか、ということにテーマが移ってきました。研究会は園長、主任がメンバーでしたので、子育て支援に限らずクラスの指導計画について話題を広げると、両園とも指導計画についての行き詰まりも感じていたことがわかりました。

ちょうど年度替わりの時期でしたので、新年度に創発カリキュラムによる指導計画の作成についての勉強会を立ち上げることにしました。

1回目に創発カリキュラムの概念について学び、2回目、3回目に実際に指導計画を作成してお互いに議論しました。対象は、安良保育園と文政保育園の全保育士です。図表4－1（p.67）では、2004年の4月から8月の部分です。その総まとめとして、11月に大場先生を講師に招いた研修会において創発カリキュラムをテーマに取り上げました。

それ以降、指導計画をウェブ方式で作成するようになってきました。実際にどのように作成しているかは、第6章で、0・1歳児クラスと4歳児クラスの例を取り上げています。

ここで気づかされたのは、子ども理解が基本だということです。子ども理解がないと、創発カリキュラムは書けません。なぜなら子どもの興味・関心がどこへ向いているかというとらえがないと、それをウェブで表現できないからです。

当園で長年行ってきた保育を計画に表現する適切な手段として、創発カリキュラムがきわめて有力だということがわかってきました。それまでは、子ども主体の保育を展開しながら、計画上は時系列で作成していましたから、ずいぶん書きにくく感じていました。それだけではなく、子ども主体で行いながらも、計画を時系列で作成すると、実践に影響が現れ、徐々に子どもの活動を時間順に統制しようとする傾向も現れてきます。

実践が先か計画が先かという問いをするなら、当園の場合、実践が子ども主体となるのが先であり、それを計画に反映させるのが後になったといえます。実践が計画に反映されるまでずいぶん時間がかかりました。

このことは、他の園が試みる場合でも同様ではないかと思います。子ども主体の実践をどのように計画に反映させるかというところでは、創発カリキュラムは手段の一つとして有力だと思います。

しかし、指導計画を創発カリキュラムで作成しても、実践が保育者主導型であったならば、創発カリキュラムの良さは生かされないと思います。枝分かれ式の図は描けても、時間順になっているに過ぎないという計画になりかねません。

実践と創発カリキュラムは連動している必要があります。計画だけ、実践だけ、という訳にはいきません。それが、「計画→実践→記録・評価→計画→実践……」という循環の環の意味です。計画の見直しは実践の見直しであり、実践の見直しは計画の見直しでもなければならないのです。

付け加えるならば、創発カリキュラムは、計画作成の考え方の一つに過ぎません。これしかない、これ以外は認めない、そのような言い方をするつもりはありません。ただ当園ではいろいろな試みをしてきましたが、現時点では創発カリキュラムが当園の実践をよく表現しているといえます。

4　「環境による保育」を園庭環境の視点で計画する

安良保育園では、園庭環境の構成をずいぶん以前から行ってきました。遊具の配置や遊び道具の出し入れを、季節や子どもの様子に応じて行っています。園庭の大型遊具は動かすもの、というのが当たり前の感覚になっています。

保育室の環境構成というのは珍しくありません。壁面装飾であったり、コーナーの設定であったり、いろいろな形で取り組まれています。しかし、園庭の環境構成については、ほとんど聞くことがありませんでした。大型遊具の特徴などの研究はありますし、大型遊具の配置の仕方という議論もあったりしますが、いったん置いた大型遊具は動かさないという前提で考えられているようでした。固定遊具という言葉通り、遊具は固定されるべきであるという考えが当然のこととされています。

しかし、当園では、園庭の環境も不断に構成―再構成されていくべきであるという考えをとっています。ですから、大型遊具をはじめとする園庭の遊具は、置き場所がよく変わります。本当に固定されているものは別として、それ以外の遊具は年間を通して何回か配置変えが行われています。

では、どのような意図が反映されて園庭環境の構成がされているか、ということに関しては、あまり明確に意識されていませんでした。ベテラン保育者のカンによって、この遊具はこの辺、これはあっちへというように動かしているとしか言いようがありませんでした。つまり、暗黙の了解でなされていたのです。

それで環境構成といえるだろうか、そんな疑問が出てきました。環境構成は、指導計画の要となる部分ですが、それが言語化による表現がなされていないのでは不十分ではないかという疑問です。

指導計画の作成は、クラス別です。当園では、子ども同士のかかわりが園全体に広がっていますが、指導計画はクラス別になっています。保育室の環境構成は、それぞれの指導計画に反映されますが、園庭となると、どのクラスにもかかわりのあることであり、クラス別の指導計画に反映させるのに困難なところがあります。

園庭環境の構成というと、毎日のように大型遊具を動かしているという印象があるかもしれませんが、実際には長期にわたって同じ環境構成が継続します。季節の変わり目や行事などの節目で行われており、日替わりでするものではありません。園庭という広がりと大型遊具という特性を生かすために行われる環境構成は、年間を通して６、７回程度です。そしてそれが、子どもの興味・関心を新たに生んでいくことになります。

子どもたちは、置き場所が変わると、それだけでその遊具に関心を向けることがあります。たとえば、ジャングルジムの置き場所を変えると、我先にと集まってきてジャングルジムに上り始めます。いろいろな理由があるのでしょうが、単純に考えても、場所が変わるとジャングルジムからの風景が変わる、それを自分の体で確かめる、ということがいえます。

すべり台の置き場所を変えると、場所が変わっただけですべり心地が変わることはないはずですが、それを自分の体で確かめようとしています。それがきっかけで新たな遊びが展開することもあります。

このようなことについて、園庭環境の構成がクラスの指導計画に反映されていなかったために、当園においては明確に言語化されていませんでした。それをきちんと言語化しようと試みたのが、第７章です。そこでは、園庭をマップにして表現しています。そこには、単なる遊具の置き方だけでなく、そこで生まれる子どもの遊びについても書き込まれています。ウェブ式ではなくマップ式の創発カリキュラムといえるかもしれません。

園庭環境の構成について研究しはじめたときはそこまで意識していませんでしたが、年間を通した園庭環境が明らかになるにつれて、子どもの生活や遊びとの関連性が明確になってきました。そして、園庭の環境構成の占めるウェートの大きさを考慮すると、クラス別の指導計画だけでなく、園庭の環境構成まで含めたところで、当園の計画の全体像が示されることになります。

当園の保育課程において、子どもが原点に存在し、子どもの中から生まれる活動を尊重することを方針として示していますが、そのことを具体化した表現は、クラス別の指導計画だけでなく、園庭環境の構成にも含まれるということです。本書に第7章があるのは、そのような理由からです。子どもの生活は、保育室も園庭も含めた園全体という広がりと、緩やかな時間の流れの中で行われるものですから。

5　保育実践を支えるために　―求められる創意工夫―

本書では、保育課程を具体化するものとして創発カリキュラムを取り上げています。創発カリキュラムに本書で初めて出会ったという方もいるかと思います。それは安良保育園も同じで、今でこそウェブ式の指導計画の作成が当然になっていますが、そこに至るまでにはそれ相応の学びが必要でした。

しかし、保育所は忙しい、みんなが集まる時間がない、社会の変化についていくのでいっぱいいっぱいだといわれます。

保育所は、幼稚園のように研修の場を保障されてはいません。たとえば幼稚園では、水曜日の午後を職員研修の時間に当てるということができます。

それに比べると、確かに保育所は不利です。しかし、それを言い訳にしていていいのでしょうか。同じ児童福祉施設でも、乳児院や児童養護施設は、常に子どもがいます。それこそ、子どもを置き去りにして職員だけが集まることには無理があります。あるいは、入院型の病院において、すべての医師と看護師が一堂に会するというのは、およそ考えられません。しかし、それぞれの場において、専門性の向上が常に図られています。

保育所でどうしてできないことがあるでしょうか。幼稚園と比較すると条件が悪いように見えますが、社会のありようとダイレクトにリンクして専門性を求められる場として、保育所がことさら不利な立場にあるわけではありません。

必要なのは、今の状況において、どのようにすれば資質向上を図る場を作り出せるか、ということです。そこには工夫を働かせる余地がいくらでもあります。その一例を第8章に示しました。

保育所保育指針が改定され、保育課程をはじめとして保育所や保育士への期待が大きくなってきています。

「でもそう言われても困るよ、自分たちにはそんな暇はないんだから」現場からは、そんな声も聞こえてきます。保育指針の改定からしばらくは学びの気運が高まりますが、やがて尻すぼみになり、いつもに変わらぬマンネリ化した保育が続いていく、これまでもそんなことがくり返されてきました。今回もそうではあってはいけないでしょう。そんな状態は打破される必要があると思うのです。

今回の保育指針には、「創意工夫」という言葉がよく出てきます。創意工夫は、誰かがやってくれるのを待っていてはできません。自らの取り組みのみが創意工夫を生み出します。

当園では、子どもを原点に考えます。そして、子どものよりよい育ちを支えるために保育者は何ができるか、何をしなければならないか、ということを考えていきます。それを少しでも実現するために、なされる工夫は大切なものだと思います。そのことが、子ども主体の保育を支える土台になります。

保育課程は、絵に描いた餅ではありません。看板みたいに掲げておけばそれでいいというものではないはずです。ましてや、対外的に必要な書類の一つだから作っておきました、という類のものではありません。それでは子どもはどこかに置き去りにされてしまいます。

保育所の数だけ保育課程がある、それが当然です。保育課程を編成する手がかりとして、保育課程を具体化した指導計画を作成する手がかりとして、保育課程と指導計画の思いが実践に反映していくための手がかりとして、第5章以下を読み進めていただきたいと思います。

6　安良保育園の概要

本書では、保育課程の全体像を、すべてとはいえませんが、ある程度描きだすために、特定の保育園の具体例を取り上げています。ここまでも少し取り上げてきましたが、次章以下ではそれが記述の中心になっていきます。その具体例となっている安良保育園の概要について記しますので、読み進めていくときの参考にしていただきたいと思います。

安良保育園は、鹿児島県の霧島山麓に連なる山間部に位置しています。典型的な過疎地域にあり、周辺の集落は、少子高齢化の波に洗われ、いくつかは高齢化率50%を超えていわゆる限界集落になっています。

保育園の認可設立は1955（昭和30）年ですが、浄土真宗系の寺院が母体となっており、その源流は大正時代から昭和初期にかけての農繁期託児所です。困った状態にある人に手をさしのべる宗教的意識がその背景にありました。

設立当初、定員50名でしたが、1958年に定員60名になっています。半世紀を越える歴史がありますが、当初はモータリゼーション以前ですので、歩いて登園できる園児にほぼ限定されていました。のちに車社会の到来とともに、園児の通園半径が拡大していきます。現在ではほぼ全園児が自家用車での送迎となっています。

設立時に本来対象とされていた地域は、激しい過疎化の波にさらされました。当初、本園の地域には、小学校が3校、中学校が1校ありました。小学校3校を合計した児童数は、最盛期（昭和30年代）には約千名でした。その後、小学校2校、中学校1校が統廃合され、現在では小学校は1校のみ、その児童数は約59名です（2009年4月現在）。50年の間に、子どもの数が約6％にまで減少したことになります。

その中で、当園は定員割れを起こしたことがありません。60名の定員を超えて、現在でも73名の園児がいます。半数以上が本来の区域外からの入園です。保育所が選ばれる時代と言われて久しくなりますが、当園はその意味では保護者に選ばれていると言ってもいいと思います。

1984年に安良保育園の経営主体として社会福祉法人格を取得しました。法人名は「至宝福祉会」です。同法人によって、現在では、安良保育園だけでなく、学童クラブ（学童保育）、ぽっぽくらぶ（児童デイサービス）が経営されています。また、安良保育園においては、特別保育として、子育て支援センター事業、障害児保育、一時保育がなされています。

当法人の全体構成は次のようになっています（2009年3月現在）。

＜社会福祉法人　至宝福祉会＞

○安良保育園　定員　60名　（2009年3月現在73名）

園長	1名
副園長	1名
主任保育士	1名
保育士（正規）	8名
保育士（臨時）	3名
栄養士（正規）	1名
調理（臨時）	2名

5歳児（ばら組15名）	保育士	1名
4歳児（ひまわり組16名）	保育士	1名
3歳児（すみれ組16名）	保育士	1名
2歳児（たんぽぽ組11名）	保育士	1名
	臨時保育士	1名
0・1歳児（もも組15名）	保育士	2名
	臨時保育士	1名

・子育て支援センター　　担当保育士　2名
　子育てサークル「ぴよぴよ」　毎週火曜日、木曜日
　相談事業　月～土
　園庭開放　毎週月、水、金
　市保健センター、保健所の親子教室などでの保育
　障害のある子どもと親の親子教室
　大学での親子講座での保育
・障害児保育　対象児　2名　臨時保育士　1名
・一時保育（自主事業）随時
・地域活動事業……世代間交流事業、異年齢児交流事業

○横川町療育センター　園長（兼務）1名
　ぽっぽくらぶ　　サービス管理責任者（兼務）1名
　保育士　2名

○至宝学童クラブ（自主事業）担当者　1名

当園では、子どもの主体から生まれる活動を中心にしています。デイリープログラムである一日の生活の流れはゆったりとしているように気をつけています。それは、子どもの生活活動である食事や休息（昼寝）などによって大きく定まってきます。個別のデイリープログラムについては、第6章で取り上げています。

ここで、よく受ける誤解について触れておきます。子ども主体の保育は、一般に自由保育

として理解されますが、そこでは遊びも生活活動も、そして保育園の持つ大枠もすべてなくなるという誤解をよく持たれます。この誤解は、デイリープログラムを活動の時間割と混同するところから生じているようです。

以前当園に取材に来た新聞記者が、子どもの活動が自由であるということから、「子どもは自分の好きなときに家に帰ってもいいんですか」と尋ねたことがありました。質問を受けた私のほうが驚きましたが、「それでは自由ではなく単なる野放しです」と返事をしたことがあります。

ここまで極端ではありませんが、子どもが主体的で自由であるということが、すべてにおいてバラバラであるという理解をされることが多いのには、失望させられます。園生活というのは、当たり前のことですが、遊びだけで成立しているわけではありません。子どもの生を支える食事、排泄、休息などの活動を外すことはできません。

これらの活動は、毎日くり返される営みです。そして、そのリズムが、生活全体の安定感を生み出していきます。昼食やおやつを食べることが、無理のないように位置づけられることによって、生活が安定し、遊びが充実していきます。ですから、生活の流れを意味するデイリープログラムは、第６章にあるようにゆったりとした時間の流れによって定められています。

ここで、デイリープログラムにある「休息」という言葉の説明をしておきます。一般的には、「午睡」「昼寝」と呼んでいると思いますが、当園では一貫して休息と呼んでいます。その理由は、午睡にしろ昼寝にしろ、「眠る」という意味をその中に含んでいますが、園生活においては必ずしも「眠る」ところまで至らない場合も多いと思います。年齢が低ければ当然眠りが必要ですが、年齢が上がるにつれて眠くない子どももでてきます。その場合、眠らなくてもいいが、体を休める必要はあるということで、「休息」と呼んでいます。つまり、当園での休息は、眠ることと体を休めることの両方を意味しているのです。午睡、昼寝と呼んでいると、どうしても子どもを眠らせようと働きかけが強くなりかねません。ですから、休息という呼び方を大事にしています。

このような安良保育園の実践について興味を持たれた方は、脚注の文献[1]も参考にしていただければありがたいと思います。

1）前原寛編『子育て現場の試行錯誤』南方新社、1999

5章 従来型の計画からウェブ式へ

1 試行錯誤のプロセス

1．なぜウェブ式で書くのか

安良保育園と文政保育園とは、園長、主任等の少人数で「保育と子育て研究会」を行っていました。その中で、カリキュラムを検討していたときのことです。

一般のカリキュラムは、できないものをできるようにする計画であり、時系列になっているものが多く見られます。実際の保育のカリキュラムは、子どもがどんな場面でどんなことをしていくのか、時間でとらえるのではなくて、環境とのかかわりの中で、何に興味や関心を持っていくのか、ということをベースにした計画が望ましいということで、ウェブ式の指導計画の書き方を紹介されました。アメリカやヨーロッパの計画では時間を書かないという話があり、そこでこんなカリキュラムの方法もあるんだよ、と紹介されたのがエマージェント・カリキュラム（ウェブ式の指導計画）でした。エマージェント・カリキュラムとは、創発カリキュラムのことです。わかりやすくいうと、子どもの年齢でなく、どんな行動を起こすかで興味や関心をとらえていくカリキュラムです。

これまで、自分が書いてきた計画を振り返ってみると、縦・横に関係ないオープンスペースの枠にかかわらず、いつの間にか、「環境構成→子どもの予想される姿→保育者の配慮」と横流れで書いていました。ときどき簡単な図にしたりしていましたが、つながりを意識したものではなく、たとえば縄跳びを四角で囲んで、そこから四方にいくつか予想される活動を入れて、それに対する配慮を書いていただけで、そこで終わっていました。創発カリキュラムは、時間の流れに関係なく、縦にも横にもとらわれず、子どもを中心に考える、そんな計画なんてどのようにして書くんだろう、と興味をひかれました。

このウェブ式の指導計画を書くにあたっては、この方法で書くと、どうなるかを事前に出し合いました。一つは、時間も関係なく、その子がこう動いたらこうなるであろうというように、子どもを中心に考えることができるのではということです。次に、子育てサークルのように親がいる場面でもとらえられるのではないかということが出ました。また、保育園の場合、複数の保育士で計画が立てられ共通の理解ができるので、複数担任でも使えるのではないだろうかということでした。

そして、環境構成、保育者の配慮なども書き加えることで、記録にもなるのではないだろうかという期待のもとで、まず、支援センターの砂場の場面を想定して、書いてみることにしました。実際に書いてみて、物的環境は書きやすいが、人的環境のとらえ方や書き方が難しいことがわかりました。それによって、普通の保育の計画では人的環境をどのようにとらえて書いているのだろうか、という疑問も出てきました。

2．障害児保育の計画の作成

（1）２月の月案

次に、障害児保育の計画を書いていなかったので、２月の月案を書いてくることになりました。この時、４歳児クラスに障害を持つ子どもが２人いたので、２人を合わせてＳとして、月案を作成してみました。図表５－１がそれです。

月案となると一つの遊びだけでなく、全体として遊び・生活面の活動がいろいろ出てきます。その前に書いていた砂場の場面の月案でも普通に書いてＡ４用紙いっぱいになったので、果たしてどれだけの大きさになるのかと心配になりました。一応Ａ３用紙を用意し、何とかそれにおさまるようにしなければという思いも正直なところ出てきました。障害児の場合、とくに生活面の配慮が多くなります。保育者とのかかわり（担任・担当・それ以外）なども大きくなりますし、クラスの子どもや他のクラスとのかかわりも出てきます。そこで、真ん中を何にするのか、ものすごく悩みました。とりあえず、子どもを中心にして人とのつながりを書いてみました。それが、２月の月案の真ん中とまではいきませんが、一応中心となるところです。そこからいろいろ図にしていくうちに、いろいろな場面がつながり、ここにあげたような形となりました。

ここで、図表５－１のような形になるまでのプロセスを、実際の下書きを示しながら記してみます。

図表５－２（p.80）は、まだどこから先に書いたらいいか迷っているところです。障害を持つ２人の子どもの姿をそれぞれ、遊びと生活の面から書き出してみたり、１日の流れに沿ってどんなことが予想されるかなど、別の紙に書き出してみたり、誰とよくかかわっているかとか、どこで過ごすことが多いのかなど、いろいろ書き出すことから始めました。それによって、場所や人とのかかわり、ものや遊び方などいくつかに分けて書けるのではないかということになりました。そしてそれぞれのつながりを、線で簡単に結んでみました。すると、

【図表 5-1】障害児保育の月案（２月）

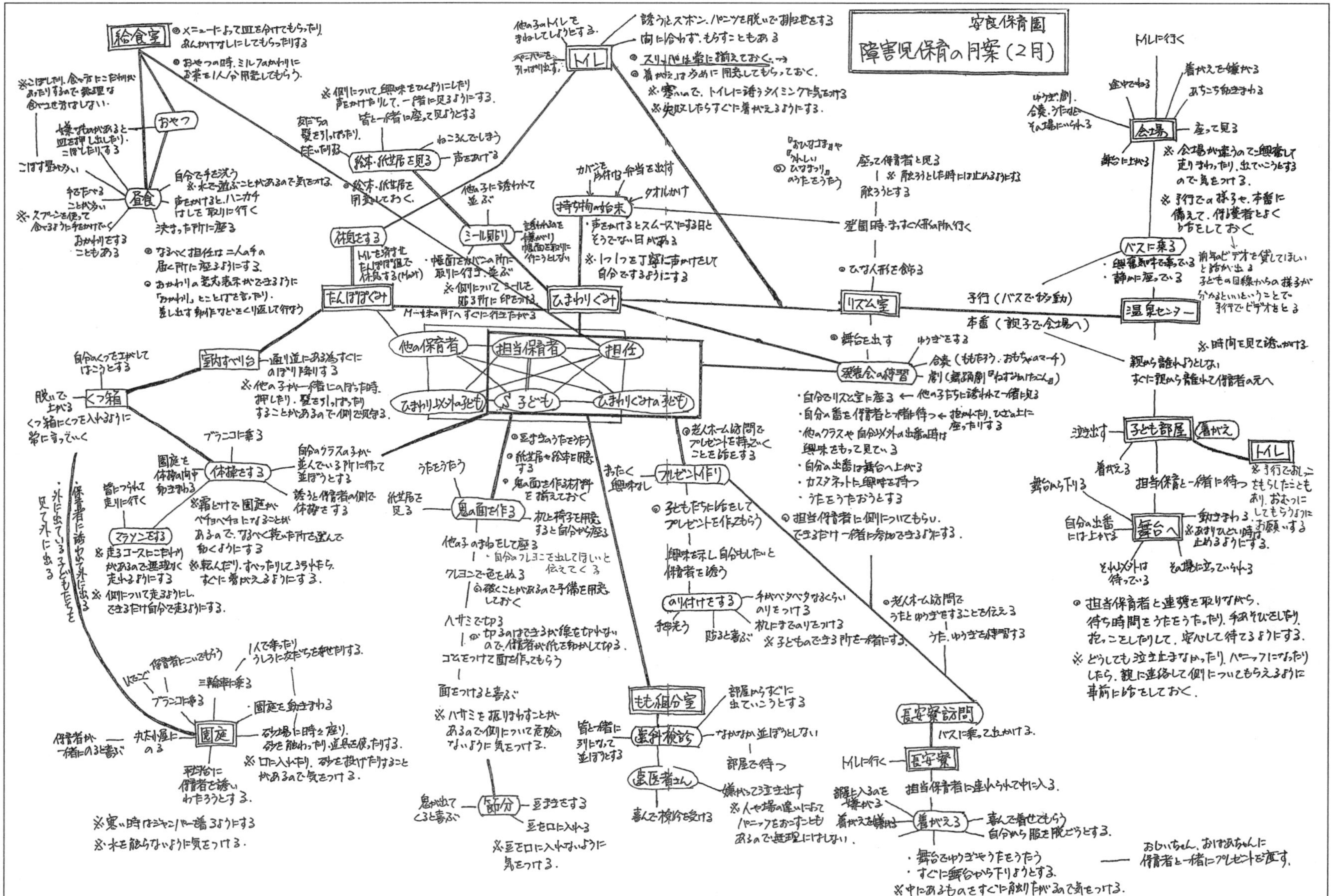

【図表 5-2】月案までのプロセス①（2 月）

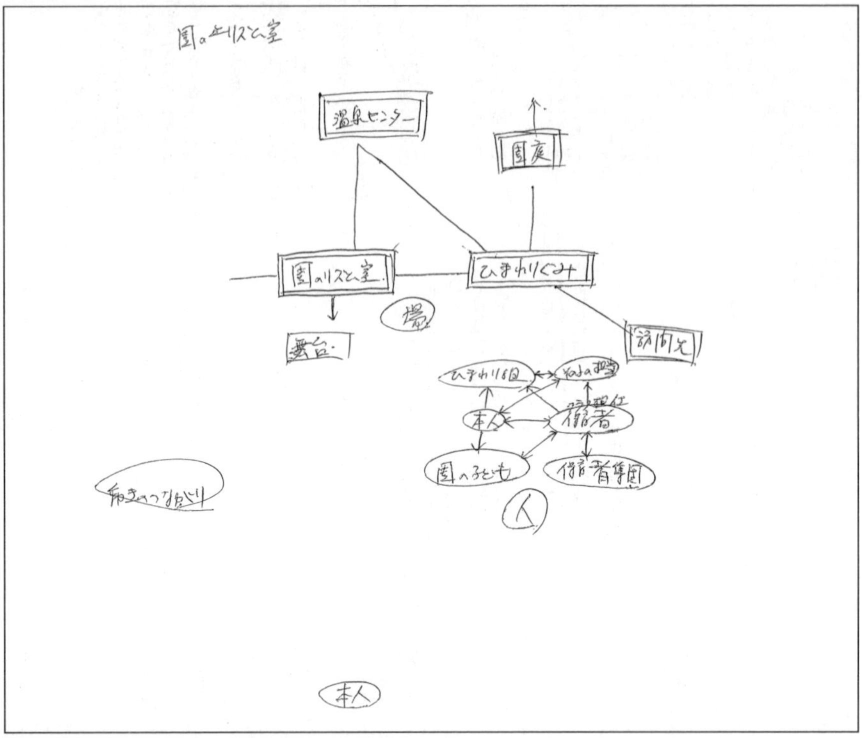

【図表 5-3】月案までのプロセス②（2 月）

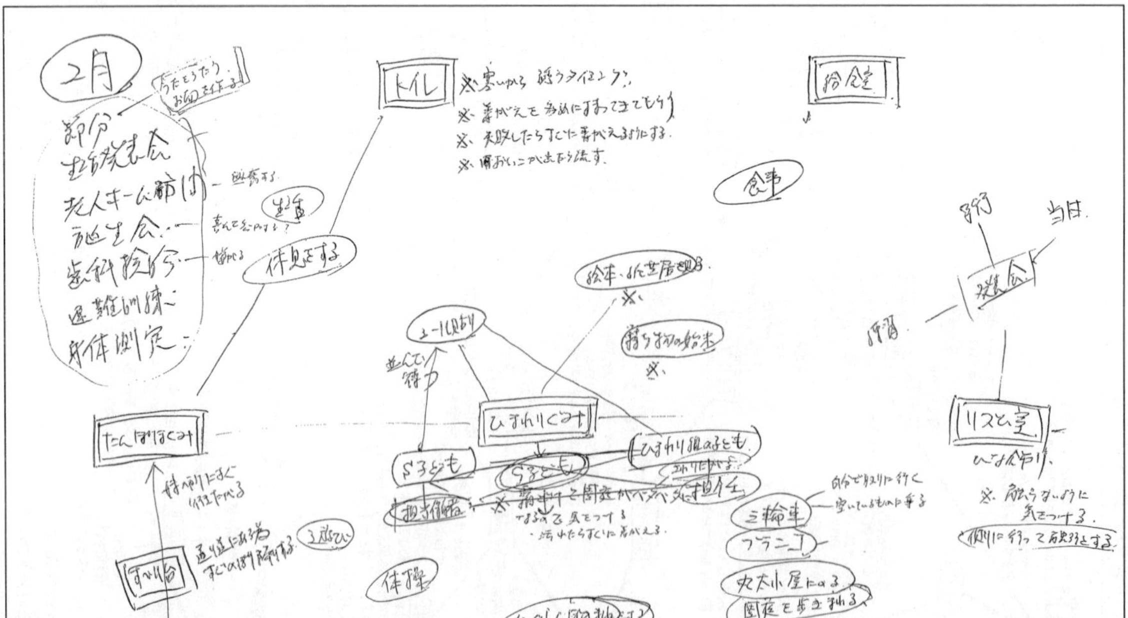

2人にとって一番欠かせないのが、やはり人とのつながりではないかということになり、ようやく中心に人とのつながりを持ってくることになったのです。

図表5－3は、とりあえず、中心になるところが決まって、そこからどのように広げていくのか思案中です。次に何を書いていくかということで、左側に行事を抜き出してみたり、場所を線でつないでみたりしているところです。生活面も外せないので、トイレや食事なども入れたほうがいいということにもなりました。

また、場面や場所などは記号を決めて書くと、見やすくなるのではということもあったので、人は○、場所は◻、ものは□、場面は〔 〕の四角、環境は◎、配慮は※と決めて書いてみました。

人的環境は真ん中に決めましたが、次にどう広げていくか、一番関係の深いひまわり組という場所から部屋で見られるいろいろな場面をあげて、それに対して予想される子どもの活動と配慮や環境などを書き出していきました。場所もどこが一番関係が深いのか、どこを一番利用するのかなどを考えて、たとえば、図表5－1にあるように、室内のすべり台は子どもが一番安心できるところだから入れたほうがいいのではないかとか、トイレや昼食は毎日のくり返しだけど、この子たちには必要なことなので入れて書いてみる、などと必要なところをあげてみました。そこからどうつながっていくのか何度も書き直していきました。たとえば、タンポポ組を右側に書いていったら、外とのつながりが出てきて、うまくいかずに、左に持っていったりしましたが、そのようなことがあちこちで出てきたのです。そして何度も書き直して、ようやくでき上がったのが、図表5－1です。

線でつなげていって何となく用紙いっぱいになったことで書いたような気分になりました。しかし、改めて見直してみると、行事にとらわれすぎて、右側は月案というより週案・日案で書き出して良かった部分もありました。線でつながりを書いてはみましたが、なかなか網の目にはなりませんでした。

反省として「どこまで書いたらいいのかわからなかった」ことを出すと園長から「どこまで書くのかではなくて、自分が何を書きたいか。その子が今どこに興味を持っているのかという部分がふくらんでいくといいのでは」とのアドバイスをいただきました。

確かに、あれもこれもと欲張りすぎて、肝心の子どもの興味や関心がどこへ向かっているのかという部分を抜かして書いてしまった部分もあったと思いました。たとえば、プレゼント作りや鬼の面作りなど、これがあるからするであろうと、当たり前のように興味を持って活動するかのように書いているし、それに関心を示さないときはどういう活動をするのか、保育者の配慮はどういうことがあるのかなどの部分が抜けていました。発表会においても、たとえば曲に関心があるのか、遊戯など体を動かして踊ることに関心があるのか、楽器の音に関心があるのか、友だちがしていることに関心があるのかなどいろいろ考えられたので、その部分を広げていこうと思いました。

また、外への活動はどうつながるのか、行事はどう表していったらいいのかなど難しく、どこまで書いたらいいのか悩んだのがこのカリキュラムを書いた感想です。

（2）11 月の月案

次に、毎年行っている 6 園の合同研修会で、ウェブ式の指導計画について勉強会をすることになりました。たたき台として、11 月の障害児保育の 1 人についての月案を書くことになりました。前回の 2 月は 2 人分を一緒に書きましたが、今回は 1 人分の月案です。

今回は前回の反省を踏まえた上で、M ちゃんの 10 月の様子から、何に重点を置いて書いていくのかということを話し合いました。

その中で、友だちのしている遊びに入りたがったり、特定の友だちを求めたりする姿が多く見られるようになったということで、友だちとのかかわりを中心に遊びや生活をとらえていこうということになりました。

図表 5 − 4（p.83）を元に説明していきます。場所を園庭と室内、園外の 3 つに大きく分けて、そこから M ちゃんがどう動いていくのかを予想しながら、書きました。

図表 5 − 5 は、付箋を使って、遊びや遊具、場所などをあちこちにすぐ移動できるように工夫しながら取り組んだものです。とくに遊びの中でも友だちや保育者とのやりとりをする中で、友だちとのかかわりを深めていってほしいという思いで書いています。

ねらいとして、「好きな遊びを楽しむ中で、友だちとのかかわりを深めようとする」「身近な自然に触れながら、友だちと一緒に散歩を楽しむ」ということで、今回は書いてみました。また、前回書いた 2 月との大きな違いは、2 月のときは人とのつながりと場のつながりということにこだわって書いていましたが、今回は場面でとらえているので、人とのつながりは必要に応じて書いていくというやり方にしたことです。

図表 5 − 6、5 − 7 は何度も書き直しをした過程です。図表 5 − 6（p.84）では、友だちのしている遊びに関心を持つということを中心に、左右に遊びを書いています。図表 5 − 7（p.85）では園庭と室内という場所を中心に遊びのやりとりを書いています。いろいろ思う

【図表 5-5】付箋を使っての取り組み

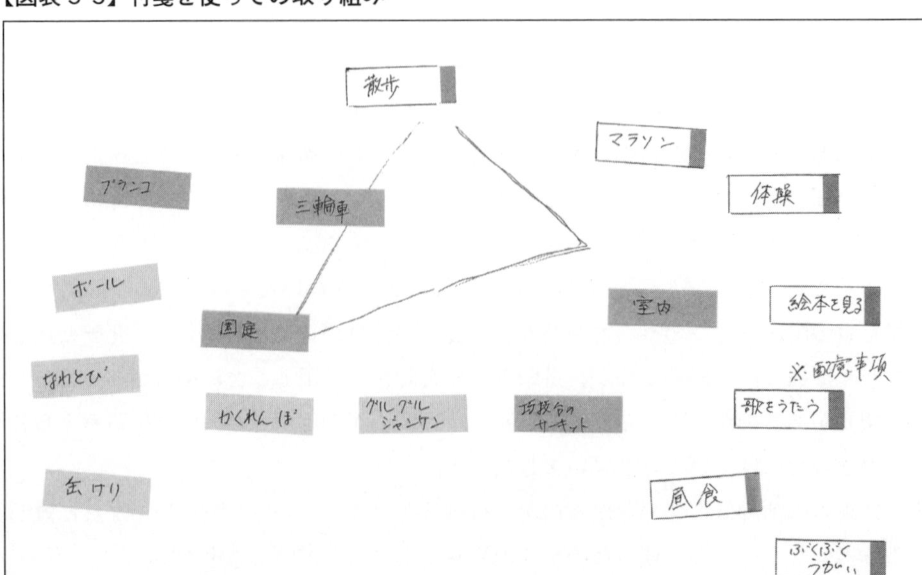

【図表 5-4】障害児保育月案（11 月）

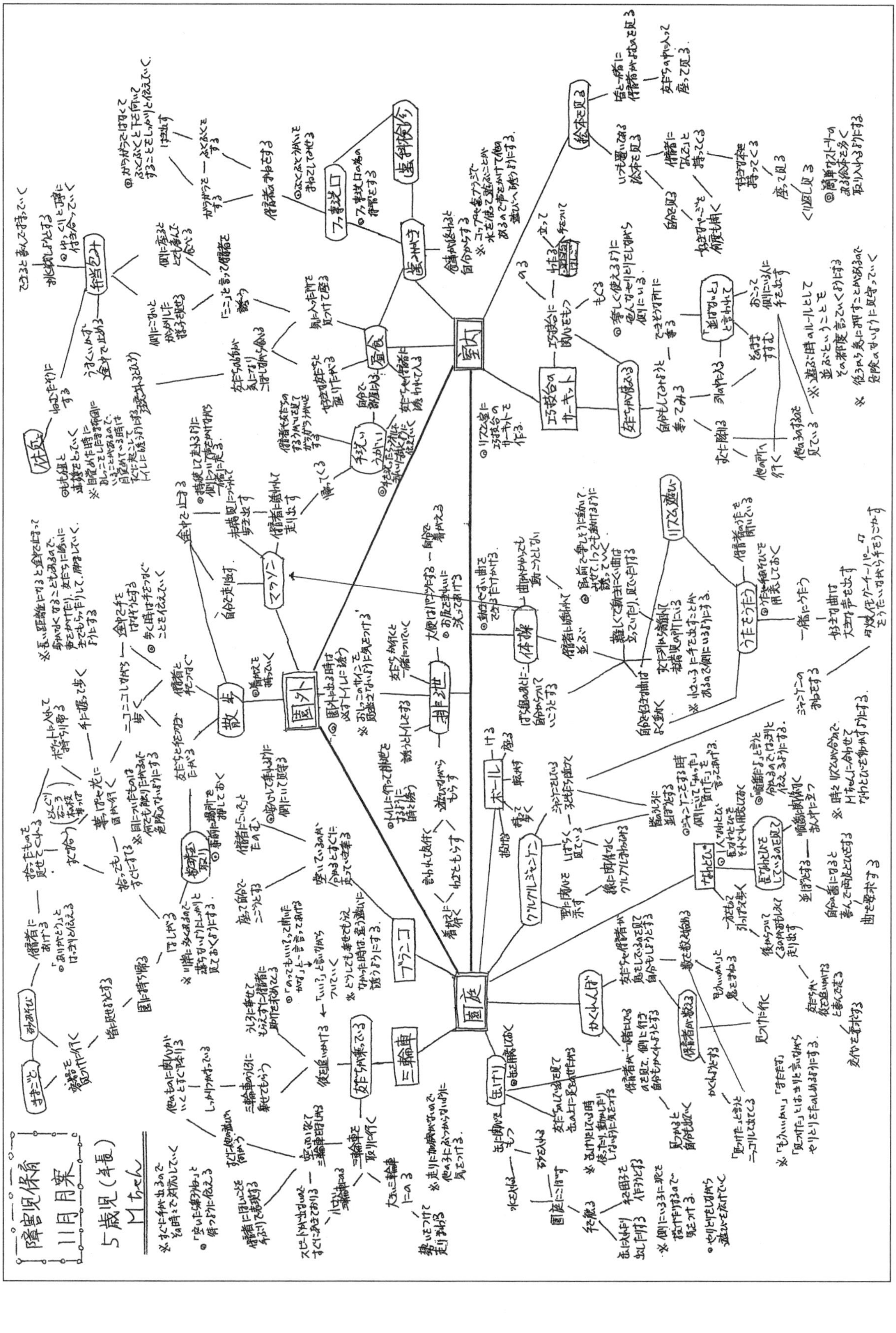

【図表 5-6】月案までのプロセス①（11 月）

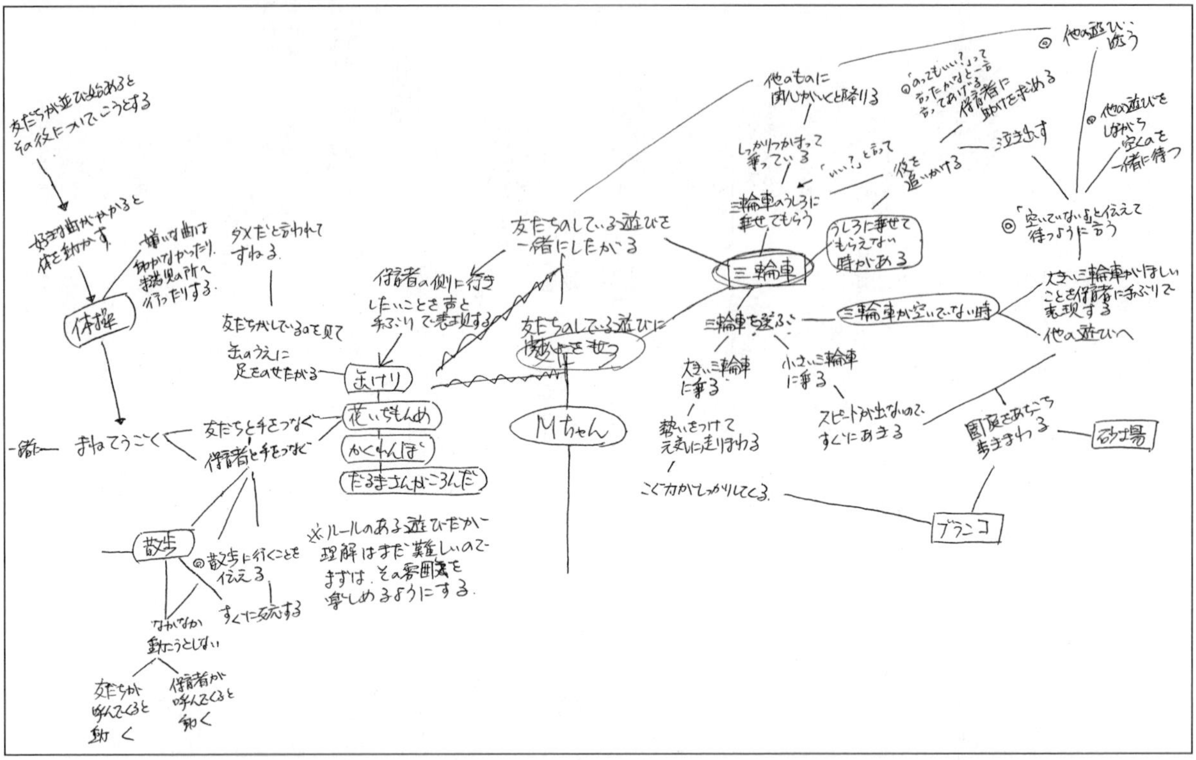

ところを書いているうちに縦長になっていきました。このようにくり返し書いているうちに、散歩が出てきたので、園外という場が必要になったり、どの場面でも排泄がかかわってくるので入れておきたいなど、必要なものや、あとで書き足せばいいものなどがわかるようになってきました。

それから、Mちゃんは継続児なので、2月からすると半年経っていることもあり、生活面のほうは大分落ち着いてきているので、排泄と昼食以外はあまり意識せずに書いています。また、11月は行事もあまりない月なので、行事にとらわれることなく書けました。ただ、歯科検診とフッ素洗口については、保育者が押さえたいこととして入れてあります。

障害児保育ということで計画を立てみましたが、個人なので計画としては考えやすかったように思います。しかし、月案ということで、自分がどこまでとらえていくのか、ある程度細かく書いていかないとつながりはできてこないのでどう書くのか、という点で悩んでしまいましたが、書いた感想としては、大変だけどおもしろいと思いました。

書いていくうちに、Mちゃんがこんな活動をしたときには、自分はその時、どんな動きをしなければならないのか。普段していることかもしれないが、実際に書き出すと、改めてとくに配慮しなければならない部分がよく見えてきたように思います。

【図表 5-7】月案までのプロセス②（11 月）

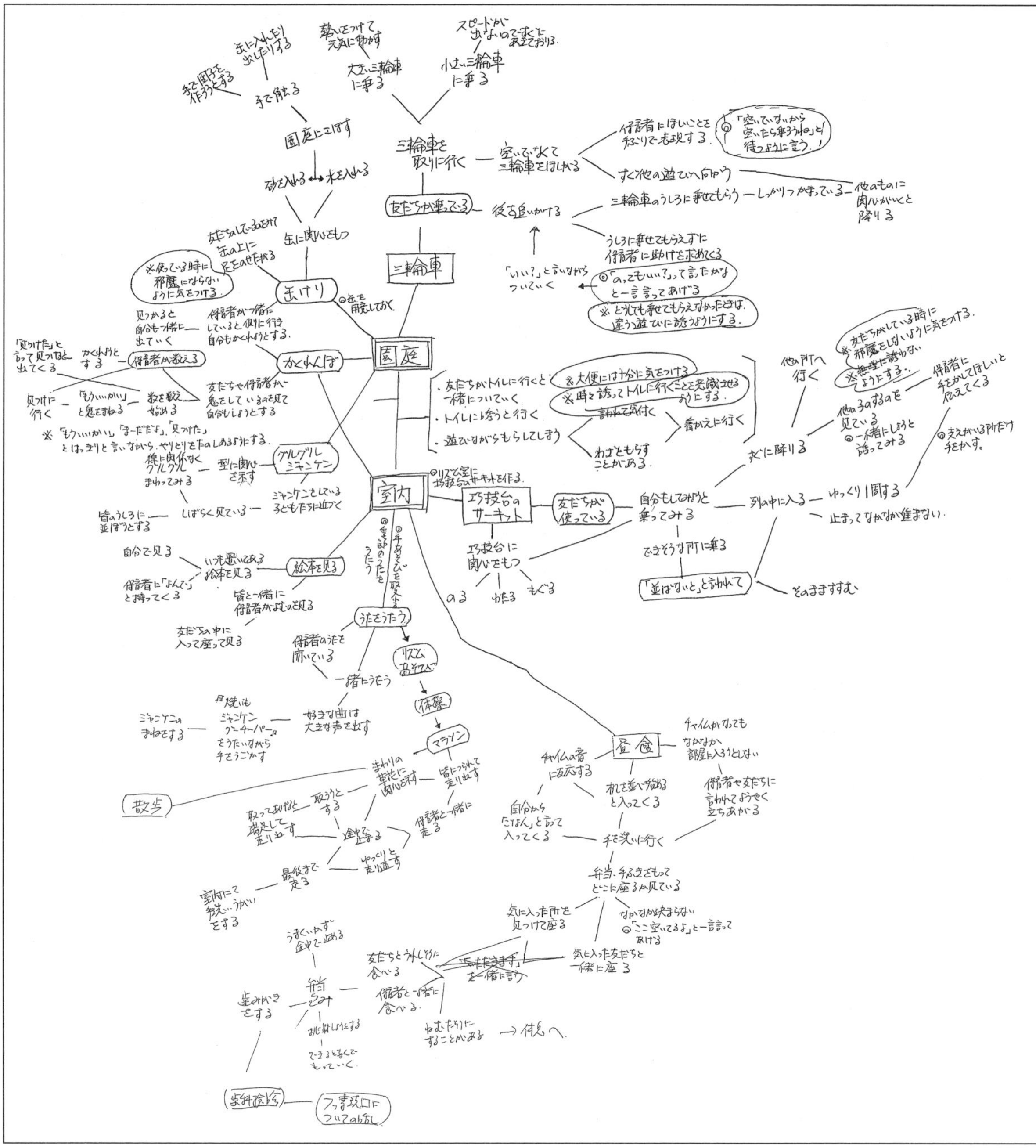

（3）計画を書いたことでわかったこと

障害児保育の計画を書いてみるということでしたが、障害児だから特別な計画の書き方があるのではなくて、その子なりの興味や関心の向く方向があるので、とらえ方としては、障害児も健常児も同じだと思いました。ただ、障害児の方が環境構成や保育者の配慮が少し多くなるのではないかと、書いてみて感じました。

このカリキュラムの書き方は、スペースをどのように使ってもいいわけですから、書き方としてはいろいろあると思います。1回目は誰も書いたことがない計画の方法なので、つい、あれもこれもと書いてしまい、何となく書いた気分になりました。また、結果として、保育者がさせたい活動になってしまったという反省もありました。

そこで、2回目は違う書き方がないかと考えましたが、どうしても1回目の書いた計画が頭から離れず、全体の見た目としては、書きすぎてしまったようです。1回目に中心を決めて、そこから広げていくという書き方をしましたが、2回目もやはりその考え方から抜け出せず、まず中心に何を持ってくるのかでずいぶん悩みました。しかし、中心になるものをまず決めることによって、書きたいことがはっきり見えてきたので、この書き方が自分には書きやすかったといったほうがいいかもしれません。

このカリキュラムを書くと、一つ一つの遊びをていねいに考えるようになり、それぞれの遊びの広がりやつながりがわかってくるように思います。書き出すと、だんだんおもしろくなってきて、つい書き過ぎてしまい、何を書きたかったのか忘れてしまうほどです。今までの計画の書き方と違って、書いていると、ここここがつながるからこっちに書いたほうがいいとか、見やすく書くにはどうしたらいいのかなど、計画を立てるのにかなり時間が必要になってくるのも事実です。また、ねらいをどうとらえるかがポイントになってくると思いました。

しかし、「どこまで書くのか」ではなくて「何を書くのか」「子どもの興味や関心がどこに向いているのか」と毎回いわれて、言葉ではわかったつもりで、頭の中ではこうつながるなと思っても、実際書いてみようとするとなかなか上手くいかないのはなぜだろう、本当はその子のことが十分に見えていないのだろうか、今までの計画の書き方からなかなか抜けだせない自分があるのだろうか、とさまざまな思いが頭をめぐりました。

（4）研修会で学んだこと

計画を書くにあたって、子どもとどんなふうにかかわってきているのか、これまでのプロセスが大事になってきます。自分が何をねらいとして計画を立てていたのか、と反省しました。オープンスペースになっているのに、時間の枠はなくても上から下に箇条書きで時系列と同じように書きました。私自身の書き方としては、「環境構成」を左側に置き、「子どもの中から生まれる活動」もただ遊びを並べて書いていることが多かったのですが、創発カリキュラムの書き方では、遊びの広がりはもちろんですが、友だちや保育者とのかかわり、ものや場所とのかかわりが関連していることに目に見えてわかりやすい特徴があることがわかりました。ですから、今までの書き方からどう抜け出すかが、ポイントになってきます。また、6園ともに同じ計画の様式を使っているので、計画の立て方そのものを見直すきっかけになったのではないかと思います。

この計画は、いきなりは書けないので、何を中心に持っていくのかを考えます。人であったり、ものであったり、あるいは場所であったりと、それによって遊びの広がりやかかわりの書き方が違ってくるので、いろいろなことを文字にすることから始めて、それから図にしてみるといいということがわかってきました。また、自分だけがわかる計画ではなくて、人が見たときに子どもの姿が見えてくる書き方も必要になります。

他者が書いたものを見てしまうと、それを参考にして書いてしまうのではないかという課題も出ました。この研修会では、障害児保育の計画をもとにして研修を行いましたが、実際に計画を目にして、最初はどこから見たらいいのか、見方もわからなかった参加者が、話を聞いたり、グループで話をしたりする中で、「書けそうな気がする」「何となく書けそう」というふうに意識が変わっていきました。中には「難しそう」「何から書いたらいいかわからない」ということもありましたが、クラス全体の計画に応用ができるのではないかということで、それぞれの保育園が持ち帰って書いてみることになりました。

3．保育園全体での取り組み

（1）誕生会の指導計画

6園の研修会で学んだことを元にして、安良保育園でも保育士全員がウェブ式の指導計画を書いてみることにしました。

毎回2人ずつ担当を決めて行いました。実際に書いた感想と、計画を見て他の人はどう思ったのか、ここはどうしてこんなふうに書いたのか、などの勉強会を行いました。

1回目は、自分の担任しているクラスの子どもを対象に、4月の誕生会という行事を取り上げました。そして、計画を書いてみて、実際に臨んだ誕生会はどうだったかを話し合いました。計画は全職員に事前に渡しておき、勉強会のときに必ず質問を出すようにしました。

図表5－8（p.88）は、年長児の計画です。担当保育士（8年目）からは、実際に書いてみて、誕生会の流れがあるので何となく結びついていかなかったことや、障害を持った子どももいるので計画の中にどう入れればいいかわからなかったこと、5歳児の計画だが食事の場面は4歳児や周りの子どもや保育士とのかかわりも入れたほうがよかったのではないだろうか、ということなどが出ました。環境構成や保育者の配慮がごちゃごちゃになってしまったという反省もありました。また、実際に計画を書いてのぞんだ誕生会は、流れはいつも頭の中に入っていることですが、書いたことによって、改めて誕生会を子どもたちにしっかりと伝えていきたいと思ったことや、かなり意識して誕生会に臨めたという話もありました。

図表5－9（p.88）は、2歳児の計画です。担当保育士（6年目）からは、この形に持っていくまでが時間がかかり、どういうふうにこの形に書いていったらいいかわからなかったとありました。

場所を▢、ものを○や□で囲んでといろいろな工夫をしてみたけれども、何が何だかわからなくなったことや、興味や関心というところから入ったけれども後がなかなかつながらなかったことも、話題にあげられました。また、時間の流れを気にしてしまい、なかなか書けなかったことも、話し合いの中で出てきました。休息後に行われるのであとから起きてくる子どもへの配慮がなかったこと、実際書いたことで意識して誕生会には臨んだが、会食にな

【図表 5-8】年長児の計画

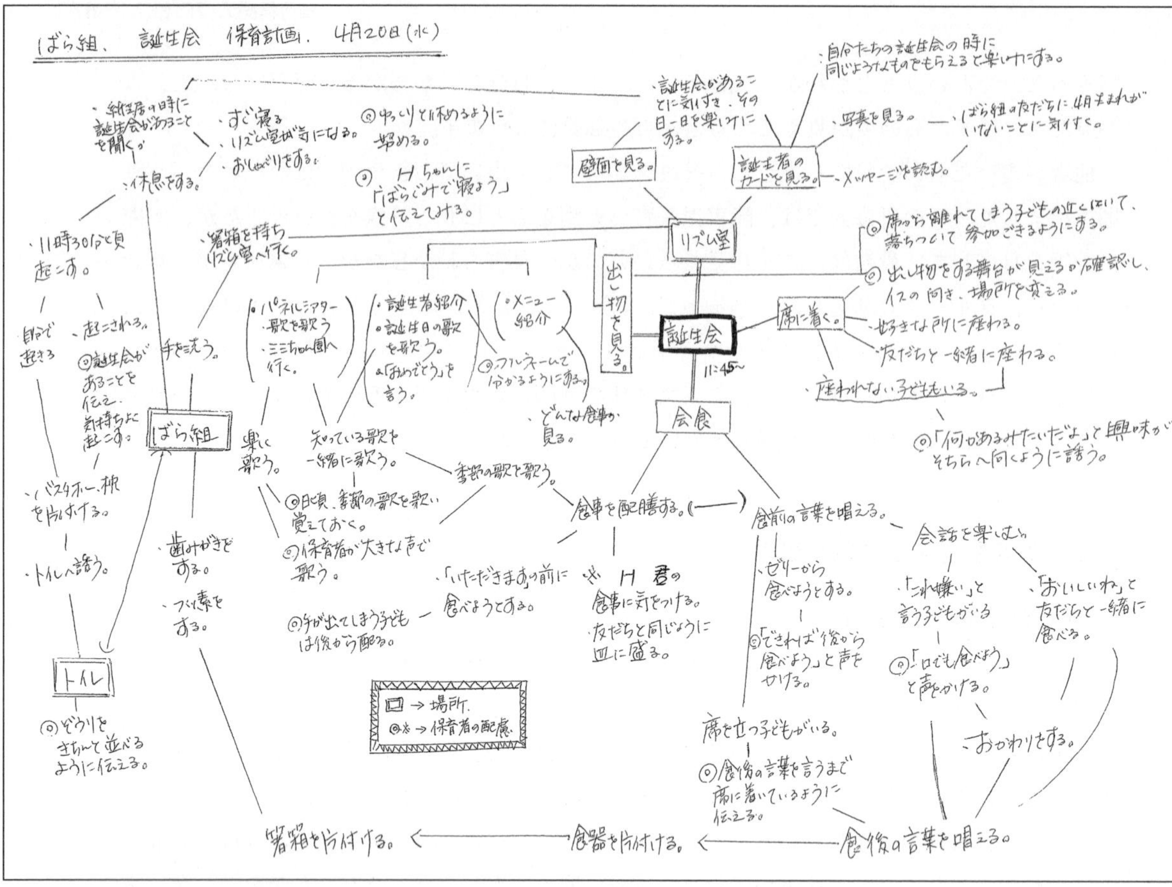

【図表 5-9】2歳児の計画

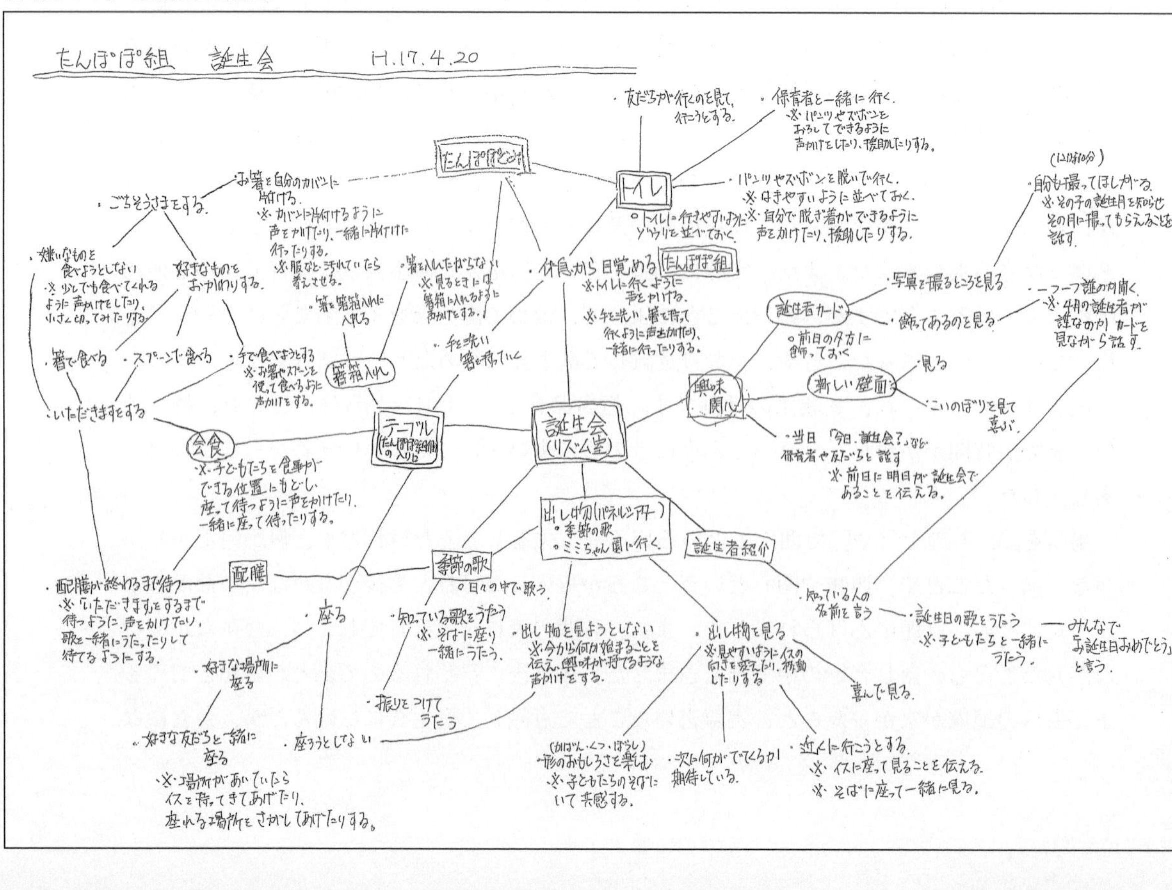

り、自分に余裕がなくなると計画が意識から飛んでしまったということも出ました。

２つの誕生会を比べてみると、２歳児のほうが会食についての配慮が多くなっていることに気づきます。また、誕生会という行事の計画ではあるけれども、両方ともに、休息から目覚めるところから書いています。そして、子どもから生まれる活動が少なく、配慮の部分が多いのもこの計画の特徴です。４月の誕生会ということで、新入園児への配慮も必要ではないかという指摘も、他の保育者からありました。

計画を立てるとき、あらかじめその場にいることを想定して書くのか、それともその場所に動いて来るところから書くのかで、書き方が違ってくるということに気づかされました。工夫として、付箋を使うことや色を変えて書くというアドバイスも園長から頂きました。

また、話の中に、計画を立てると計画通りにさせたがるし、従ってしまう、それでは計画がマニュアルになってしまう、マニュアルになると予想通りのことしか出てこなくなる、予想以外のことが起こったときに計画が生きてくるような計画になってほしいということがありました。また、自分がどんなふうに考えて書いたかというプロセスが大事であって、結果として出てきたものの善し悪しではないということも話されました。

見た目にはイメージとして書きやすそうに見えますが、実際自分で作っていこうとするときに、つながっていかなかったり、自分の言葉に置き換えていくことが難しかったりして、簡単にはいきません。つまり、上手く表現できないのもこの形の特徴なので、まずは、言葉にして文字にして、何度も書いて、自分の言葉にしていきましょうということになりました。

（２）１人の子どもについての週案を立ててみる

２回目は、６月の１人の子どもについての週案を立てました。担当は、２年目の４歳児の担任と１歳児の担任でした。前回の反省を踏まえて、より見やすいように、書き方に色別や囲みの違いを表して書かれてありました。

４歳児の個人別計画は、新入園児の女の子Ｋちゃんを中心に、書いてあります（図表５－10、p.90）。この子を選んだ理由として、２か月近くＫちゃんを見てきて、もう少し外に出て、思いきり遊んでみてほしいと思ったことや、食事の場面が気になるので書いてみようと思ったということでした。実際書いてみて、月曜日の本堂礼拝や金曜日の絵本の貸し出しなどを、どうつなげていくかが難しかったとありました。

計画を見た他の保育士から、１人の子どもについて立てる個別計画なので、その子が好きな友だちの名前や保育者の名前が出てきてもよかったのではないかという意見もありました。また、Ｋちゃんの殻を破ろうとする姿をどう出すか、描きだしていけばそれがねらいになるということもありました。

１歳児の個人別計画は、ほとんど欠席せず、最近「イヤだ！」など自分の思いを出すようになってきた１歳10か月のＭちゃんについて立てています（図表５－11、p.90）。Ｍちゃんを中心に他の場面へつなげるように書いたとのことでした。場所として靴箱を書きましたが、未満児がこの場所によく座っている姿があるので書いたそうです。Ｍちゃんは活発に動くので、いろんな場面をとらえて書いてありました。

【図表 5-10】４歳児の個人別計画

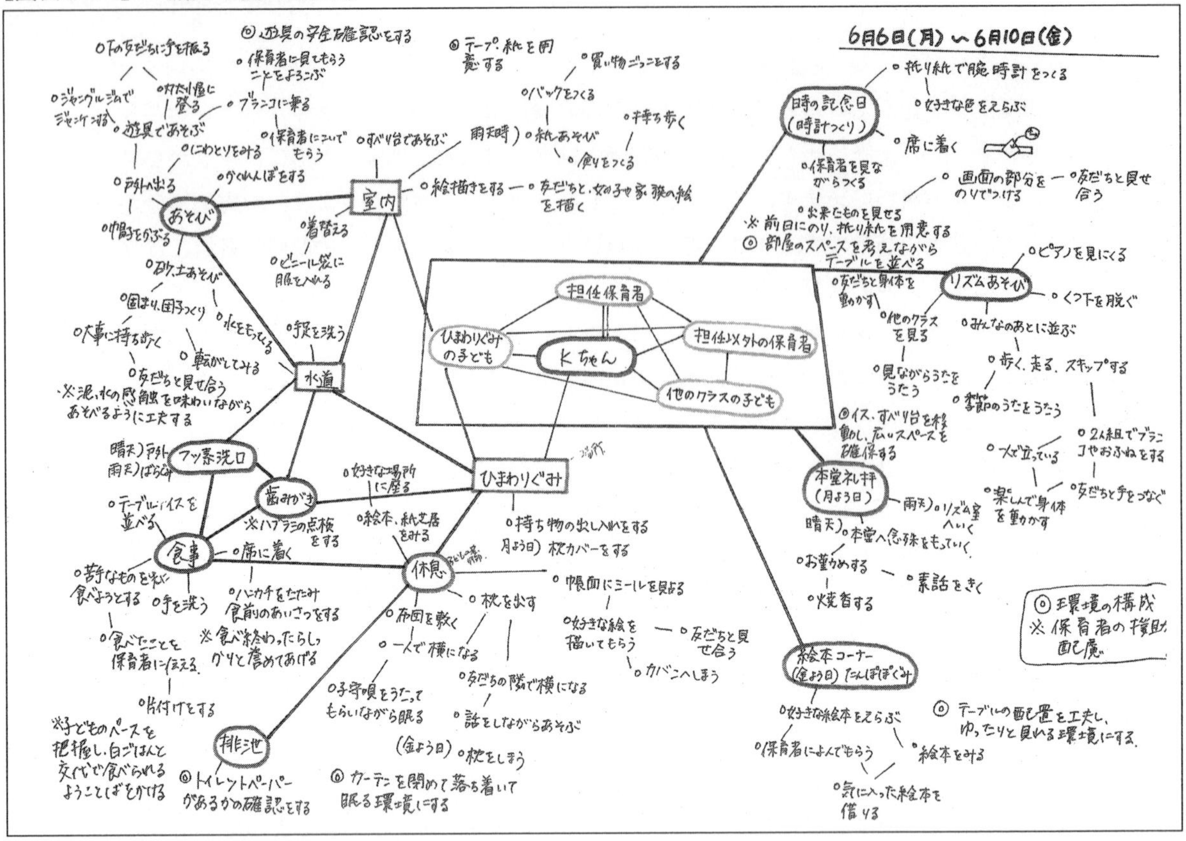

【図表 5-11】１歳児の個人別計画

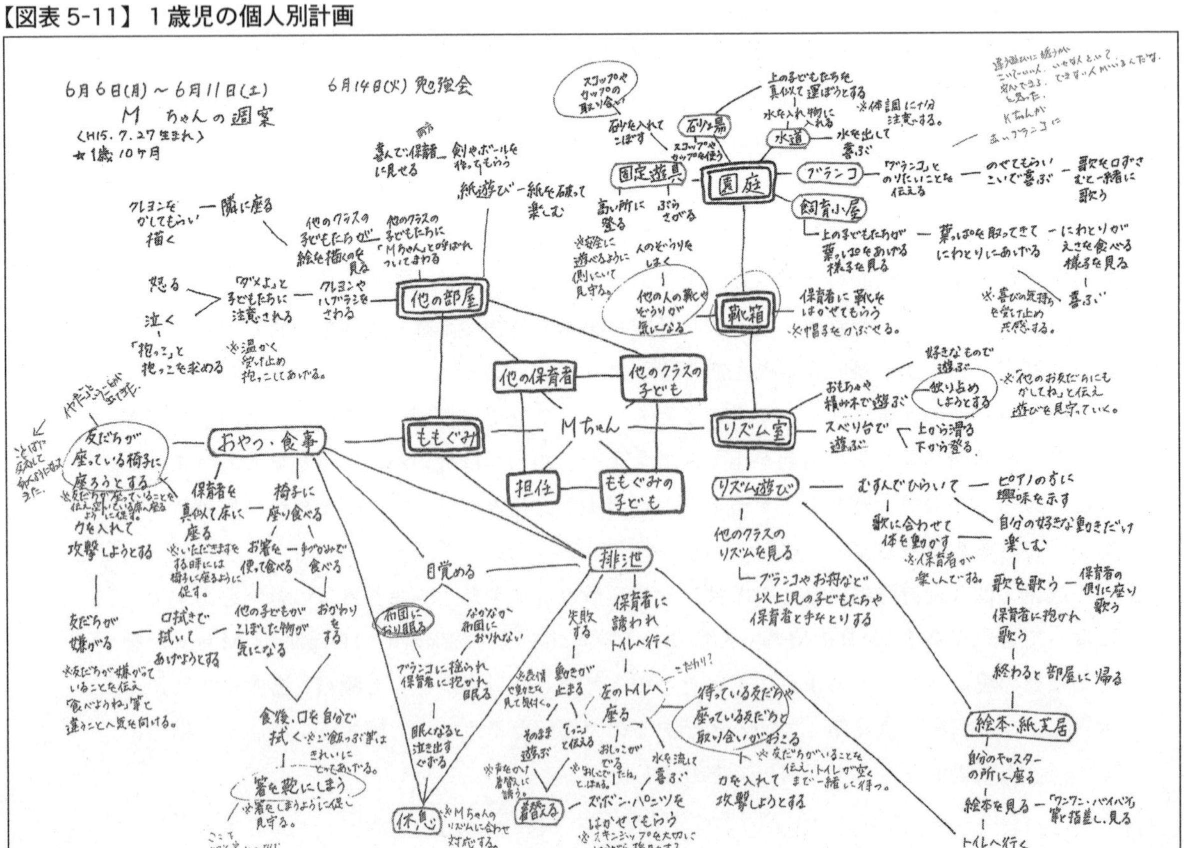

Mちゃんの場合、ものの取り合いが目立つので、他の人とのかかわりやものとのかかわりをこの時期のねらいにしてとらえることができるのではないかということになりました。何でも書くというのではなくて、焦点化して書いていくようにしたほうがいいことがわかってきました。

２つの計画のまとめとして、せっかく個人の計画を立てるのであれば、その子の遊びについて、姿が見える書き方にするということと、誰でも入れ替えができるような書き方ではいけないということになりました。どんな遊びをしているかということが、発達をとらえる視点として大事になってくるので、次回は、遊びの書き方を課題とすることになりました。

３回目は８月、４回目は10月のそれぞれの担任であるクラスの１人の子どもの週案を書いてきて、検討し合いました。

３回目の反省としては、線のつながりや、線の書き表し方の工夫が必要であること、線でつないでいる子どもの姿からねらいが出てくること、遊びやその子の特徴的な姿を言葉にしていくと真ん中になるものが出てくるのではないか、ということがありました。

４回目は１年目の２人の保育士が担当でした。１人は障害を持った子どもの週案でしたので、友だちとのかかわりの中で、保育者の配慮や援助がもう少しほしかったことや、これまでの反省や課題をもとに書いたのですが、やはり自分の言葉として表現することの難しさがあったようです。これは書いていくしかないという結論になりました。

また、場面によって子どもとのかかわり方が違うので、人への関心の向き方がこれからの課題として残りました。

（３）園内研修を通して

保育士全員がそれぞれに、自分のクラスの子どもについて計画を立ててみることにより、一人ひとり書き方や思いの違いが、はっきりと計画の中に出てきていたように思います。自分が何をねらいとして、どんなふうに考えて書いたのかという思考のプロセスの違いが大きく出てきます。

この計画の立て方には、マニュアルがありません。ですから、書き方はいろいろあっていいと思います。しかし、ただ文字を並べればいいというのではありません。何を思い、何を書きたいのか、子どもに何が育ってほしいのかなど、子どもを中心とした計画であってほしいということを学びました。

また、子どもをとらえる視点として、遊びを中心に子どもの活動を広げていくことで、その子やクラスのねらいが出てくるのではないかということもわかりました。場所やもの、場面などを囲みや色分けすると見やすくなり、子どもがどこで、誰と、何をして遊んでいるのかがはっきり見えてくるのではないかということにもなりました。

課題も毎回出てきて、この書き方がベストであるという書き方はまだありません。とにかく、何回も書いてみることで、自分がどれだけ子どもの姿をとらえているのだろうか、ということに気づくことから始まるのではないかと思っています。

② 子育てサークルの計画

子育て支援事業が始まり、もうすでに10年以上が過ぎています。その間に支援センターは全国各地にたくさんできてきました。支援センターとは、現在どのようなことをするのが望ましいと思われているのでしょう。

安良保育園の支援センターでは、これまで親子のためにいろいろなことを計画し、実践してきました。支援センターは、開設当時から平成20年度まで保育士2名で担当しています。その担当者2名で、毎月どういうことを活動するかを話し合い、計画して案内のたよりを出してきました。計画といっても子どもの育ちを考えたものではなく、当日にする遊びを書く程度でした。

センターが始まって以来ずっと、センターに来てくれた子どものことや、その日にあったことなどを日誌として書いていましたが、計画を文字にして残すことはありませんでした。

保育園に入園している子どもには、年齢別に年間計画、期間計画、週案などがあります。しかし、支援センターを利用している子どもにはどのような計画があるのでしょう。実際安良保育園がかかわる横川町子育て支援センターでは、最初の頃は計画はありませんでした。支援センターでは、親子に対して何か形のあるものをするのがよいのではないかと思い、いろいろな製作や行事のようなことばかりをしていました。

保育園での保育では子どもの遊びを中心にした保育をしているのに、支援センターではどうしても保育士の前に親子を集めて、何かを始めるという設定保育のような形になってしまっていました。支援センターを利用する親子にどうしたら楽しんでもらえるか、どうしたら毎回利用してもらえるのかということだけを考えていた時期でした。

1年、2年の月日が過ぎるうちに、この支援のあり方は、親にとっては過ごしやすいかもしれませんが、子どもにとって自由に遊ぶことの少ない場になってしまっているのではないだろうかという疑問を持ち始めました。そこで保育園に帰り、園長先生たちと話し合いました。そこで出た結論は、子育て支援センターということで、ついつい母親を中心に考えていたのではないかということでした。

子どもの本来の遊びとはどのようなものだろう。母親がそばにいることで、つい遊びをすることで衣服を汚したり、元気よく走りまわったりするようなことはいけないのではないかと遠慮しているように思いました。

保育園では、天気の良い日は戸外で思いきり汚れたり、濡れたりしても、気にしないで砂遊びや追いかけごっこなどをダイナミックに楽しんでいます。でも支援センターでは、どの年齢の子どもたちでもよく遊んでいる砂と水を取り入れていなかったことに気づかされたのです。

この話し合いをした後からは、少しずつ保育園と同じように子どもの遊びを中心としたセンターでの過ごし方に変えていきました。もちろんお母さん方は、戸外での遊びを中心にすることに戸惑う姿もありましたが、子どもにとっての遊びの大切さを伝えながら、その時間を長くしていきました。

そういうとき、熊本の文政保育園との２園で、子育て支援の勉強会が始まりました。それまでは、年に２、３回職員全員で取り組んでいた勉強会でしたが、「保育と子育て研究会」という名称で、園長と主任保育士と支援センター担当者とで月１回の勉強会を始めたのです。

２園の勉強会では、家庭で子育てをしている母親がとくに読んでいるような雑誌を検討して、記事について調べたり、母親の望む子育てとはどのようなものかなどを話し合いました。そんな中で、研修会に参加している１人の保育士が全国規模の研修会に参加して「一時保育や支援センターにも計画は必要か」という話を聞いてきたのがきっかけで、支援センターや一時保育の計画について勉強することになりました。

それまで何回か、全国規模の支援センター関係の研修会に参加し、その中で、親子遊びや講演会、子育てだよりなどの情報はいろいろと手に入れましたが、支援センターに来ている子どものための計画を作っているという話には出会えてはいませんでした。ですから計画を書くということに戸惑いを感じました。

でも、支援センターや一時保育でも保育にかかわるということで、安良保育園と文政保育園の支援センター担当者が、それぞれ計画を立ててみることになりました。

支援センターに来る子どもの年齢はバラバラ、またその日に利用する人数もバラバラという中で、計画を作るのは考えさせられました。どこに焦点を当てればいいのかさえわかりません。そのためにどうしても時系列の計画になってしまいました。子どもの動きはもちろん、親のことも考えないといけないので、保育園での計画のように子どもの姿だけを書き出せず、どうすればいいのかと考えてしまいました。

図表５－12（p.94）の計画は、子どもの動きや親の動きを書き出してはいますが、どうしても時間の流れを中心に書いています。支援センターの計画といっても、子どもの遊びを中心にすることに変わりはありません。でもどうしても時系列になってしまいがちな計画の中に、どのようにして子どもの遊びを入れたらいいのかを考えました。10時に全員がそろうのではなく、順次やってきてそれぞれの動きがあります。子ども中心にと思いながらも、保育園と違って親が常に一緒にいます。その親子の動きを別々に書くので、別々の動きをしているようにも見えました。

でき上がった計画案について話し合うと「親がいるということで書きにくさがある」「よく来る子どもと初めて来る子どもの違いをうまく書き出せていない」「１人の子を連れてくる親と兄弟児を連れて来る親子ではどう違うのか」などの意見が出されました。

いろいろと話し合っているときに、エマージェント・カリキュラムについて教えてもらいました。それを聞いて、子どもの年齢でなく、どんな行動を起こすかで興味や関心をとらえていく、時間に関係なく子ども中心に考えられるので支援センターの計画として書きやすいのではないだろうかということになり、書いてみることにしました。

【図表 5-12】支援センターの計画①

★ねらい

（よく来る子）……慣れた保育者や顔見知りの友だちと一緒に遊ぶことを期待しながら、来園する。
（初めて来る子）……不安な中でも親や保育者に見守られながら好きな遊びをしようとする。

★環境の構成及び準備

・部屋の換気を行う。
・手拭きタオルや足拭きを用意する。
・おやつの準備をする。
・園庭の掃除及び砂場の水遣りをする。
・ブランコをかけたり、砂場の道具を出したりする。

時間	環境構成及び保育者の動き	子どもの動き	親の動き	保育者の配慮
10：00	挨拶をして笑顔で出迎える。 ・名札を用意する ・人数を把握する 新しい親に、名前を書いてもらい持ち物の置き場所を知らせる。また、おやつのとり方や流れを知らせる。 室内と外に分かれてそれぞれの親子を見守る。 顔見知りの子どもと一緒に砂場で遊んだり、三輪車を使って遊んだりする。	親と一緒に来園する。 それぞれ好きな遊びに入る。 知っている友だちと遊び始める。 初めての子は親にくっついて動いて回る。 ブランコをこいでもらったり、三輪車に乗せてもらったりする。 砂場で道具を使って遊ぶ。 親がそばにいると安心して遊具や道具を使って遊ぶ。 慣れた保育者と一緒に遊ぶ。	子どもと一緒に来園する。 保育者や知り合いを見つけて挨拶をする。 子どもの名札をつけたり、荷物を置いたりする。 初めての親は、保育者に誘われて、室内に入る。 室内を見てまわったり、他の親子の様子を見たりする。 名札を付けることやおやつのとり方などを聞く。	初めての親はもちろんだが、常に親がリラックスして中に入れるように声かけをしていく。 同じ町や同年齢ぐらいの子どもを持つ親を紹介して、少しでも話題提供ができるようにする。 ２〜３人の年齢の違う子どもを持った親には声をかけて、一緒に遊んだりして、親に負担をかけないようにする。 子どもの名前を覚えるように、なるべく声を出して名前を呼ぶようにする。 砂を口に入れたり、足が汚れたまま中に入ろうとしたりする子もいるので、気をつける。
10：30〜 11：30	人数に合わせておやつの準備をする。 外で遊んでいる子はおやつに誘い、手を洗って中に入るようにする。 おやつに入らない子と一緒に遊んだり親と話をしたりする。 絵本や紙芝居があることを伝え、室内に誘う。 室内の遊具を片づける。	室内では積み木やすべり台で遊ぶ。 絵本を一人で見たり、親に読んでもらったりする子もいる。 トイレに親と行く。 手を洗ってイスに座る。 おやつを食べる。 食べずに遊んでいる子もいる。	親子で一緒に砂場で遊んだり、ブランコをこいであげたりする。 そばで子どもを見ながら、親同士話をする。 子どもに要求されて絵本を読む姿もある。 おやつ前にオムツを替えたり、トイレに誘ったりする。 手を洗って子どもと一緒におやつを食べる。	親がそばにいないときはとくに危険のないようにする。 おやつの様子を見ながら、おやつが足らないときには足すようにする。 おやつや紙芝居が始まっても中に入ろうとしない子もいるので、無理には誘わないでほしいことを伝える。
11：30	絵本、紙芝居を用意する。 手遊びをする。 絵本や紙芝居を読む。 立ったりしないように、子どものそばに座る。	紙芝居の台の前に座る。 親のところから離れない子もいる。 手遊びや歌を一緒にうたおうとする。 絵本や紙芝居を見る。 近くで見たくて立つ子もいる。	部屋で紙芝居が始まることを子どもに伝え、一緒に部屋に入る。 子どもを前にして親は後ろから見ている。 一緒に手遊びをする。 紙芝居や絵本を見ながら、子どもの反応を楽しんでいる。	紙芝居を見ることができる子は前に、そうでない子は親のところから見てもらうようにする。 立ってそばで見ようとする子がいたら、邪魔にならないようにそっと後ろに戻すようにする。
12：00	片づけをする。 砂場の道具や三輪車を小屋に戻す。 親子を見送る。 ブランコを外す。 砂場にネットを張る。 室内の掃除をする。	時間まで好きな遊びをする。 親と一緒に室内で遊ぶ。 「帰るよ」と誘われて、帰っていく。 保育者や友だちに「バイバイ」と手を振って車へ向かう。	帰る準備をする親もいる。 ゆっくり座って、話をしていける親もいる。 子どもと一緒に帰っていく。	チャイムが鳴ったら片づけることを知らせ、子どもと一緒に片づけに誘うようにする。 次回も来てもらえるように、ていねいに見送りをする。

図表５－13はウェブ式の初めての計画です。これは戸外で一番よく遊ぶ砂場を中心に、遊びの広がりを書こうとしました。矢印が外へ外へと広がっているだけなのがわかります。それに子どもの動きだけで、子どもの存在を中心には書けていません。子どもと保育者や母親とのかかわりなども書き出されていません。親子一緒という想定をしていないということ、環境をどうとらえるかなど問題点が残りました。

【図表 5-13】支援センターの計画②

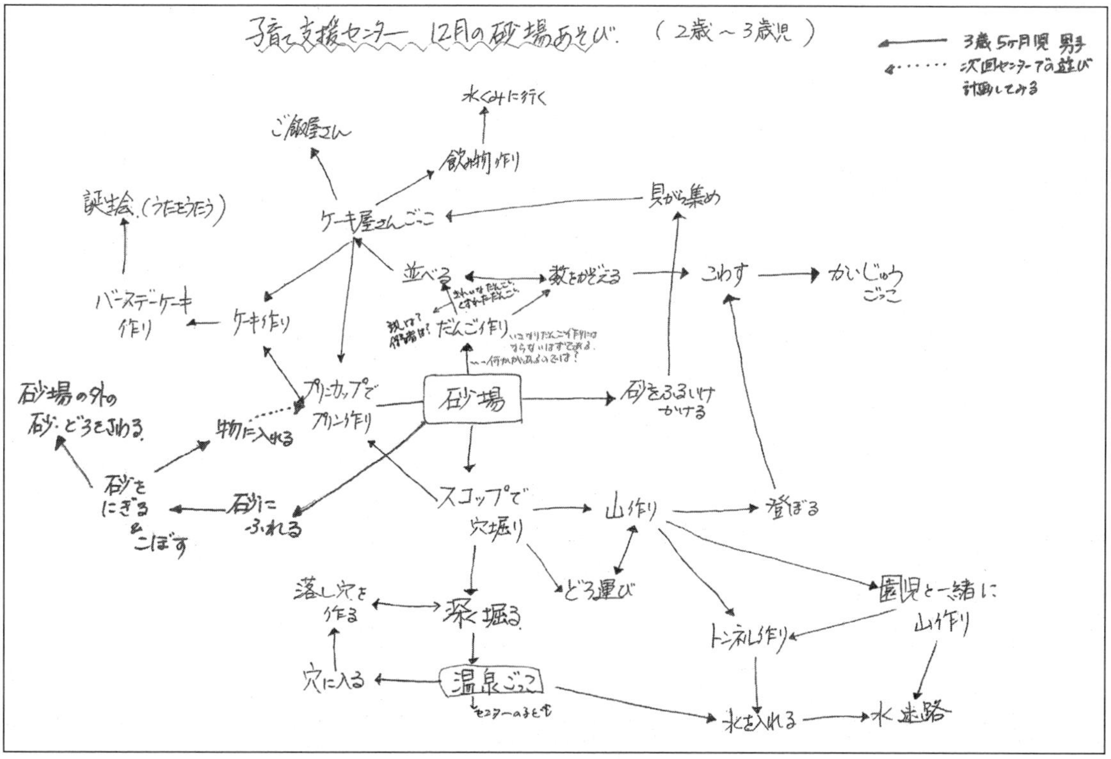

図表５－14（p.96）は、図表５－13の勉強会の後、作り直したものです。一応ウェブ式の計画が形になり始めていると思います。ここには子ども、保護者、保育者が出てきました。また遊びの様子も図表５－13に比べると少し見えるようになっていると思います。また保護者の動きや子どもの砂遊びに対する思いや子どもに対するかかわりも少し入っています。言葉のやりとりなども書かれています。でも子どもの発達の見通しはどうしたら見えるのだろうか、カリキュラムの起こる場所はどこなのか、スケジュールはいつどう起こるか、援助配慮の書き方、ねらいや環境はどこに入れたらいいのかなど、まだまだ内容は書き足りないということがわかりました。子どもとかかわりながら書いていくうちに、もっと子どもの動きなども書き出せるようになるのではないかと思います。

支援センターの役割は、子どもの遊びだけではありません。子育て中の母親の相談も受けることも大切な役割です。「子どもの育ちや子育てのノウハウを知りたい」というお母さんがいたらゆっくり話します。「遊び方がわからない」「核家族の問題」「三世代の問題」など

【図表 5-14】支援センターの計画③

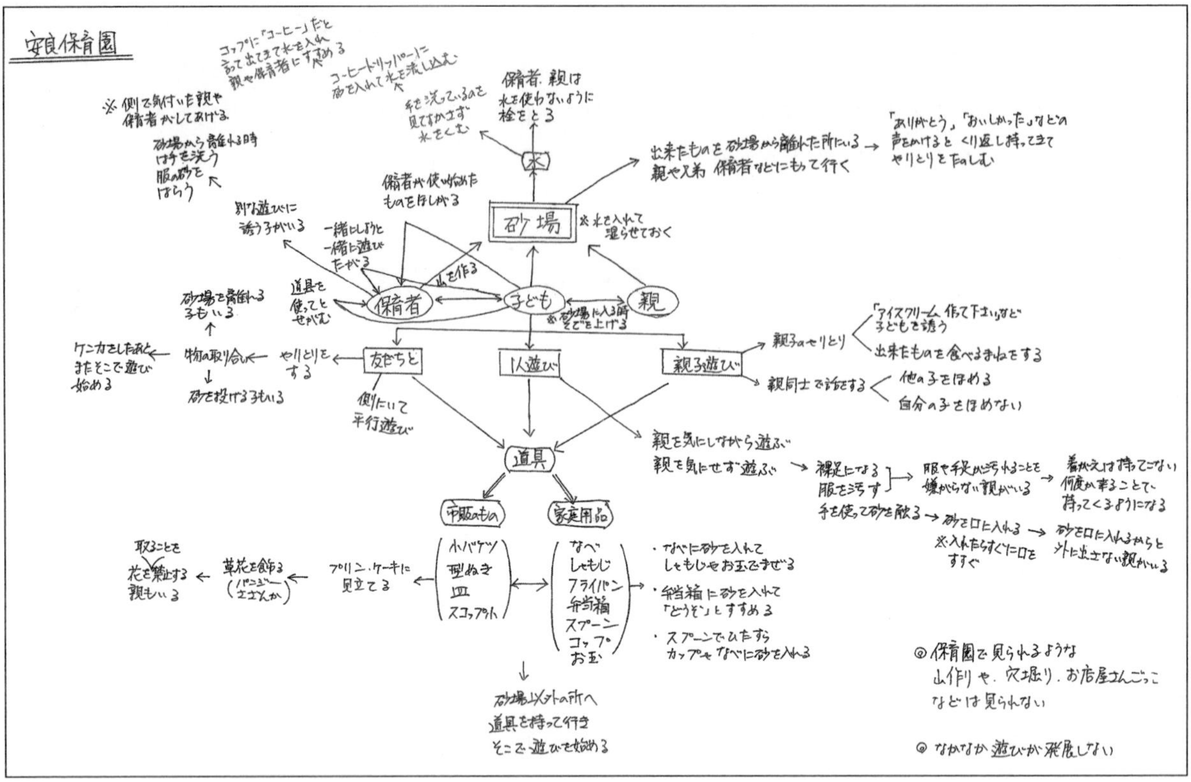

の相談があれば、遊びを紹介したり、保育者が子どもと一緒に遊びながら、遊びの方法を伝えたり、核家族や三世代についても話を聞くだけでも落ち着いたりします。

支援センターは、お母さんだけでなく、子どもを支援する場所でもあります。計画の作成において、子どもの姿を中心に書き出し、母親とのつながり、担当者同士のかかわりなども書き出せていけるようになると、よりいろいろな面が見えてくる計画になるのではないかと思います。

3　一時保育の指導計画

1．入所児以外の保育の混乱

エンゼルプランが作成されて以来、保育所保育の変貌はめざましく、日常の保育業務の内容も、大きく変わっていきました。日常の保育の他に就労支援のための政策が、特別事業として始まっていきました。

現場の保育所ではすでに、社会状況の流れに伴い、変わり行く母親の就労状況に応じての子どもたちの受け入れのあり方が、政策の変化にかかわらず変わりつつありました。早朝保育や延長保育など、母親の正規雇用が進むにつれ、さまざまな保育のニーズが出てきたという事実があります。

特別保育事業は、保育所保育とは別の新たな事業のような位置づけになり、通常の保育とは別物のように扱われ、職員のチームのあり方をも変えていきました。そして、特別保育の一つ一つが単発で、通常の保育とは同じ生活の流れとして扱われていなかったような気がします。乳幼児への対応が変わっていき、現場では混乱が起き始めていました。

そして、少子化の波を止めたいがための子どもの産みやすい社会作り政策として、就労支援だけでなく、家庭保育の子育て支援にも保育所での機能を生かせることを期待して、保育所の特別事業として打ち出してきました。

その一つとして、保育所の入所児以外の子どもも、緊急性のある場合、一時的に保育をする一時保育事業が行われることになりました。それは、家庭保育中の母親の体調不良や用事で、緊急に保育に欠ける状態になったときでも、保育を行うというものでした。このことは、後に母親の育児不安の軽減というように変化していきますが、園児以外の乳幼児の預かり保育的な方向へ進むことで、単に利用する乳幼児がケガなく一日を過ごせることを良しとする保育になる傾向が出てきました。

現場では、子育ての支援として発生した特別な支援事業の一つ一つに対して行事をこなすような対応をすることで忙しくなり、特別保育の保育内容について、保育としてのあり方を意識することはありませんでした。イベント的な対応が求められているところもあり、保育所の園児とは異なり、子どもの育ちを見ることはあまりなされませんでした。

2．一時保育の指導計画の作成

ある研修会での実践発表後の質疑応答のときのことです。会場から「一時保育のカリキュラムをどのように立てていますか」という質問があがりました。それに対する答えは「ノー」でした。そして、助言者の講師も、何ら質問の内容を気にとめることなく、その分科会は終了しました。参加していた自分は、この時、保育者として大きなことを見落としているような気がしました。

国の子育て支援政策が次々と出てくる中で、私たち保育者は、保育園児と家庭保育での子どもとの区分けをし、それぞれの子どもとのかかわりに違いを作っていたのではないだろうか、保育所保育と子育て支援の保育を、別物と考えてきていたのではないだろうか、ということに気がつきました。

子育て支援で子どもと保育者がかかわるときには、常に母親がついているので、子どもとの距離感をとってしまいます。そして、母親への意識が強いのか、子どもとのかかわりが希薄になりがちでした。

一時保育のカリキュラム作成についての質問を聞いた後、保育者である私たちにとって、どのような特別保育であろうと、保育者として責任ある保育を行うことが仕事であることを、強く考えさせられました。一時保育を利用して来る子どもたちにこそ、保育者は、養護と教育を兼ね備えた保育の専門性を持ってかかわることが大切です。

そこで、保育と子育て支援について学び合っている「保育と子育て研究会」において、このことの問い直しをしてみることにしました。このグループは、地域子育て支援センターを行っている保育所の担当保育士と保育所保育士、そして主任、園長の集まりです。保育と子育て支援を探る勉強会を定期的に行ってきました。そこで、「一時保育には指導計画は必要ないのだろうか。指導計画は書けるのか」という疑問を、投げかけてみました。

子どもを保育することは、どのような状況でも、養護と教育を一体とした保育が必要であり、ねらいを持って指導計画を立て、働くものであると考えてきたのに、実際一時保育の指導計画を立てていない事実にぶつかり、早速計画を立ててみることにしました。

子どもの姿・発達は、新入園児の計画を立てるときと同じく、子どもの成長・年齢から見られる様子を書き、配慮事項も生活や遊びも、同じ年齢の子どもと同じように計画を立てることができました。そのときの、研修会での気づきは、次のようなものでした。

＜一時保育の指導計画からの気づき＞

・乳児に関しては、ミルク・寝る・排泄のくり返しである
・年齢をとくに意識した
・配慮事項は、年齢が違っても同じでよい
・書けないことはない

そのときは、以上のように記録しています。

一時保育も指導計画は存在するもので、保育者として計画を持って保育を行うことが大切なのではないのかと反省をしたことでした。

一時保育に来る子どもは、緊急的に利用することが多く、前もって保護者と一緒に面接にやってくることは珍しく、電話での保護者の情報がすべてです。一時保育に来るときが、子どもとの初めての出会いであることが多いのです。どのような子であるかわからないので、入所時の慣れない子どもたちと同じようなかかわり方や配慮が必要となります。

保育を行うにあたっては、保護者の伝える子どもについての情報は確実に受け取り、子どもの様子を瞬時にとらえ、保育者同士の周知を怠らないことが重要です。園児以外の子どもであっても、同じような目線で、それ以上に気配りをし、配慮していました。ただ、記録としては残していませんでした。

そして、指導計画を立てるのを怠っていた理由には、計画の書き方の問題もあったことに気づきました。図表５－15の一時保育の指導計画を書きながら、子どもの姿、発達は細かく書く、０歳児ではとくに細かい区切りで書くことが望ましいと思えました。その反面、食事・排泄・衣服の着脱面以外での配慮事項は、同じことが書かれています。どんな子どもがやって来るのかわからないのですから、保育士の配慮事項はとても大切です。しかし、一時保育の指導計画は、配慮事項だけを書き上げていていいものでしょうか。子どもの発達を想定していく作業は、どこにも書けませんでした。どの子にも、同じ配慮事項では意味のな

【図表 5-15】０歳児　一時保育の指導計画

★目標：親以外の大人とのかかわりの中で、大人との信頼関係をつくり、遊びを通して子ども同士のかかわりを大切にする。

★ねらい：生命の保持、健やかな発育、発達。

	1か月～3か月未満	3か月～6か月未満	6か月～9か月未満
子どもの姿・発達	・１回の睡眠は30分～１時間と短い。 ・不快な刺激は、泣いて知らせる（空腹、大きな音、暑い、オムツが汚れる等）。 ・物や人の動きを目で追い、見つめる。 ・「アー」「ウー」と声を出す。 ・うつ伏せにすると、少し頭を持ち上げる。 ・毛布やタオルを両足で蹴る。 ・自分の手を、口元に持っていくことがある。 ・天井からの装飾や、明るいものをじっと見たりする。	・授乳、食事、睡眠、遊びのリズムが徐々に出始める。 ・離乳食を始める。 ・あやしたり話しかけたりすると笑う。 ・「アー」「ウー」と喃語を発したり手足を活発に動かす。 ・他児の泣き声につられて泣く。 ・首が据わり、支えられて寝返りをする。 ・手の届くところにあるものを、つかもうとしたり、手を口に持っていき、感触を楽しむ。 ・名前を呼ばれると反応する。	・離乳食の移行が進み、食べることを喜んで、自分から手を伸ばそうとする。 ・人見知りや警戒心、甘えなどのいろいろな感情が出てきて、嫌なときは強く泣いたりする。
配慮事項	《生活》 ・その子のリズムに合わせ、安心して眠れる環境を整える（家庭での生活環境を把握）。 ・授乳は抱いてやさしく語りかけ、子どもの目を見ながら行う。授乳後の子どもの様子に注意する。 ・オムツが濡れていたら、皮膚の状態をチェックしながら取り替える。 《人とのかかわり》 ・できるだけ特定の保育者がかかわる。大人との結びつき、愛着、信頼関係を育てていく。 ・泣くことに応じることで心の安定を図る。 《言葉》 ・あやしたり、やさしくゆったりと語りかける。 ・子どもの喃語には目を合わせて応えてあげる。 《運動》 ・自由に手足を動かせるような環境と衣服の注意。 ・寝具や子どもの体勢等には注意を図り、安全を確認する。 《遊び》 ・子どもの視線や視野を考慮して動きのある装飾をする（はっきりした色、音の出るもの等）。 ・不安にならないように、大きな音、不快な音はたてない。 ・やさしい口調で話しかけたり、うたったりする。 《その他》 ・季節に応じた室温、湿度。 ・朝の検温を行う。 ・月齢の高い子どもからの接触には目を離さない。	→ 同じ内容で対応	→ 同じ内容で対応

いものになるのではないでしょうか。どんな子どもが来るのかわからないのに、このことは、指導計画を立てることの問題として残りました。

一時保育での利用時間は、一日中であったり、半日であったり、数時間の利用のときもあります。保育室や園庭といった、場所の特定も難しいです。玄関で子どもと出会い、泣いたり、機嫌が悪かったりと子どもの体調も違い、園庭で過ごすことが長くなったり、保育室でしか遊べなかったりします。いく通りもの活動の想定が必要となることにも、指導計画の書き方は問題でした。

そのようなとき、エマージェント・カリキュラムに出会いました。それは、創発カリキュラムという、「育つものはなんだろうか」ということが「ねらい」になっていくカリキュラムのことです。一時保育の立案でとくに書きにくい、時間や場所の設定、子どもの年齢での指導計画が、子どもの活動からとらえた書き込みのできる計画様式です。

どのような子どもかわからなくても、保育所での遊びや居場所が固定してあり、子どもの特徴に合わせて活動の計画を書くことができました。書き方の工夫しだいでは、どのような子どもに対しても対応できるカリキュラムです。

子どもがどのような行動を起こすのか、興味や関心をとらえて、計画を立てることができていきました。時間も意識することなく、用紙の上で子どもの活動すべての計画が書かれることに驚きました。こう動いたらこうなるだろうと子どもを真ん中に考えることができるということは、どんな子どもであってもわかりやすく書くことができるものでした。

3．一時保育の指導計画の必要性

一時保育の場合、初対面の子どもを迎え入れるときが、保育の始まりであることが多いので、前日の子どもの姿などは、母親からの情報を取り込むしかありません。ましてや、緊急を必要とする一時保育では、母親からの情報も詳しく聞くことは難しいときがあります。ですから、初対面の子どもを迎えるには、指導計画などを立てるより、連絡事項として保育者同士連携を語り合うことのほうが大事だと思い込んでいました。ですから、保育者同士での計画は入念に行っています。初めての出会いで、子どもの負担は大きいことを理解できるからです。

一時保育に対しては、多くの保育所が担当制の方法を行っており、保育者の負担感も相当に大きいものがあります。保育所の保育内容が、子どもの主体性を重要とする保育であるならば、一時保育の子どもも興味の示す方向に遊びの広がりがあり、年齢の高い子どもは遊びを通して落ち着いて過ごしやすいという傾向があります。一斉保育を行っている保育園では、一時保育の子どもが来ることで、保育を乱すようなとらえ方がされがちです。保育者同士の負担感が重なり、一時保育の子どもたちは邪魔者のように保育されます。

しかし、専門性を生かした指導計画を立てているならば、保育者同士の理解の範囲での同意を持って、子どもの保育がスムーズに行われます。計画を作り上げることで、保育室に入っていく一時保育の子どもに対応したり、泣いている子どもに配慮したりすることもできます。遊びの範囲も、計画で多くの遊びを用意しておくことで、いろいろな場面に移行できます。

このようなことは、保育所保育の中でも同じような場面があります。それは新入園児を迎える新年度です。前月の子どもの姿などわかりませんし、好みの遊びを用意するにしても、事前の母親との面接や説明会では、子どもにとって必要な情報の入手だけです。ましてや、保育園での遊び、生活の場での子どもの特徴などは、指導計画において、同年齢の子どもたちと同じようなとらえ方でしか書けません。しかし、保育所保育では、指導計画を立てた上で保育を行っています。一時保育を特別な保育と思い込みがちですが、実際には通常の保育と同じです。

図表5－16のエマージェント・カリキュラムでは、この様式にすることで、親がいても場面でとらえることができるので、複数の保育者でも配慮が立てやすくなっています。そして、共通の理解ができ、担当者でなくても、園内の保育者同士が理解できていきます。

【図表 5-16】一時保育指導計画

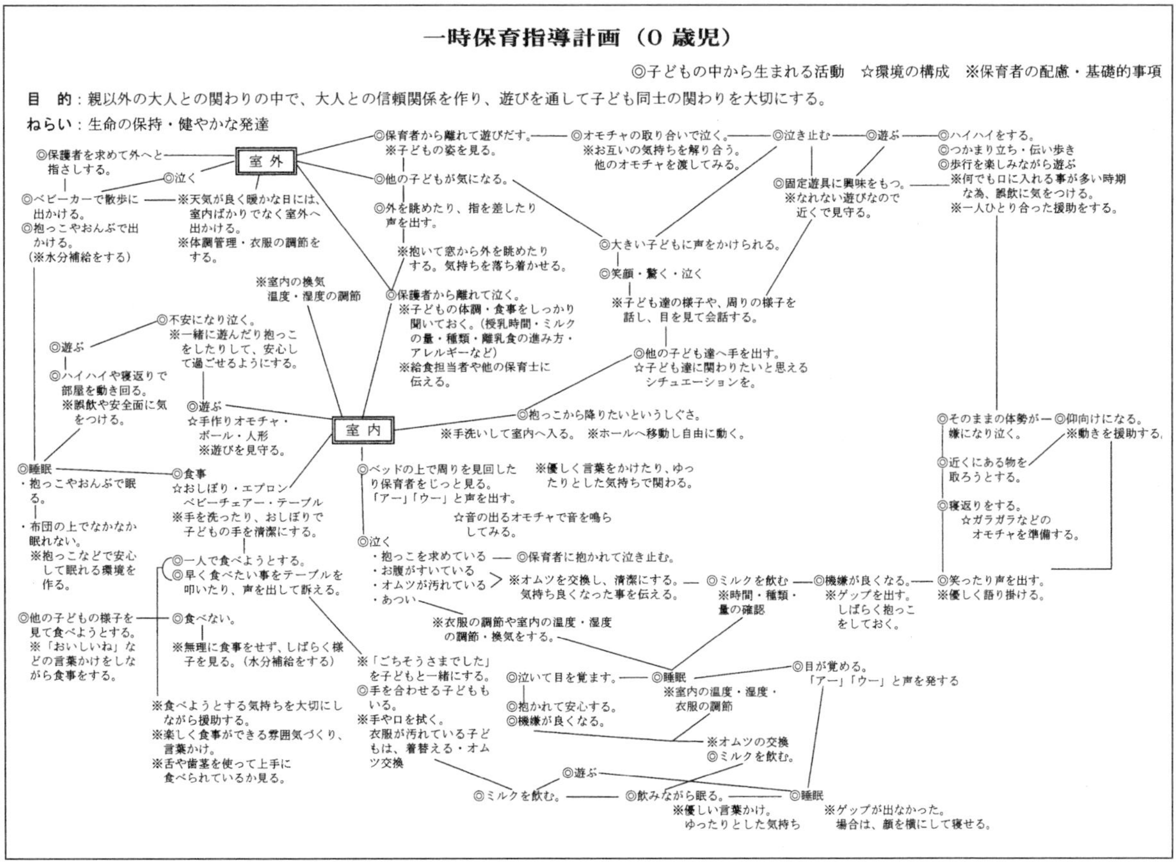

6章

ウェブ式指導計画の展開

1　0・1歳児の保育計画

1．0・1歳児を中心に

ここでは、実際にどのように計画を作成し、実践するかということについて、0・1歳児を取り上げていきます。

安良保育園では、0・1歳児が一つのクラスとして同じ部屋で生活しています。1日の生活の流れは、次のようになっています。

子どもたちは、7時30分から順次登園してきます。おやつまでの時間は主に戸外で遊びを楽しみます。その後おやつの時間になると、保育士は子どもたちに声をかけて室内に移動します。おやつの後は、年度の前半はリズム室でピアノに合わせて体を動かします。後半は、天気の良い日は園庭で以上児（3歳以上児、以下同じ）の子どもたちと一緒に体操をします。2曲から3曲ほど体操をした後、保育園のすぐそばにある川沿いの堤防の周りを走っています。まだうまく歩けない子どもや体調の悪い子どもは、他の保育者が室内や園庭で見るようにしています。

時間帯	保育内容
7時30分～	順次登園
午前	子どもが見つけた遊び
9時10分	おやつ
10時30分	休息
12時	昼食
午後	子どもが見つけた遊び
15時	おやつ
16時～	子どもが見つけた遊び、順次降園

休息の前には、絵本の読み聞かせや紙芝居の演出を保育者が行います。子どもたちが園の生活に慣れつつある頃は、短い内容の絵本を1冊読んでいます。子どもたちが落ち着いてしばらくの間座って見れるようになると、絵本を2冊読んだり紙芝居も取り入れるようにして

います。子どもの様子を見ながら、興味のあるもの、季節感のあるものなどを取り入れながら選んでいきます。絵本や紙芝居は前日のうちに選び、目を通して内容を確認するようにしています。

休息は、目安として10時30分くらいから眠る環境を整えていますが、0歳児の子どもたちは、1日2回睡眠をとる時期もあり、一人ひとりペースが違います。

昼食は、12時を目安に、休息から起きてきた子どもから順に食べています。その日の体調によっては少し早めに食べることもあります。0歳児では、ミルクと離乳食の子どもはミルクの時間で食事を早めたり、少し遅くしたりすることもあります。

遊びは、園庭が中心になっていますが、季候の良い時期は園外散歩に出掛けることもあります。

平成20年度は、6か月～2歳8か月の子どもたちが同じクラスに15名います。月齢の違いで生活の仕方もずいぶんと違います。たとえば、6か月の子どもはミルクを飲むなど、起きているときは、お座りや腹ばいの姿勢で玩具を動かして遊んでいます。1歳6か月の子どもは、普通食になり手づかみやスプーンを持って食べています。自分のクラス以外の部屋に行っては、水を触ったり、カバンに付いているキーホルダーを触ったりしています。2歳8か月の子どもは、おやつや食事の前に自分から手を洗ったり、スプーンやお箸を持ち自分で食べようとしています。このように一人ひとりの姿を記録していくために個人別日誌（図表6－3、p.109）があります。

個人別日誌では0・1歳児の子どもの育ちを、1か月間という期間でとらえています。1か月を5週にしてあります。1枚に2週間ずつ書き、3枚目の右半分は当月に見られた子どもの育ちと育ちに対する保育者のかかわりについての反省を書くようになっています。

毎日の子どもの姿を記録していき、1週間ごとに反省を書きます。最後の3枚目に月の子どもの育ち、それにかかわる保育者の反省を書きます。

0・1歳児の子どもたちの成長する姿を実際に見ていると、1週間を単位にするのでは、期間が短いように思います。もう少し長い目で子どもの姿を見ていくために、1か月間という期間が必要だと感じます。

2．年間計画について

年度の最初に立てる計画案は、年間計画です。園の目標である「自分らしさを十分に発揮できる人間、心を分かち合う人間」を踏まえて、1年間の子どもの発達をとらえ、見通しを立てていきます。自由に出入りできるオープンな園舎の作りなので、各部屋で遊ぶ姿、園庭で遊具にかかわる姿、行事などのときの様子や、散歩での様子、砂や水などの自然とのかかわりの中で過ごす子どもたちを思い浮かべながら、1年間を期という形で区切りをつけて子どもの育ちを見ていくようにします。ここでは0歳児の年間計画の例をあげてあります（図表6－1）。0歳児とは別に1歳児の年間計画も作成します。

【図表 6-1】年間計画（0歳児）

		始まりの時期 （4月～5月）	雨の時期 （6月～7月中旬）	暑さの時期 （7月下旬～9月中旬）	さわやかな時期 （9月下旬～11月）	寒さ、終わりの時期 （12月～3月）
育ちのねらい 養護のねらい		●新しい環境に慣れ安心して過ごす。 ●自分で好きな場所に移動して、園庭や室内遊びを楽しむ。 ●一人ひとりに応じた園生活のリズムを整えていくようにする。	●簡単な身振りや指さしで自分の意志や欲求を伝えようとする。 ●周りの保育者や友達の中で過ごし、いろいろな物に触れる。 ●安心した保育者のもとで好きな遊びを楽しめるようにする。	●沐浴や水遊びを通して水の感触を楽しむ。 ●探索活動をする中で身近な物・人に関心を示す。 ●一人ひとりの健康状態を把握し、心地よく過ごせるようにする。	●絵本や玩具など身近な物に興味・関心を持ち保育者や友達と楽しむ。 ●秋の自然に触れながら散歩を楽しむ。 ●子どもの欲求を理解して適切な言葉で答えるようにする。	●暖かい日は体を動かして外でのびのびと楽しむ。 ●子ども同士で触れ合って遊びの楽しさを共感しながら過ごす。 ●身の回りのことをしてみようとする気持ちを持てるようにする。
経験する内容	心と体の健康	○手づかみやスプーンで食べようとする。	○睡眠の時間が安定してくる。	○好きなものをスプーンで食べようとする。	○おしっこや便が出た後に動作や言葉で知らせる。	○保育士に手伝ってもらいながら、衣服を脱ごうとする。
	人とのかかわり	○保育士に見守られて玩具や身の回りのもので楽しむ。	○保育者との物のやりとりをしたり、物を落としてはしゃいだりする。	○他児に興味を持ち、おもちゃを取るなどの行動が出てくる。	○大きい子の行動や遊びに興味を持ち、見たり、後をついて回ったりを喜ぶ。	○安心できる保育士との関係の下で、食事、排泄などの活動を通して自分でしようとする気持ちが芽生える。
	身近な環境とのかかわり	○他児に興味をもって触ったり、引っぱったり、押したりなどのかかわりが見られる。	○すべり台をよつんばいで登り、すべろうとする。	○小さなものを拾い、穴に入れたり、覗き込んだりする。	○手指を使った遊びが盛んになる。シールをはがす、なぐり書きをするなどを楽しむ。	○おもちゃの車に乗り、足で蹴って走らせる。
	言葉の獲得	○「おいで」「ちょうだい」などの言葉の意味を理解して行動する。	○名前を呼ばれると「アーイ」と返事する。	○保育士の話しかけを喜んだり、自分から片言でしゃべることを楽しむ。	○おしゃべりが盛んになり「ダメ」「イヤ」などをよく言うようになる。	○興味のある絵本を保育士といっしょに見ながら簡単な言葉のくり返しを楽しむ。
	感性と表現	○歌を楽しんで聞いたり、リズムに合わせ、手足や体を動かす。	○「イヤイヤ」「バイバイ」「ドーモ」などを動作で表す。	○ままごとの皿や茶碗、コップ、スプーンなどを持って、食べる真似をする。	○好きな絵本を取り出し、保育者のところに持ってくる。	○人形を抱いたり、おぶったりしてごっこ遊びをする。
保育者の配慮・援助		◎一人ひとりを温かく受け入れ、安心感を持たせ、落ち着いて過ごせるようにする。 ◎できるだけ同じ保育者がかかわるように心がける。	◎一人ひとりとゆっくり接し信頼関係をつくっていく。 ◎梅雨時期なので安全な環境をつくり、個々の体の状態にとくに留意する。	◎疲れやすい時期なので、十分な休息がとれるように配慮する。 ◎行動範囲が広がるので、子どもの動きに気をつける。	◎自然に触れ、思いっきり体を動かしたり、探索活動を楽しみ、戸外遊び、散歩を多くする。 ◎個人差が大きいので個々の子どもの状態を把握しておく。してみようとする意欲を大切にする。	◎ゆっくり、やさしく話しかけ言葉のやりとりを楽しめるようにする。 ◎一人遊びを十分に楽しめるようにするとともに、友だちといっしょに過ごす機会をつくっていけるようにする。
行　事		4月・入園式・花祭り ・春の遠足 5月・子どもの日の集い	7月・七夕・父の会 ・夏祭り 8月・山登り	9月・祖父母の集い 10月・運動会・ふれあい運動会 ・秋の遠足	12月・餅つき・年忘れ会 1月・子ども会 2月・豆まき・生活発表会	3月・ひな祭り・遠足 ・お別れ会

安良保育園では、0・1歳児は、室内だけでなくリズム室や各クラス、園庭などで、他の保育者や子どもたちとかかわりながら遊びを楽しんでいます。外で過ごす機会が多いということは、自然とのかかわりの中で過ごすということです。そこで図表6－1にあるように、季節を取り入れた形で1年間を5つの期に分けて書いています。

育ちのねらいは、子どもが健やかに成長し、その活動がより豊かに展開されるということです。その期に沿った子どものよりよい育ちへの願いを書きます。子どもの中で育ってほしいもの、育てたいものがねらいとなります。「～を楽しむ」というねらいの言葉だけではなく、もっと子どもの感情を出すようにしていけばいいと思います。思うようにならないのが生きることであり、それが生きる力を養うことになります。

養護のねらいは、生命の保持、情緒の安定を図るために保育者が行う援助のことです。0・1歳児の子どもたちは、大人の手を借りなければ生活することができません。食事、排泄、衣服の着脱など、留意点や配慮事項は、養護のねらいと重なってきます。保育者の配慮、援助と見合わせながら保育者が行うべき養護的なねらいを書いていきます。たとえば、4月当初の子どもの不安な気持ちを受け入れて、一人ひとりに応じた園生活のリズムを整えていくようにするというような保育者の活動や気持ちを書きます。

内容の項目には、期に沿って、育ちのねらいに応じて子どもに経験してほしいことがあるので、それによって、心と体の健康、人と人とのかかわり、身近な環境とのかかわり、言葉の獲得、感性と表現の5領域に即した子どもの経験することを書きます。

保育者の配慮・援助の項目には、子どもたちの活動が豊かに展開されるために、それぞれの活動に応じて、保育者が細やかな援助・配慮を行うことを書きます。ゆったりと生活できるように、一人ひとりの子どもに合った生活のリズムを大切にすること、子どもを追い立てるような忙しい動き方をしないことは、保育者にとって基本的なことです。それぞれの期のねらい、内容にあった保育者の配慮、援助を書いていきます。

行事の項目には、その期間に行われる保育園の行事を書きます。0・1歳児には関係ないから書かないというのではなく、すべての行事が子どもの園生活を彩っていきますので、きちんと書くようにします。

3．日誌・記録について

前項でも書きましたが、0・1歳児は、月齢の違いで、生活の仕方にずいぶん違いがあります。0歳児では、ハイハイで動きまわる子どももいれば、歩く子どももいます。食事では手づかみで食べる子ども、スプーンを使って食べる子どもといて、大きな違いが出てきます。

このように一人ひとりの姿を記録していくために個人別日誌（図表6－3、p.109）があります。この個人別日誌に1日分の子どもの様子を記録していきます。子どもの活動は、生活の部分と遊びの部分に分けることができます。生活の仕方と基礎の項目には、食事・睡眠・排泄・着脱があります。保育園と家庭での生活を24時間単位で連続して見ていかないと健康を保てません。連絡帳を通して家庭との連携を密にするためにはこれらの項目が欠かせないのです。

0歳児と1歳児では生活の仕方に違いがでてきます。0歳児においての食事では、ミルクの量、時間、離乳食を食べる様子などを書いています。睡眠では、睡眠時間、寝るときの様子、安心して寝つけたかなど。排泄では、便の様子、回数、オムツが外れた状態の子どもの様子を記録します。

1歳児の食事では、量や種類、食べるときの様子。睡眠では、睡眠の時間や、寝るときの様子。排泄では、便の様子、回数、パンツで過ごしている子どもの様子。これらを記録します。着脱は、0歳児は保育者がしますが、1歳児は自分でしようとする気持ちが出てくるので気持ちや行動を記録します。普段から子どもの様子を知っておくと、食事の食べ方や量に変化があったり、睡眠中に泣き出したり早く目覚めたりと、体調の変化に気づけます。食事の量や食べ方、睡眠の時間など一人ひとりの違いを考慮し、生活リズムを整えてあげることで個人差に応じた保育を行うことができます。

子どもたちにとって、食事やオムツ交換や着替えなどは身近な大人のかかわりが必要です。一人ひとりの個人差に応じて保育者が手間をかけてあげることが大切です。

そこで、保育室の見えやすい場所に一人ひとりの子どもの名前を書いた紙を貼るようにしています。未満児は、複数担任なので保育者・非常勤の保育者が食事・睡眠・排泄の様子・薬のあること、体調の変化等をそのつど記入していくようにしています（図表6－2）。

安良保育園では、クラス担任が自分のクラスの子どもだけを見るのではなく、他のクラスの子どもにも目を配り、配慮するようになっています。

0・1歳児の部屋にだけは、他の子どもは入れません。でもほかのクラスには自由に子ど

【図表6-2】未満児の記録

〔本日のメニュー〕鮭フライ、わかめサラダ、白菜スープ

名前	休息	排泄	食事		備考
1歳児					
A	11:05 ～ 12:20		◎		
B	10:35 ～ 12:20		◎		
C	10:45 ～ 12:20		◎		
D	10:40 ～ 12:20	便・トイレ	◎		
E					
F					
G	10:15 ～				
H	10:20 ～ 11:30		◎		
0歳児					
I					
J	10:00 ～	便			
K	10:20 ～ 12:30		◎		
L	10:35 ～ 12:30		◎		
M	10:20 ～ 12:10		◎		
N	10:30 ～ 11:30		◎		
O					

もたちは出入りができ、そこで０・１歳児も一緒に遊んでいます。担任以外の保育者も０・１歳児とのかかわりが多くなってきます。遊んでいるとき、かかわっている子どものオムツが濡れているとオムツ交換をしたり、眠くなっている子どもを寝かしたりします。

その日の体調で外に出ても大丈夫なのか、パンツで過ごしてもいいのかなど、一人ひとりの子どものその日の体調や様子を、担任以外の保育者、主任、園長が知っていることで、よりよいかかわり方ができるようになります。

家庭と連絡を取り合う連絡帳に、生活の様子であるミルクの量や食事、時間など、便の様子、回数、睡眠の時間などの様子を、記録が残っていることできちんと伝えることができます。また私たち保育者も、個人別日誌に一日の子どもの生活の様子を記録できます。それは子どもの一人ひとりの状態を知ることになります。そしてそのことが明日の保育へつながります。

薬については「保育所保育指針解説書」に次のようにあります。

> ④ 与薬への留意点
>
> 保育所において薬を与える場合は、医師の指示に基づいた薬に限定します。その際には、保護者に医師名、薬の種類、内服方法等を具体的に記載した与薬依頼票を持参してもらいます。
>
> ○保護者から預かった薬については、他の子どもが誤って内服することのないように施錠のできる場所に保管するなど、管理を徹底しなければなりません。
>
> ○与薬に当たっては、複数の保育士等で、重複与薬、人違い、与薬量の誤認、与薬忘れ等がないよう確認します。
>
> ○座薬を使用する場合には、かかりつけ医の具体的な指示書に基づき、慎重に取り扱う必要があります。

安良保育園には看護師は勤務していないので、薬の服用の場合は、保護者に日付・名前を記入してもらい、何の薬なのか、どのようにして飲ませるかを確認していきます。部屋の薬入れの箱に入れておき、どの保育者が見てもわかるようにして、保育者同士での確認を行います。

健康の部分では、薬の服用、体調の変化、ケガをしたことなどを記録します。

遊びの部分では、子どもの一日の活動を振り返り、遊びの様子を具体的に書いていきます。ただ、一日の流れで「～をして、～をしていた」という書き方ではなく、０・１歳児の遊びをどうとらえるのか、子どもが興味を持ったことにポイントを置き、何が育っているのか、保育者がかかわったことで、どう変わったのか、他者への関心の持ち方や身の回りの生活の中での遊びの展開を具体的に書いていくようにします。

他の保育者が読んだときに、見やすく子どもの姿を思い浮かべられるような書き方をします。また、天候・行事予定・室内・園庭環境の変化は子どもの遊びを左右するので忘れないように記録します。

今週の反省の項目には、１週間の子どもの姿に対しての、自分のかかわり方や援助の仕方

【図表 6-3】0・1歳児個人日誌

個人別日誌及び月間の記録

6月 もも 組　子ども名　T君　（1歳2ヶ月）

検印		担任	

今週の反省	一人ではまだ歩けないが、保育者と手をつないで歩く事を喜んでいる。つたい歩きや戸の開け閉めを繰り返しているので側に付いて遊びを見守っていきたい。	特記事項	

日	天候	予定事項	食事	睡眠	排泄	着脱	健康・遊び
25日（月）	くもり		◎	10:10〜12:00 1:00〜2:30	◎	／	保育者の両手をしっかりと握り保育者の顔を見て時々笑い、嬉しそうに歩く。食事は手づかみでごはんをよく食べていた。おかずは指で触るが口には入れない。
26日（火）	くもり		◎	10:00〜12:00 1:10〜2:40	◎	／	部屋の戸につかまり立ち、戸の開け閉めを繰り返す。手洗いに行く時、保育者と手をつないでいく。洗面器の中に手を入れるとうれしそうに手を動かす。
27日（水）	晴れ		◎	10:30〜11:40	◎便	／	「手をたたきましょう」の歌を保育者が歌うとつかまり立ちをしていてもストンと座る。両手を何度もたたいて喜ぶ。 ・ジャングルジムの下の方で棒につかまり、つたい歩きをする。
28日（木）	雨		◎	10:00〜10:40 1:00〜2:30	◎	／	部屋の戸につかまり立ちをする。戸を開けてバアーッ!!とする。保育者もバアーッと言うとキャッキャッ声を出して喜ぶ。
29日（金）	雨		◎	10:20〜11:30 4:10〜5:30	◎	／	たんぽぽ組の前のすべり台を下の方から登っていく。真ん中のあたりで動きが止まりそのままスーッとすべってくる。
30日（土）	雨／くもり		◎	10:50〜12:30 3:30〜4:20	◎	／	もも組の担任の姿が見えると大喜びで這い這いをしてくる。両手を広げて抱っこを求めてくる。 上手！上手！と保育者がいうと両手を合わせたたく。

6月 もも 組　子ども名　T君　（1歳2ヶ月）

検印		担任	

当月に見られた子どもの育ち

食事…ごはんは手づかみでよく食べる。おかずを保育者が食べさせると嫌がりベエーッと吐き出してしまう。牛乳を飲む量がふえた。保育者の体をたたきおかわりがほしい事を指さしで伝える。

休息…眠くなると頭をかきむしり寝そべる。抱くと体をぎこちなく動かしながらすぐに眠る布団におろすと気持ちよさそうに寝る。

排泄…天気のよい日はパンツで過ごす時もある。おしっこが出ると下を見て表情を変える。

遊び
- ・ベビーベッドの中のさくをつかまりぐるぐる歩く。時々体を上下に動かす
- ・保育者の手を握り歩くことを喜んでいる。
- ・もも組の戸につかまり立ちをして戸の開け閉めをくり返す。時々顔を出してバアーッと言って笑う。
- ・すべり台の下の方から登り、腹ばいですべる。

育ちに対する保育者のかかわりについての反省

・表情がとても豊かになってきたように思う。動きも活発になり腰の力がずいぶん付いてきたように思う。すべり台に登ったり、戸の開け閉めを繰り返す姿が多く見られる。そんな遊びの中で他の子どもとの接触もでてきた。ぶつかりあう事が予想されるので安全面には十分注意していきたい。

（行動範囲が広くなってきたので気をつけていって下さいネ！）

・機嫌のよいときを見ながら排泄に誘い、便器に座ることに慣れるようにしていきたい。おしっこが出ると表情が変わるのでこの感覚を大切にしていきたいと思う。

の反省を書きます。反省の項目が、一番上にあるのは意味があります。反省を書くためには月曜日から土曜日、つまり上から下までをもう一度記録を読み返すということになります。読み返してみると改めて子どもの姿が浮かび上がってきます。反省と同時に次週に向けてどのようなかかわり方や環境が必要になるのかを考えさせられます。

右上の特記事項には長期の休みやケガ、子どもがどんな病気をしたかを記入します。記録を残しておくことで、発達の記録を書くときに、子どもの健康面をとらえることができます。子どもがどんな病気をしたか把握しておき、保護者から聞かれたときにきちんと答えることができることで信頼関係を得ることにつながっていきます。

３枚目の個人別日誌及び月間の記録（図表６－３）の右の欄には、日々の日誌の生活面から、食事、睡眠、排泄、衣服の着脱での当月に見られた子どもの育ちを書きます。

食事はミルクの量、時間、食事の量、離乳食の様子などで、できるようになったことは何なのかを書いていきます。睡眠には、眠りに入った時間、どのような状態で寝たかを書きます。排泄は、便の様子、回数、自分でできたことなどをていねいに書いていきます。衣服の着脱は、子どもが脱ぎ着をしようとする気持ちや行動を書きます。

遊びでは、１か月間の日誌を読み直し、子どもの姿をまとめてみます。どんな遊びをしていたか、どんなことに興味、関心を持っていたかを書きます。記録にもう一度目を通すことで改めて子どもの姿を再確認することができます。日々の日誌に遊びの様子が書かれていないと子どもの発達した姿が見えてきません。子どもの姿を把握することから保育者の思いとして月案の子どもの姿、ねらいにつながっていきます。

育ちに対する保育者のかかわりについての反省では、当月に見られた子どもの生活面や遊びの面での子どもの育ちに対してのかかわり方はどうだったか、気になることやこのときどうしたらよかったのか、配慮すべきことは何なのかを書いていきます。自分が一番気にかけていきたい部分を書くようにしています。子どもの姿を把握し、かかわり方を考えることで月案の子どもの姿とねらいにつながっていきます。

子どもへのかかわり方や配慮点が自分自身で解決できない場合、問題が出てきます。そういうとき、複数担任の他の保育者と共通理解を得るために、休息をとっている間や夕方子どもが帰った時間など、保育に支障をきたさない範囲で話し合う機会を作っています。主任、園長に子どもへのかかわり方、計画の立て方を相談することも大切です。メモ用紙を準備して書きとめておき、改めて計画案と向き合っていきます。わからないまま保育をするのではなく相談、話し合いを重ねて、子どものよりよい育ちへの方向へ持っていくようにします。

４．月案について

個人別日誌の子どもの育ちと保育者のかかわりの反省、年間計画をもとにしながら、月案を立てていきます。

前月の子どもの姿の項目には、前月の「個人別日誌及び月間の記録」の当月に見られた子どもの育ちの生活面、遊びの面の中からそれぞれの子どもの姿を書くようにします。

育ちのねらい、養護のねらいの項目では、目の前の子どもの姿に合ったねらいを立てます。できるようになることではなく、子どもの中で育ってほしいものです。「〜ができる」「〜をする」というとらえ方ではなく、「こんなふうに育ってほしい」「こんなことを身につけていってほしい」というとらえ方です。子どもが育つときに必要な保育者のかかわりも書いていきます。毎日の日誌の中に、生活、遊びの様子を具体的に書いていくことで子どもの姿を把握することができます。

計画の内容を実践に移すには環境を用意することが大切です。今、子どもが興味を持って動こうとしていることを考え、ものや場所を用意するとともに、それを子どもに出会わせる保育者の働きが必要になります。その月にしか味わえない自然とのふれあいもふんだんに取り入れていきます。でも、0・1歳児にとっては保育者である人的環境がもっとも大切な役割になります。子どもたちは、保育者がそばで見守っていてくれる安心した環境の中で遊び、行動が広がっていきます。

ここで4月、5月、6月の環境と保育者の配慮について例をあげてみます。

4月は、新入園児、継続園児の子どもたちで、保育園全体が慌ただしい雰囲気になります。泣きぐずる子どもや保育者から離れられない子どもたち、部屋に入りたがらない子どもたちは園庭で過ごすことが多くなります。室内の環境も大切なのですが、園庭の環境もとくに4月は大切になります。

職員で話し合いを持ち、落ち着いた雰囲気の中で保育者や友だちとゆったりとした時間を過ごせるようにとの思いから、3月まで出されていた三輪車、スクーター等を倉庫へ片づけます。固定遊具の配置も見直し、子どもの姿がどの位置からも見えるように、のびのびと動きまわれるようなスペースを作って遊具の位置を決めていきます。

0・1歳児の子どもたちは保育者に抱っこされて玄関のところで外の景色を見たり、他の子どもが遊んでいる様子を見ながらおやつを食べることもあります。抱っこやおんぶで園庭を歩きまわったり、ブランコにゆられたり、ベビーカーで園庭を動きまわり、チューリップの花を見て立ち止まったり、以上児の子どもたちを見たりして、子どもと一対一で向き合う時間やゆったりした空間を多く取り入れるように環境を整えていきます。

5月、少しずつ慣れてきた子どもたちは、そばにいる保育者に支えられながら、ものにかかわろうとする姿が見られるようになります。

室内では、玩具箱の中の玩具やキャスターの中の衣服を取り出したりします。広いリズム室に出て行き、さまざまなものにかかわっていきます。未満児用のすべり台をリズム室の真ん中に置くと、すべり台を登ったり、すべったりしてくり返し遊んでいます。その様子を保育者はそばについて見守ります。

園庭では、木陰に遊具を移動して、涼しい場所で気持ちよく過ごせるようにします。また、ゴザを敷いたりして座って遊べる空間も作ります。

6月は天候に左右される季節になります。天気の良い日は、水や砂を触って遊ぶ姿が見られるようになります。汚れることが多くなるので着替えを多めに用意してもらうことを連絡帳で伝えます。

室内と外の行き来をくり返しながら動きが広がってくる通過点の玄関では、靴箱につかまり、ぞうりや靴を取り出して全部投げ捨てたり、保育者のぞうりに足を入れて歩いたりと、いろいろな楽しみを見つけていきます。

保育者と一緒にニワトリを見て指差したり、園庭にある葉っぱを網目から入れようとする姿も見られるようになります。

月案の様式（図表６－４）の真ん中はオープンスペースになっています。ここには環境の構成、子どもの中から生まれる活動、保育者の配慮などの項目を書きます。子どもの中から生まれる活動、それに対する保育者のかかわり方を書きます。子どもの姿と育ちのねらいを考慮しながら、個人だけでなく子どもが生活の中で保育士や周りの友だち、自然とのかかわりの中でつながりを持ち、活動していく場面を書きます。これが保育園の保育課程に結びついていくようにと考えます。

研修や勉強会を重ねてウェブ式で書くようになったのですが、従来型の１人の子どもに対して生活面と遊びの面からのねらい・活動、それに対する配慮を横並びに書き連ねるスタイルに慣れていたため、枠組みを外して考えることができずにいました。マンネリ化して固執した考え方を拭い去り、一つのことだけにこだわらずにあらゆる面から子どもの育ちを見るように気をつけていきました。

特別に決まった形式というものではないので、それぞれの保育者の思いや工夫のもとで書いていきます。保育雑誌の計画案をまねることもできないので、自分なりの思い、考え方を言葉にして書くことになります。

ウェブ式の書き方は、その月の園庭、室内の環境の下で、子どもたちの遊び、動く姿が広がっていくように思います。そこから保育者の配慮や反省点も見えてきます。生活面と遊びが分かれるのではなく、つながりがあることにも気づかされます。書いていくうちに同じパターンの形ではなく、少しずつ工夫をして書いていくようになってきました。たとえば生活面の食事、休息、排泄等、遊具の動くもの、動かないもの、クラスの名前、保育者などをすべて色分けして書き表します。◎のマークである配慮は赤ペンで書きます。くり返しのある行動では→だけでなく⟷の記号を使います。その月・時期での遊びを中心に取り入れたり、絵本や紙芝居などの名前も書くようにします。

次の月の計画を立てるときに、前月の計画を見直し比較してみることで、何が足りなかったのか、と考え方を変えていきます。子どもの動きと思いに対してのかかわり方はどうであったかという反省をすることは、記録したものがあるからこそ生まれてくるものだと思います。

安良保育園では、月初めに先月分の個人別日誌と今月分の月案を園長に提出するようにしています。園長が目を通し、意見や修正などを赤ペンで書いてくれます。それを見直して考えることで、自分の反省や今後の保育のポイントにもつながっていきます。そのためには、

【図表6-4】0・1歳児月案

0、1 歳児　月案（ 6 月分）

検印		担任	

名前(生活年齢)	前月の子どもの姿	育ちのねらい・養護のねらい	環境構成、子どもの中から生まれる活動、保育者の配慮	個別の配慮
Aちゃん（1歳3ヶ月）	・ベビーカーにゆられて気持ちよく眠る ・保育者から離れて遊ぶようになってきた。	・身の回りの物に関心を示し遊びを楽しむ ・ゆったりとした雰囲気の中で安心して過ごせるようにする。	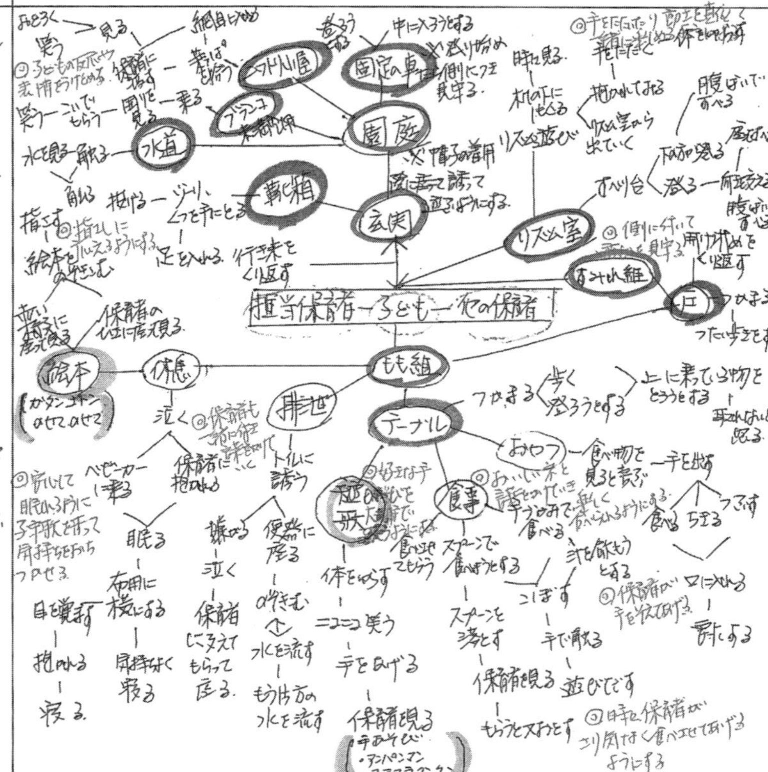	動きを大切に見守りながら歌をうたったり保育者がやってみせたりして一緒に楽しむ
Sちゃん（1歳2ヶ月）	・自分でスプーンを持ちごはんやおかずをすくい口に入れようとしている。 ・カバンやバッグ、帽子を取って手に持ったり、肩にかけたりする	・歩くことを喜び、いろいろな物に触れたり、見たりして遊ぶ		・室内外をとわず、いろいろな場所に行くようになるのでどこにいるかを確認しながら遊びの場を広げていくようにする
T君（1歳2ヶ月）	・お菓子類は喜んで自分で持って食べる。 ・保育者の姿が見えると喜び声をかけて近づいてくる。	・楽しい雰囲気の中で自分で食べられるようにする ・保育者の動きを真似て手をあげたり、体をゆらすことを楽しむ ・楽しい雰囲気の中で自分で食べられるようにする		・一対一でゆっくりと関る時間を多くとり、気持ちを十分受けとめるようにする
新 K君（1歳7ヶ月）	・5/14日入所 ・食べ物を自分で食べようとしない。	・保育者の働きかけの中で安心して過ごせるようにする。		・手づかみでも自分で食べようとする気持ちを大切にする。
行事	誕生会、避難訓練、身体測定		〈環境〉・食中毒の出やすい時期なので一人ひとりの健康状態に気をつける　・いつでも沐浴ができるように清潔にしておく　・気温差が大きいので衣服の調節に気をつける　・雨上り、戸外でも遊べるようにぬかるみを整地する。	

日々の日誌をきちんと書いたり、メモをしておくことが大切になります。

個別の配慮は、オープンスペースに書かれてある保育者の配慮とは異なり、一人ひとりに必要な保育者の配慮です。子どもの育ちを考えて、これだけは気をつけてあげたいというものをしっかりと書きとめるようにします。

5．日常の保育の１コマ

０・１歳児の子どもたちの個人差はとても大きいです。同じクラスの中にそれぞれ発達の違う子どもが共に過ごしています。実際の子どもの姿を取り上げてみるとハイハイを盛んにする子どもは、クラスだけにとどまらず広いリズム室を自由に這いまわっています。リズム室に置いてあるさまざまなものに興味を持ち、自分から動き、触ろうとする姿が見られます。

また、つかまり立ちやつたい歩きのできる子どもはテーブルやキャスターにつかまり、中の衣服を引き出したり、リズム室の壁につかまり歩いたりしています。歩けるようになった子どもたちは、手当たりしだいにいろいろな遊びを部屋や外でくり広げます。

玄関の靴箱のぞうりや靴を出したり、外の水道の水を触ったり、穴に石ころを入れたり、少し高いところにも登ろうとしています。それぞれの姿に応じて、環境を整えたり、保育者がどのようにかかわっていくかはとても大切になります。

生活面でもそれぞれの違いがあります。食事と排泄を取り上げてみます。離乳食の子どもには保育者が、言葉をかけながら向き合って食べさせます。手づかみやスプーンを使い一人で食べようとする子どももいれば、甘えて食べさせてもらいたがる子どももいます。

１歳児は、２歳の誕生日を迎えてしばらくすると、箸への移行を試みます。食べ始めは箸を使い、途中でスプーンに持ち替えることもあります。

排泄面では、最近はほとんどの子どもが紙オムツを利用しています。そこで安良保育園では、入園時や保護者会のときに、昔ながらの布オムツの良さを伝えるようにしています。洗うと何回でも使える経済的なこと、体に当てたときの感触の違いなどです。話を聞いて、半数の保護者が布オムツに替えています。コマーシャルで「何回までは大丈夫だ」という言葉に惑わされていたということに、保護者も保育者も気づかされます。布オムツだとおしっこがでてないかな、と子どもの表情や様子が気にかかり、何度もオムツを見ています。でも、紙オムツだと濡れても大丈夫という安心感があり、子どもから気持ちが離れていくような気がします。

歩けるようになり、季候の良い頃になると、オムツからパンツへと変わっていきます。おしっこの失敗も多くなり、そのことで不快な表情をしたり、トイレで便器に座る姿も出てくるようになります。

同じクラスの中で一人ひとりの子どもの成長する姿があり、それにかかわる保育者の姿も一つ一つ違います。目の前にいる一人ひとりの子どもの姿をしっかり受け止めて、心身の発達状況に合わせながら計画を立て、安定感ある生活の中で安心して遊び、生活できる場にし

ていきたいと思っています。

写真左は、リズム室で遊んでいる0歳児の姿です。0・1歳児の部屋はリズム室の隣に位置しています。動きまわれるようになった子どもは、広いリズム室へと遊びに出かけます。

写真右は、0歳児の一人ひとりの着替えやカバンを置くキャスターと毎日の汚れ物を入れるバケツがあります。キャスターの中には、布オムツが入っています。

2　4歳児の指導計画

1．4歳児を中心に

4歳児の指導計画は、保育園全体の保育課程に基づいて、年間計画、期間の計画、週案を立てています。3歳未満児は個別の計画や記録ですが、3歳以上児は計画、日誌ともにクラス別になっています。

保育園の生活において、子どもの活動が先にあり、それに合わせて食事や昼寝などの生活活動をしているやり方もあると思います。午前中の何時に○○をするから、食事は11時半～12時半、1時～2時半までは昼寝の時間、3時にはおやつがあるから子どもを起こして、その後みんなで帰りの準備をして、4時半頃になったら、一部屋に子どもを集めて迎えを待つといったように、子どもの活動というより、大人の都合によって子どもの活動を決める考え方があるように思います。

しかし、安良保育園では、生活面のリズムが決まって全体が安定してくるという考えから、大まかな食事とおやつ、休息の時間が先に決まっています。「子どもが自分で遊びを見つけて活動する時間」は、大まかな食事とおやつ、休息以外の時間を子どもたちに任せる時間としてとらえています。

保育園の1日の流れとしては次ページの表のようになっています。

ただ、午前中の9時20分頃から30分程度、年度の前半はリズム室でのリズム遊び、後半は園庭で体操やマラソンなどをして、全園児が一緒になって体を動かす時間もあります。

（4月～9月上旬）

7時半～	順次登園、持ち物の整理をする
午前中	子どもが自分で遊びを見つけて活動する
10時半～	休息
12時	昼食
午後	子どもが自分で遊びを見つけて活動する
15時	おやつ
16時～	順次降園

（9月中旬～3月）

7時半～	順次登園、持ち物の整理をする
午前中	子どもが自分で遊びを見つけて活動する
12時	昼食
午後	子どもが自分で遊びを見つけて活動する
15時	おやつ
16時～	順次降園

・4、5歳児は午後休息がなくなります。

<休息について>

安良保育園では午前休息を取り入れています。午前休息になったきっかけは次のようです。

「最近は大人と一緒に夜遅くまでテレビをみたり、夜ふかしをする子どもが多い。そのため朝の目覚めが遅く、朝食も母親の忙しさから簡単にすむものや、登園時、車の中で食べながらだったりする。そんな子どもの中には、朝の活動・遊びの中でも大きなあくびをしたり、人工芝生に寝ころび、ごろごろしているなど気になる様子が見られ、就寝時間・起床時間の不規則さが感じられるとのこと。ではいったい何時子どもたちが一番自主的にのびのびと活動しているかと考えると、午睡から目覚めたおやつを食べた後の遊びの時間ではないかという結論になった。また、食事の面からも、特に未満児の場合は午前中眠らないと給食時の途中で食べながら眠りはじめ、せっかくの給食も残したまま……と気になる様々な面から意見が出され、話し合いの結果、休息時間を午後から午前にすることが決まる。」

（安良保育園「ステップ　―コーナー保育からフリー保育へ―」1988）

また、体を休める時間という意味で、「昼寝」ではなく「休息」と呼ぶようにしています。午前休息は20年以上前から行われていて、保育園の生活の中に定着しています。

4歳児は年度初めから9月の始めの暑い時期まで休息があります。しかし、9月の中旬からは休息がなくなり、1日中子どもの遊びを中心とした生活の流れに変わっていきます。

2．年間指導計画

年間計画は、保育園の保育課程や保育指針をもとに、その年のクラス担任が主に書きます。継続児の前年度の様子や、新入園児の家庭での様子を知るところから始まります。前年度の担任に聞いたり、3月までの記録を見せてもらい、計画を立てます。前年度の4歳児と今年度の4歳児の子どもの姿は、子どもたちの人数や月齢によっても違うので、前年度の年間計画がそのまま使えるわけではありません。また、保育雑誌なども参考にすると思いますが、それをいかに自分の言葉で表現して、目の前の子どもの姿に合うように計画を立てられるかが大事だと思います。借り物の計画になっては計画の意味がありません。

また、年間計画は保育雑誌などを見ると、4期に分けられているものが多くあります。しかし、子どもたちの生活や遊びを見ていくと、4期では範囲が大きすぎてねらいを立てにくいのではないでしょうか。4歳児は未満児と違って遊びを中心としたねらいが多くなります。

たとえば、7・8・9月の3か月がだいたい2期という形で出ていますが、安良保育園では7・8月は夏の遊びが盛んですが、9月になると運動会に向けての活動が入ってきます。また、それまでにはなかった乗り物遊具が出てきたり園庭の遊具を動かしたりして、夏とは違った園庭の環境の構成をするため、子どもたちの遊びも夏の遊びとはガラッと変わってきます。ですから、7・8・9月の3か月をひとくくりとしてねらいを立てるのは難しくなります。

また、4歳児は9月の前半まで休息がありますが、後半は休息がなくなるので、生活のリズムが変わってきます。そこで養護の面でのねらいも、7・8月とは違ったものが出てくることになります。

10・11・12月の3か月についても、季候的に違いがありすぎます。10月はときどき暑い日もあり、運動会や乗り物遊具を中心とした遊びが盛んですが、後半から11月にかけては季候もよくなるので、散歩によく出かけます。12月になると霜が降りたり雪がちらちらする日があったりしますので、外遊びへの配慮事項や、健康面の配慮事項が出てきたりします。ですから、ここも2つに分けることがあります。

安良保育園では、年間の期の分け方を担任に任せています。大まかに言って、3歳以上児は5～7期に分けています。新入園児が多い場合は1期を4・5月にしたり、新入園児がいなければ4・5・6月を1期としたりしています。

また、7月・8月は夏祭りやお泊まり保育、また、学校が夏休みといったことも踏まえて、7月の前半を6月と一緒に2期にしたり、後半を9月の前半までにして3期にという考えもあります。行事を中心に期を分ける考え方や、子どもの遊びを中心に分ける考え方などさまざまです。9月は休息が後半になくなるので、9月を分けて前半は前の期に、後半は次の期にと月の途中で分けることもあります。また、年間をどのようにとらえて保育を考えているかがわかるので、それぞれの期に○○の時期というふうに名称をつけるようにしています。

次は、たとえば、4歳児の年間計画における期間の分け方の例です。

4月～5月 (若葉の時期)	6月～7月上旬 (梅雨の時期)	7月中旬～9月上旬 (暑さの時期)	9月中旬～10月中旬 (運動会の時期)	10月下旬～12月 (探索の時期)	1月～3月 (喜びの時期)

年間計画は担任が立てますが、園長に提出して、OKが出るまで、何度も書き直しを行います。それによって、子どもの姿が見えてきて、自分の言葉で書けるようになっていきます。

先にも触れたように、年間の分け方は担任に任せられています。ですから、図表6－5（p.118）の4歳児の年間計画は5期に分けられています。

ねらいは養護のねらいと育ちのねらい（教育のねらい）の両面から書きます。

【図表 6-5】４歳児の年間計画

	始まりの時期 （４月～５月）	雨の時期 （６月～８月）	運動の時期 （９月～10月）	表現の時期 （11月～12月）	充実の時期 （１月～３月）
育ちのねらい 養護のねらい	・信頼できる保育者と一緒に、子どもが安心して過ごせるようにする。 ・新しい部屋での生活の仕方がわかり、簡単な身の回りのことを自分でする。	・一人ひとりの子どもが健康で安全に過ごせるようにする。 ・梅雨時や夏期の自然事象に興味や関心を持ちながら過ごす。 ・安定した生活を送る中で、好きな遊びにじっくりと取り組もうとする。	・静と動のバランスをとって、ゆっくりと過ごせるようにする。 ・さまざまな遊具や用具を使って、体を十分に動かして楽しむ。 ・感じたことや考えたことを、言葉で伝えようとする。	・子どもの健康管理を十分にし、元気に過ごせるようにする。 ・友だちと一緒に遊ぶ中で、自分なりのイメージを持って遊びに取り組もうとする。 ・身近な自然の変化に気づき親しむ中で、感性を豊かにする。	・子どもの欲求を十分に満たしてあげられるようにする。 ・生活に必要な習慣や態度が身につき、進級することへの喜びを持つ。 ・友だちと共通の目的を持って遊ぶ楽しさを味わう。
経験する内容 心と体の健康 人とのかかわり 身近な環境とのかかわり 言葉の獲得 感性と表現	・生活の仕方がわかり、できるところは自分でしようとする。 ・楽しい雰囲気の中で、保育者や友だちと一緒に食事をする。 ・保育者や友だちに親しみを持ち、一緒に好きな遊びを楽しむ。 ・持ち物の始末や整理を自分からしようとする。 ・身近な小動物や草花を見たり、触れたりして親しみを持つ。 ・日常生活に必要なあいさつをする。 ・絵本や紙芝居など、見たり聞いたりして楽しむ。 ・季節の歌をうたったり、リズム遊びなどで、自由に体を動かして表現することを喜ぶ。	・手を洗う、汗をかいたら拭くなど体を清潔にし、快適に過ごせるようにする。 ・食事や休息など自分から進んでしようとする。 ・異年齢児に親しみを持って、一緒に遊ぶことを喜ぶ。 ・砂、土、水に十分に触れながら、夏の遊びを楽しむ。 ・動植物に関心を持ち、触れたり世話をしたりする。 ・経験したことや興味を持ったことなどを保育者や友だちと話すことを楽しむ。 ・絵本や図鑑に関心を持ち、喜んで見ようとする。 ・身近な素材や材料を使って、描く、作る、飾るなどを楽しむ。	・生活の流れの中で、休息を十分にとる。 ・友だちと一緒にさまざまな遊具や用具を組み合わせて、体を十分に動かして遊ぶ。 ・共同の物を大切にし、ルールや遊び方がわかり守ろうとする。 ・行事に参加し、友だちや異年齢児、地域のお年寄りなどさまざまな人と楽しく過ごす。 ・自分の思っていることを言葉で伝えようとしたり、相手の話しをきちんと聞こうとする。 ・友だちと一緒に遊戯の曲を聞いたりうたったりする中で、体を動かすことも喜んでしようとする。	・食事、排泄、衣服の着脱などほとんど自分でできるようになる。 ・工夫したり、試したりしながら自分なりの目標を持ってくり返して挑戦していく。 ・友だちと一緒に遊びに必要な物を考えたり作ったりしながら共通のイメージを持って遊んだりする。 ・秋の自然物に関心を持ち親しむ中で、色や形などに興味を持ち、集めたりそれを使って遊んだりする。 ・話しかけたり、聞かれたりしたら自分なりに言葉で答えようとする。 ・身近な生活経験をごっこ遊びに取り入れて、友だちと遊びを楽しむ。	・手洗い、うがいなど冬の生活習慣を身につける。 ・寒さに負けず、戸外で体を動かして遊びを楽しむ。 ・気の合う友だちと、考えを出し合いながら遊んだり、遊びを進めていこうとする。 ・雪や霜、氷など冬の自然現象に触れ、興味や関心を持つ。 ・生活や遊びの中で、数や形、量などに関心を持つ。 ・劇遊びやごっこ遊びの中で、イメージを共有しながら、表現することを楽しむ。 ・さまざまな楽器に触れながら、音やリズムに関心を持つ。 ・自分で作ったもので遊んだり、みんなで作ったものを飾ったりして進級を楽しみに待つ。
保育者の 配慮・援助	・一人ひとりを温かく受け止め、安心して生活が送れるようにする。 ・好きな遊びを十分に楽しむために、時間にゆとりを持って過ごせるようにする。	・梅雨時や夏期を快適に過ごせるように、保健衛生面に気を配る。 ・夏の遊びが十分に楽しめるように遊びを工夫する。	・体を動かした後は、十分体を休めるようにする。 ・遊具や用具の遊び方や使い方など個人差に応じて、安全に遊べるようにする。	・絵本や紙芝居などストーリーが明快でイメージがわくようなものを選ぶようにする。 ・園外に多く出かけ、秋の自然に身近に触れられるようにする。	・常に子どもの健康状態を把握して、換気、室温、清潔などに配慮する。 ・年長組になる喜びを持ち、意欲的に生活できるように一人ひとりの成長を認め、自信を持てるようにする。
大きな行事	入園式・花まつり・遠足 子どもの日の集い	七夕の集い・夏まつり・父の会	祖父母の会・遠足・運動会 ふれあい運動会	餅つき会 子ども報恩講・年忘れ会	子ども会・節分・発表会 ひなまつり・お別れ会

また、内容は経験する内容として、5領域を念頭に置きながら、育ちのねらいからおろしてきます。養護のねらいの内容は配慮事項と重なる部分も多いので、内容にはおろしていません。

大まかな保育者の配慮事項や行事などを書き、一目で年間がわかるようになっています。

3．計画を立てるときに気をつけていること

計画を立てるとき、やはり目の前の子どもの姿が大事になってきます。保育園の保育課程や保育指針を目安にしながら、自分の園の4歳児はこんなふうに育ってほしいというねらいを立てていきますが、4歳児といっても誕生日を迎えると5歳児になる子どもたちですので、保育所保育指針のおおむね4歳とおおむね5歳の発達過程が目安になってきます。保育指針では次のように示されています。

（6）おおむね4歳

全身のバランスを取る能力が発達し、体の動きが巧みになる。自然など身近な環境に積極的に関わり、様々な物の特性を知り、それらとの関わり方や遊び方を体得していく。想像力が豊かになり、目的を持って行動し、つくったり、かいたり、試したりするようになるが、自分の行動やその結果を予測して不安になるなどの葛藤も経験する。仲間とのつながりが強くなる中で、けんかも増えてくる。その一方で、決まりの大切さに気付き、守ろうとするようになる。感情が豊かになり、身近な人の気持ちを察し、少しずつ自分の気持ちを抑えられたり、我慢ができるようになってくる。

（7）おおむね5歳

基本的な生活習慣が身に付き、運動機能はますます伸び、喜んで運動遊びをしたり、仲間とともに活発に遊ぶ。言葉により共通のイメージを持って遊んだり、目的に向かって集団で行動することが増える。さらに、遊びを発展させ、楽しむために、自分たちで決まりを作ったりする。また、自分なりに考えて判断したり、批判する力が生まれ、けんかを自分たちで解決しようとするなど、お互いに相手を許したり、異なる思いや考えを認めたりといった社会生活に必要な基本的な力を身に付けていく。他人の役に立つことを嬉しく感じたりして、仲間の中の一人としての自覚が生まれる。

では実際、自分の園の4歳児の子どもの姿はどうでしょうか。たとえば、両足跳びやスキップなどがどれくらいできているだろうか、仲間とのつながりはどれくらい育っているのだろうか、決まりやルールのある遊びをどれくらい経験しているだろうか、など保育指針を目安にして自分の園の子どもの育ちを見ていくことも大切です。また、園の保育課程には4歳児のねらいとしてどんなことがあげられているのかも把握しておく必要があります。

「ねらい」を立てるとき、「～ができるようになる」というとらえ方ではなくて、こんなふうに育ってほしい、こんなことが身についてほしいというとらえ方で書きます。たとえば、「自然のさまざまな素材に触れて遊ぶ」というのではなくて、「自然のさまざまな素材に触れることにより、感触の違いに気づき、おもしろさや楽しさを味わう」というふうに、何が

育ってほしいのか、身についてほしいのかを書くようにしています。

また、保育所保育指針には、

> 「内容」は「ねらい」を達成するために、子どもの生活やその状況に応じて保育士等が適切に行う事項と、保育士等が援助して子どもが環境に関わって経験する事項を示したものである。

とあります。一つは保育士が行う事項。もう一つは、子どもがどんなことを経験することにより、子どもが発達していくのかをとらえる視点として、5領域「健康」「人間関係」「環境」「言葉」及び「表現」に構成されています。これらを踏まえて、「内容」をたとえば、先の「ねらい」からおろして、「水遊びやどろんこ遊びをする中で、体全身を使って思い切り遊びを楽しむ」また「保育者や友だちと一緒に、水や砂、土などの感触を味わう」など、子どもが経験する事項として書くことができます。

年間計画のねらいを立てるとき、新入園児が多いかどうか、全体的な月齢はどうか、リーダー的な存在の子どもがいるのか、個性の強い子どもが多いかなども把握します。とくに4歳児は自分というものがある程度できているので、新入園児がなかなか慣れなかったり、月齢の違いで遊びや仲間とのかかわりなどにも差が出てきたりするので、全体を見たときにどう育ってほしいかを書きます。あとのフォローは期間の計画や週案の中で、保育者の配慮として書くようにしています。また、季節や室内、園庭の環境、大まかな行事なども子どもの活動に大きく左右されるので、園全体としてどのように動いていくのかも見通して、立てる必要があります。

年間計画にはありませんが、期案や週案には、環境構成、子どもの中から生まれる活動、保育者の配慮などの事項があります。

環境構成は、ねらいに対して、子どもが自分から意欲的にかかわれるような環境構成を考えて、単なる遊びのための道具や素材の準備にならないように気をつけています。

子どもの中から生まれる活動は、子ども自身が行っていく活動なので一通りではありません。いくつか予想される活動をウェブ式で書きます。

障害を持った子どもがいる場合、計画の中に子どもの活動や配慮事項をどのように入れていくのかを考えて、保育者のしなければならないことを書くようにしています。

また、4歳児になると遊び中心のねらいに片寄りがちですが、養護のねらいと育ちのねらいの両面からねらいを立てるように気をつけます。

大まかな年間の行事の把握をする中で行事はあくまで通過点なので、行事がメインの計画にならないようにします。

4．記録を書くときに気をつけていること

日誌を書くときは、ただ1日の流れに沿って、○○をして、○○をして遊んでいたという活動記録にならないようにしています。自分が1日の中で、どの部分を書きたかったのかが

わかるように記録します。

たとえば、散歩に出かけた場合、「今日は散歩に出かけた。いつもよりたくさん歩いたので、子どもたちも疲れたようである」と書くのではなく、「今日は○○方面に散歩に出かけた。いつもより距離が長かったが、友だちと一緒に手をつないで歩くのを嫌がっていたＴ君やＡ君も、自分の好きな友だちと手をつないだこともあり、話をしたり、歌をうたったりして楽しそうに歩いていた」というように、あとで読んだときに子どもの姿がわかるように書くようにしています。

週案で立てたねらいや環境構成、子どもの活動、保育者の配慮などに沿って、保育者の思いとのズレや実際の子どもの活動のズレなども書いていきます。とくに、評価・反省のところには、自分のかかわり方の良かった面や、悪かった面、また何がかかわりの中で足らなかったのか、などを書いて、次週につながるようにします。また、日誌の中に、行事、天気を書く欄がありますが、日によって暑かったり寒かったりすることで、子どもの活動にも影響があるので、天気の他に気温や寒暖の変化を記入します。

プール遊びをいつから始めたのか、運動会の練習をいつからしたのか、休息はいつからしなくなったのか、など子どもの生活や遊びに影響してくるものを記入するようにしています。また、園庭の遊具の位置が変わった時期や木々の変化、花が咲いたり、実がなったりなどの園庭の環境の変化なども書きます。

長期の休み、体調の変化、薬の服用、ケガなどがある場合は特記事項に書きます。また、書き言葉やら抜き言葉などに気をつけて書いています。「～しており→～していて」「お友だち→友だち」「お散歩→散歩」「食べれた→食べられた」「寝れた→寝られた」などです。

5．期間の計画

期間の計画は年間の計画をもとにして、ねらい、内容をおろして少し具体化します。そして、年間にはなかった子どもの中から生まれる活動、環境の構成を書く部分が出てきます。以前はここの部分を、箇条書きに、遊び、生活、と分けて書いていました。現在は少し様式も変わり、ここの部分をウェブ式にして書いています。ウェブ式にすることで、この時期にはこんな遊びが展開されるのではないだろうか、子ども同士や保育者との関係はどんなふうになっているだろうか、また、この時期だからこそ必要な環境の構成があったり、この遊びをするのにはどんな環境が必要かなど、すべてをつながりとして考えるようになりました。

その枠に、保育者の配慮も書くようになっています。これも、期間なので大まかな配慮事項になります。

そして、最後に評価と反省の部分があり、期間を終わったときに振り返りができるようになっています。子どもの育ちはどうだったのか、内容に書いたことを子どもが経験できたかどうか、経験はしたがねらいまではいかなかったので、次の期につなげていきたいということや、保育者のかかわりや配慮の仕方はどうだったのかなどを書いて次の期につないでいけるように工夫しています。

年間計画は大まかな子どもの育ちの見通しを書きますが、期間の計画になると子どもの姿も少し身近なものになってきます。ですから、1期、2期と書いていくうちにねらいがズレてきたり、子どもの活動が少し違ってきたりします。そこで、現在の子どもの姿に合った計画を期間で修正していきます。

3歳以上児は月案がありません。これは、子どもの育ちを見ていったときに、期間の計画は2～3か月を目安に区切って計画を立てているため、月案におろすとねらいも同じようになってしまうことから、そのまま週案におろすようにしています。

図表6－6は以前の期間の計画です。縦長で、一番上に「ねらい」と「内容」を書くようになっています。真ん中に「予想される子どもの活動」とありますが、ここに環境の構成も入れて書いていました。そして、「保育者の配慮及び基礎的事項」「行事予定」「評価及び反省」がその下のスペースに書くようになっていました。

しかし、図表6－7（p.124）のように、現在の期間の計画は様式を変えて横長になり、左の上に「ねらい」、下に「内容」、真ん中のオープンスペースに「環境構成」「子どもの中から生まれる活動」「保育者の配慮」を一緒に書くようになっています。そして、右側に「行事予定」と「評価及び反省」を書くようになりました。

以前は「予想される子どもの活動」と「保育者の配慮」が一緒の枠になかったのでつながりを書きにくかったのですが、同じ枠になったことで以前より書きやすくなりました。

6．週案及び日誌・記録

3歳未満児は個人別日誌であるのに対して、3歳以上児はクラス別日誌になっています。3歳以上児の週案・日誌は（図表6－8、p.127）、B4の1枚で左側が週案、右側が日誌及び評価、反省を書くようになっていて、一目で1週間分が見られるようになっています。様式の例は、第3章（p.51）に掲載しています。

前週の子どもの姿→ねらい→環境の構成、子どもの中から生まれる活動、保育者の配慮→日誌・記録→反省・評価 という順で書くようになっています。

ここでのねらいも、できるようになることではありません。子どもの中で育ってほしいものです。つまり、～ができる、～をする、というとらえ方ではなくて、こんなふうに育ってほしい、こんなことを身につけてほしいというとらえ方です。ねらいは到達目標ではなく、方向目標であるということです。

では、ねらいはどこからくるのでしょう。週案のねらいは期案のねらいからおろしてきます。しかし、期案は場合によっては2か月くらい前に立てています。子どもの育ちが必ずしも計画と同じではありません。むしろズレてくるのではないでしょうか。ですから、目の前の子ども抜きでは考えられません。子どもの姿を参考にしてねらいを立てます。

4歳児はクラス別の週案になるので、クラス全体の子どもたちの遊びや生活面をとらえて

【図表 6-6】以前の期間の計画

期間の計画

時期の計画（9月　～10月　）

ひまわり　組

ねらい （育つことが期待される心情・意欲・態度など）	内容（保育者の援助する事項を子どもの発達の側面から示したもの） 心身の健康・人とのかかわり・身近な環境とのかかわり・言葉の獲得・感性と表現
・行事に喜んで参加する中で、皆で同じ目的に向かって、動くことを楽しむ。 ・さまざまな遊具や道具に関心を示し、自分なりに使ってみようとする。 ・感じたことや考えたことをことばで伝えようとする。	・生活の流れの中で、休息を十分にとる。 ・ゆうぎや、リレーなど、友だちと一緒に競技することを喜び、楽しみながら参加する。 ・友だちと一緒にさまざまな遊具や用具を組み合わせて、身体を十分に動かして遊ぼうとする。 ・自分の思っていることをことばで伝えようとしたり、相手の話をきちんと聞こうとする。 ・共同のものを大切にし、ルールや遊び方が分かり、守ろうとする。（する中で、）

予想される子どもの活動

（色水あそび）
・ペットボトルを使って、様々な色を楽しむ。
・自分で絞る、するなどして色を出す。
・

・三輪車
・スクーター
・キックバイク
→・朝早く来て使おうとする
・昼食を早めにとって使おうとする。
・交代しながら友だちと一緒に使う。

（ゆうぎ）
・曲を聞く
↓
・覚えて動く
↓
・並び方が分かる
↓
・園庭で踊る

（リレー・かけっこ）
・走る友だちが決まる
↓
・一緒に走る
↓
・列が分かり並ぶ
↓
・走り終わったら待つ

・ばら組の練習をみる
・体操をする
・団子作りをする
・リレーごっこをする
・竹馬、なわとびに挑戦しようとする。

・登園時、体操服に着がえる。
・園庭の「なつめ」の実を味わう。

［行事に参加する］
（祖父母の会）―おじいちゃん、おばあちゃんと一緒に過ごす。
（運動会）―自分の競技に喜んで参加する。
　―友だちの競技を応援する
　ゆうぎ、リレーなどをたのしむ
　お年寄り、卒園、父母との交流を楽しむ。
（遠足）―バスの中でうたやゲームをする。
　―親子で動物を見て歩く
　弁当を一緒に食べる
　遊園地で遊ぶ

保育者の配慮及び基礎的事項

☆ 運動会の練習などで、外での活動が多くなるので、静と動のバランスをしっかりととるようにする。

☆ 遊具や用具の使い方・遊び方など個人差に応じて、安全に遊べるようにする。

☆ 遊びの中で、様々なルールが出てくるので、理解できるように話をしたり、くり返し伝えていくことで、ルールが分かるようにしていく

☆ 何かあると一方的に文句ばかり言うことがあるので、相手の言うこともきちんと聞くことができるように、伝えていく。

行事予定	9月…11日（祖父母の会）　19日（誕生会）　身体測定、避難訓練 10月…8日（予行練習）　12日（運動会）　17日（ふれあい運動会）　21日（誕生会 25日（秋の遠足）　身体測定、避難訓練
評価及び反省	・運動会中心の動きになったが、自分たちで色んな遊具や用具に挑戦し、取り組む姿がみられた。 ・行事に喜んで参加し、様々なことを楽しんでいたようである。

【図表 6-7】現在の期間の計画

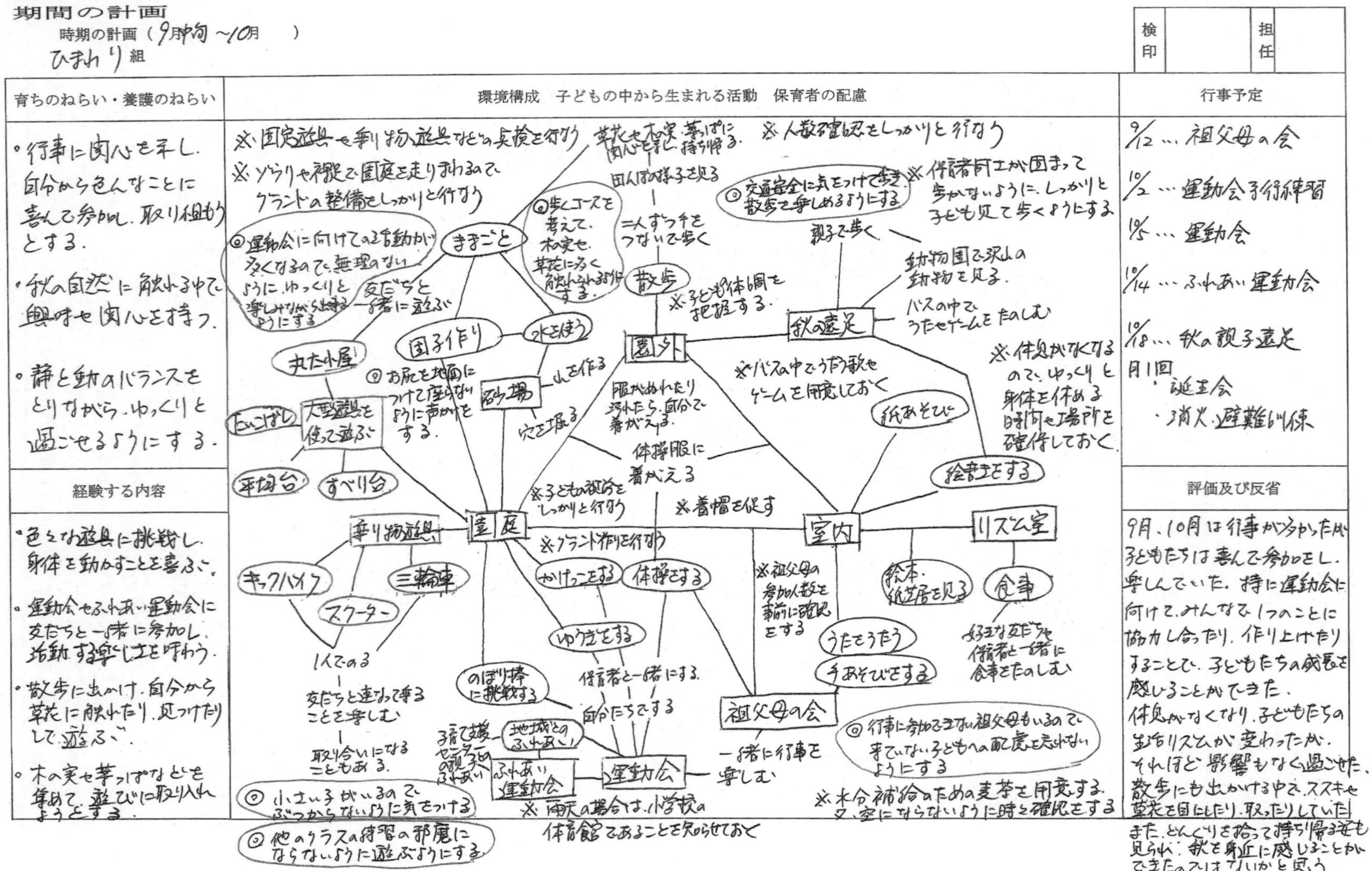

ねらいを立てることになります。また、発達の手がかりとして、保育所保育指針のねらいを見ながら計画を立てることも必要です。しかし、年齢はあくまでも目安に過ぎないので、その時期、目の前にいる子どもたちにふさわしいねらいを立てることが望ましいでしょう。

たとえば、次にあげたのは、ある年の９月下旬の子どもの姿です。

登園時から、乗り物遊具（三輪車、キックバイク、スクーターなど）に乗って遊んでいることが多い。三輪車にのって園庭の隅のほうまで回ってみたり、列になって一緒に乗りまわしたりしている。また、乗れなかった子どもは「次貸してね」と交渉したり他の遊びをしながらも、空くのを待っている姿も見られた。また、乗り物遊具が出てきたことで、毎日のように昼食後は５歳児と取り合いになる場面もある。また、昼食を早く食べ終わる子どもが多くなってきた。

ここでは、９月下旬ということもあり、４歳児の休息がなくなり生活のリズムが変わってきているので、養護のねらいとして「体を横にしたり絵本を見たりしながら、ゆっくりと過ごせるようにする」、育ちのねらいとして、乗り物遊具を使って遊ぶことが多くなり、友だちとの取り合いやけんかも見られたので、「乗り物遊具を使う順番を待ったり、貸し借りをする中で友だちとのかかわりを広げていく」というふうに、先週の子どもの姿をもとにしてねらいを立てています。

環境の構成としては、休息がなくなったので、眠い子どもがゆっくりと休める場所を確保しておくことや、固定遊具や乗り物遊具の安全点検を毎日行うことなどがあります。また、昼食後、すぐに園庭に出て遊ぶことが予想されるので、保育者間の連携をしっかり取っておく必要もあります。

子どもの中から生まれる活動は、乗り物遊具を使って遊ぶ、順番を待つ、交代して遊ぶ、他の遊びをしながら空くのを待つなどがあります。また、乗り物遊具だけでなく、砂場での遊びも予想されます。砂場に水を入れたり、穴を掘ったりする、１人で遊ぶ、友だちと遊ぶなどを書きます。木陰で団子作りをする場合、場所、１人でしているかどうか、保育者と一緒かなど、いく通りかを書きます。室内の遊びとして部屋で絵本を見たり、絵描きをしたりすることなどが予想されます。そして、９月中旬ということもあり、汗をかいたり水遊びや砂場での遊びによって服が濡れたり、汚れたりすることも考えられるので、衣服の着替えも書いていきます。

保育者の配慮としては、乗り物遊具で園庭を走りまわるので、小さい子どもたちにぶつからないように気をつけたり、外遊びに気を取られがちになるので、室内での子どもの様子も把握していくようにしたりします。また、服が濡れたり汚れたりしてもそのままの子どももいるので、着替えるように伝えることも書いていきます。

ここでは文章書きに、別々に書きましたが、実際は、「環境の構成」「子どもの中から生まれる活動」「保育者の配慮」は、週案のオープンスペースにウェブ式で書いています。

オープンスペースの書き方として工夫していることは、４歳児ということもあり、子どもの遊びを中心に書いています。また、期案では行事とのつながりや環境構成によっての子どもの活動の広がりに気をつけて書いています。

週案では、この週にはこんな子どもの活動が予想されるのではないかという保育者の思いも含まれます。そこで、子どもがどんな場面でどんなことをしていくのかということを、時間順でとらえるのではなく、環境とのかかわりの中で何に子どもが興味や関心を持っていくのかを書くようにしています。

以前は、このスペースに箇条書きで、「環境の構成」「子どもの中から生まれる活動」「保育者の配慮」を別々に書いていました。しかし、このウェブ式の書き方になってから、それぞれがつながりの中で書けるようになってきました。

ウェブ式になって最初の頃は、中心に何を置き、どのように広げていくかで迷いました。ウェブ（網の目）にならなくて、ただ線でつないでいたように思います。子どもを中心に人とのつながりを書いて、そこからいろいろな場面に広げていく書き方もしました。また、場所を中心に子どもがどう動いていくかを場面としてとらえて、その中に友だちとのつながりや場のつながりを書いてみたこともあります。

今は、場所を中心に子どもがどう動いていくかという書き方が一番書きやすいと思っています。その中で、生活面や養護面は必要に応じて書いています。また、保育者の配慮として障害を持った子どもへの配慮事項も記入しています。見やすいように、クラスや園庭などの場所は緑の四角、三輪車やキックバイクなどの遊具はピンクの○、食事や遊びの場面は青の○、保育者の配慮は◎の赤囲み、環境構成は※というふうに色分けや記号で表しています。そして、書きながらそれぞれを線で結んでつながりを表現します。記号や色分けによって、自分でもあとから見たときにわかりやすいのではないかと思っています。

図表6－8は、以前の週案及び日誌・記録です。

図表6－9（p.128）が現在の週案及び日誌・記録ですが、「環境構成」「子どもの中から生まれる活動」「保育者の配慮・基礎的事項」というオープンスペースのところの書き方が違うのがはっきりわかります。以前は、☆を環境の構成、※を保育者の配慮・基礎的事項、小さな○を子どもの活動として上から下に並べて書いていました。しかし、ウェブ式で書くようになると、子どもがどんな遊びに興味や関心を示して動いていくのか、それに対してどんな環境の構成や配慮をしていけばいいのかが、つながりとして見えてくるようになりました。

記録の書き方としては、先に書いたように、単なる子どもの活動記録にならないように気をつけています。実践の記録のところは、個別ではないので4歳児の全体的な動きとして書きます。週によっては、計画では外遊び中心の活動を書いていても、雨の日が続き、室内遊びが盛んになる週もあります。また、団子作りが先週は盛んだったので今週も続くであろうと思って計画には入れたものの、手で作る団子作りよりも容器を使っての固まり作りが盛んになったりすることもあります。記録の中で、次の日の天気予報を見ながら環境構成を考えることもあると思います。それをどのように残していくかが、実践の記録の部分になります。

また、1週間が終わって日誌を下まで書いたら、上に今週の評価・反省を書く欄がありま

【図表 6-8】以前の週案及び日誌・記録

週案及び日誌・記録

ひまわり 組　　7月 第3週　7月14日～7月19日

検印	担任

前週後半の子どもの姿	父の会、夏まつりを楽しみに過ごす中で、本番を迎える。父の会では、製作を喜んでしていたし、夏まつりでは、いつもにない笑顔で踊っている子どもたちの姿があり、本当に楽しみに待っていたんだなという思いが伝わってくるようだった。
育ちのねらい（心情、意欲、態度など）	・水に十分に触れる中でプール遊びを楽しむ。 ・自分の身のまわりの始末を自分でする。
今週の評価・反省	不安定な天気が続き、水に十分に触れるというねらいには達しなかったが、プール遊びが出来る日は、なるべく早めに準備をして、多めに出来るようにしていった。 着がえや脱いだ服の始末など、毎日言われる子は同じだが、くり返し言われることで、気付いていってほしいと思っているが、「これ誰の？」と言っても自分だと気付かない子もいて、つい大きな声になっている自分がいたりする。キャンプも来週に迫ってきているので、自分のものは自分で始末できるようになっていてほしいという思いもあるので、その時、その時に対応していきたいと思う。
特に記すべき事項	

環境の構成　子どもの中から生まれる活動　保育者の配慮・基礎的事項

☆天気の良い日はプールの掃除をして水を溜めておく

☆休息時の通気や換気に気をつけて、涼しい中で眠れるようにする。

☆プールの前には体操をする（子どもの体調を把握しておく）

☆外あそびではなるべく日陰に誘うようにする。

☆身体測定を交代でできるようにする。

☆誕生会の日は、休息を早めに行ない、気持ちよく目覚めて参加できるようにする。

（プール）—
・自分たちの順番をたしかめてから
・着がえに入る
・準備体操をする
・中に入る（水かけをする、もぐる、走る、顔をつける、ワニ歩き）
・身体をふいて着がえる
・汚れ物はビニールバックに入れる
・あちこち脱ぎっぱなしの服がある（言われてから入れる子もいる）

（砂場）—
穴を掘って水を入れる
池を作り、水がなくなるのを楽しむ
砂が崩れるのを喜ぶ
手、足をつけて感触を楽しむ

・もえろよもえろ
・すいかの名産地
・大きなうた
・ボキボキダンス
・誕生月のうた
・ハレルヤ
・うみ
・ゴキブリ・アヒルなど
・ナンバーコール
・キャンプだホイ！
・夏のうた（アイスクリーム、うみ、ひまわり、あさがお、など）

（キャンプファイヤーについて）

☆うたや、ゲームを少しずつ部屋でもしておき前準備をする。

☆先頭をする時には、子どもがよく見える位置に立って、動きながら、子どもたちの動きを誘うようにする。

☆4、5才一緒にする時は担任が交代で色々なゲームやうたをして、楽しめるようにしていく。

※やりたがらない子どももいるので、なるべく部屋で皆がするのを見ているように伝えていく。

実践の記録

日付	天候	予定事項	実践の記録
14日（月）	くもり	本堂礼拝	久しぶりに本堂に上がっての本堂礼拝。先週しなかったのもあり、今日は子どもたちの反応が早かったように思う。ただ、本堂に上がってから次々と登園してきて、少し落ち着きがなくなったのもあった。（礼拝中担任が出かける為、交代する） 今日まで、昼食後に迎えにきてもらうようにKさんにはお願いをし、明日から少し時間をのばしてみることを提案。 プールは結局天気がすぐれず出来なかったようである。
15日（火）	雨		今日から、お泊りに向けて4、5才児でキャンプファイヤーの練習をすることになる。 4、5才一緒に円を作り、うたや、ゲームをする。クラスでしていたものや、初めてのものもあったが、ほとんどの子どもたちが、入り込んで、真剣にしていて、生き生きとした顔で参加していた。 午後から、部屋で絵書きや紙あそびをしてる子どもたちの中で、土曜日に使った飾りをもう一度、部屋に飾ると「これ作った」「これ私のだ」と喜んでいたので、帰りに土曜日に作った作品を持って帰ってもいいことを伝えると皆喜んで持って帰っていた。
16日（水）	はれ	親子交通安全指導日	昨日に続いてキャンプファイヤーの練習をする。昨日とは違うものも取り入れてしてみた。 誕生月のうたもしてみたが、自分の誕生日が何月かピンとこない子もいて、なかなか初めてでは難しかったかな、と思いながらも、中には、自分の番がくるのを心待ちにして踊り出す子もいたので、少しずつ分かってくれるかなと期待しつつ流していった。 午後からはプールを少しだけするが、準備体操もなかなか様になってきた。（Y.K…プールに初めて入る）（A.U…プールに入ってみる） S.A…お弁当、最後のおかずをそのまま、だまって座っている。何も言わないので待ってみたが、結局は食べさせてもらい、半分は残していた。
17日（木）	はれ	身体測定・避難訓練	明日が誕生会ということもあり、身体測定を、皆でとリズム室で行なう。 プールで着がえが多くなっていることもあり、脱いだ服の始末が上手になってきているなと感じる。 中には脱ぎっぱなしの子もいて言われてからする子もいるが、ほとんどは大丈夫である。 午後からは大好きなプールあそび、顔をつけられる子も増えてきているようである。 K.Y…下痢で入れない日が続いているが、砂場でよく遊んでいる。 K.A…カバン掛から、服がとび出していて「これ誰の？」と言ってもなかなか気付かず、始末ができないことが多い。
18日（金）	雨のちくもり	誕生会	雨だから、K君今日はくるかなと思っていると、「今日はたんじょうかいだから来た」と自分の誕生会をたのしみに登園してくる。T君も、事前に自分の誕生日を話えていることもあり、5才になった喜びが、はっきりと出てきていた。また、皆からも「K君とT君の誕生会でしょ」と言われてとても嬉しそうだった。 早めに休息をする。最近、眠らなくても静かに横になるということができるようになってきて、眠りにつく子は早めに、ねむれるようになる。 誕生会では、K.Y君がそうめんを食べなかったので、そうめんとつゆを別々におわんに入れてみると、自分でつゆにそうめんを入れて食べ始める。別々が良かったのか、おわんが良かったのか定かではないが、いろいろ工夫してみて、食べる方法を自分たちも探っていこうと思う。
19日（土）	雨	4、5才合同	雨のため、室内で、紙あそびをする。すみれ組で始めると皆集まってきて、自分たちで作り始める。剣やベルトなど、自分で作れるものが増えてきて、保育者に「作って！」と言いにくる子はいなかった。 逆に小さい子どもたちに、剣を作ってあげる姿もみられる。 プールを楽しみにしていたが、残念そうにプールをながめている姿もあった。

【図表 6-9】現在の週案及び日誌・記録

週案及び日誌・記録

検印		担任	

ひまわり　組　　9月　第　週　9月22日～9月27日

前週後半の子どもの姿	・運動会に向けての遊戯の練習が始まり、保育者のまねをしたり、自分たちで踊ったりして楽しんでいた。 ・園庭の遊具を動かして、グランドを作ったことで広くなったので、乗り物遊具で遊ぶ姿が多くみられるようになる。しかし、遊具を取り合う場面も多くなる。	今週の評価・反省	体息が今週からなくなるということにしていたが、子どもたちの体調を考え、午前中、30分程度、身体を横にする時間を作る。初めは「えーっ!」と言っていたが、時間が短かいことが分かると静かに横になることができた。 少しずつかけっこやゆうぎの練習に入り、「今日もするの」と子どもたちの方から誘ってくるようになり、自分たちも"やりたい"という思いが伝わってくるようだった。 無理なく、楽しみながらしていこうと思う。
育ちのねらい 養護のねらい	・絵本を見たり、少し身体を横にしたりして、ゆっくりと過ごせるようにする ・乗り物遊具を使う順番を待ったり、貸し借りをする中で友だちとの関わりを広げていく。	特に記すべき事項	

環境構成　子どもの中から生まれる活動　保育者の配慮

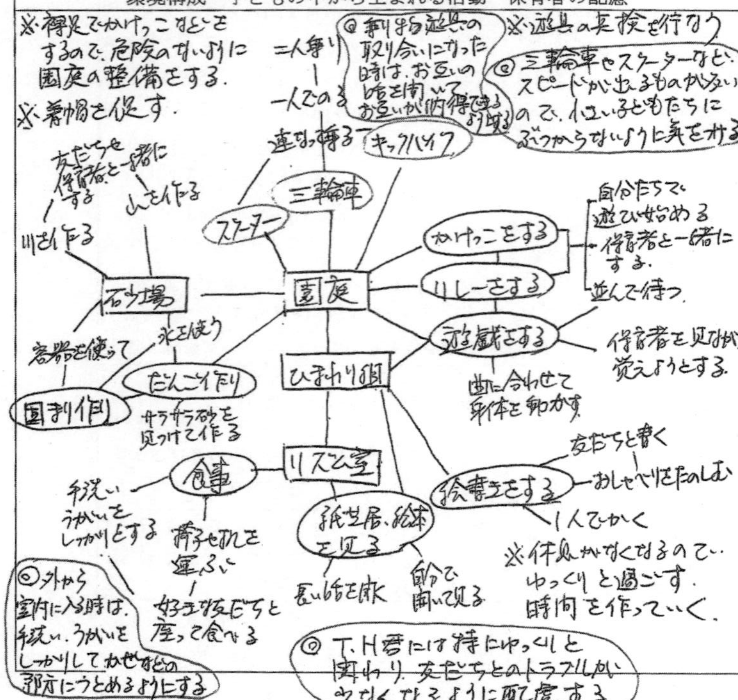

日付	天候	行事	実践の記録
22日（月）	はれ	誕生礼拝	先週は三輪車などが出たことで「○○ちゃんが貸してくれないの」「使っていなかったよー」などで取り合いになっている姿が見られたが、「これ使っていい？」「次かしてね」など、自分たちで上手に交代しながら使う姿がみられた。また使っていない時に、ひまわり組の子どもたちだけで一緒に回ずって、砂場や丸太小屋の所で遊んでいたりと、小グループから中グループへ遊びが広がっているようだ。今日から休息がなくなる予定だったが、体調を崩している子どもが数人いるため、11時ぐらいから、30分程度横になるようにした。子どもたちの中には、不満気な声も聞かれたが、説明すると「分かった」と言って、横になっていた。
23日（火）			秋分の日
24日（水）	はれ・くもり		園庭にあるナツメが色付き始め、少し取ってみようと竹でたたいてみる。子どもたちが集まってきて「これ食べてもいいの?」と聞きにくる。「固くて甘酸っぱくておいしいよ」と伝えると、必死で拾って集めていた。あまり取りすぎないようにして、皆で秋の味覚を味わう。帰りにしっかりポケットに入れて持って帰る子どもの姿もみられた。
25日（木）	雨・くもり		登園時から、体操服を着てくる子、そうでない子と様々である。しかし、体操服に着がえることで、気分は運動会に向かっているのかなと思うくらいはりきって並んでいる。体操の10分くらい前から保にくっついて一番前に並びたがる。「まだ時間があるので、時計を見ながら並んでね」と伝えるが、離れると一番前を取られるのが嫌らしく、今日はM.Rが先頭をキープしていた。
26日（金）	くもり		かけっこをする。初めは、子どもたちが自分で決めた者同士で走ってみる。2回目は保育者が決めて、走る。それぞれが、早い子が分かっているようで、誰と一緒はイヤだとか、誰と一緒がいいなど、子どもたちの思いもあるようである。少しずつメンバーを選びつつ決めていきたい。眠るのは早かった……と言って布団に横になる。帰りまでぐっすりだった。
27日（土）	はれ	全体会合同	「今日は練習ないの?」とM.H。昨日1人だけ体操服を着ていなかったので、今日はとても嬉しそうに着てきていた。「せっかくの新しい体操服が汚れるから着がえておいで」と練習がないことも一緒に伝えると仕方なく着がえていた。泥だんご作りを、座り込んで作る子どもたちの姿があった。お尻をついて座っている子どもには「お尻を上げて座ろうね」と声をかけると、子どもたちも"はっ"としたようにお尻を上げてしゃがんでいた。友だちとの関わりも楽しんでいた

す。ねらいを達成できるような経験を子どもができたかどうか、計画ではゆっくりと過ごせるようにするとありましたが、実際ゆっくりできるような環境を整えていたかどうかなどを、子どもの面からと保育者側の面からと両方書くようにすると、何が足らなかったのかが見えてくると思います。１週間でねらいを達成するのはなかなか難しいこともあるので、ねらいはその週だけでなく、次の週に持ち越すこともあります。

7．計画－実践－記録のサイクル

記録を書くときに気をつけるところと、重なる部分もありますが、計画を立てるときに、なぜこの時期なのか、先週の子どもの姿を見てねらいを立てているのか、何を育てたいのかがはっきりとわかるかどうかなど、いくつかのポイントがあげられます。

たとえば、「絵本に親しんでほしい」というねらいがあるとすると、環境構成のところに子どもの好きな絵本を置くように書かれてあるか、また見やすい雰囲気になっているかというポイントなどが出てきます。子どもの中から生まれる活動に絵本についてのことが書いてなければ、ねらいを立てる意味がありません。

また、実際の子どもの姿は、もしかしたら計画と違って、別な遊びが盛んになる場合もあります。日誌は、単に子どもの活動記録ではなく、保育者のかかわりや友だちのかかわりを含めて、気になった部分や保育者の思いなどを書いていきます。とくに週の反省や評価のところでは、計画とのズレや、保育者のかかわり方や配慮の仕方の違い、どう子どもとかかわったのか、それによって子どもがどう変わったのかなどを書いていきます。

図表６－９の「今週の評価・反省」のところに、「休息が今週からなくなるということにしていたが、子どもたちの体調を考え、午前中、30分程度身体を横にする時間を作る」とあります。これは、週案を立てるときには休息がなくなったという前提で書いていましたが、実際には休息が続いたので、計画とのズレが出てきた部分の例になります。

週案は、１週間分が一目でわかるようになっているので、次週の計画を立てるときに見やすい特徴があります。また、この週案・日誌は、１か月ごとに園長に提出することになっています。そこで、ねらいの立て方や記録の書き方、もっとこうしてほしいなどのコメントを書いてもらい、次回につながるようにしてます。

子どもの姿→計画（ねらい、環境構成、子どもの中から生まれる活動、保育者の配慮）→実践→記録→反省・評価、これらがつながっていくような記録のとり方をこれからもしていくことが、私たちが保育をする上で大切なことだと思います。

7章 子どもが遊び込める園庭環境

1 保育の環境について

普段、私たちが目にしたり、耳にしたりする保育の環境としては、子どもや保育士などの人的環境が一番です。次に、施設といえば保育室や廊下、玄関などの建物内を中心に、季節に応じて壁面や展示物などに配慮したり、室内遊具や道具の入れ替えなどをして環境の構成をしていることが多いのではないでしょうか。日常生活する場として過ごす時間が長いのは室内なので、大事なことであり工夫していかなければならないことです。

施設の中には園庭も入ります。季節ごとに花壇に花を植えたり、子どもたちが外で遊べるように陰を作ったりして工夫している部分もあると思います。もちろん遊具もどんなものを選んで、どこに配置するかによって子どもたちの遊びも変わってきます。しかし、保育園での環境の構成―再構成というときに、室内の環境について語られることが多く、園庭の環境の場合はそこに設置されたものでどう保育をしていくかということはあっても、構成―再構成というとらえ方では、あまり語られてはいません。

保育所保育指針の第1章 総則 3保育の原理（3）保育の環境において、次のように書かれています。

> 保育の環境には、保育士等や子どもなどの人的環境、施設や遊具などの物的環境、更には自然や社会の事象などがある。保育所は、こうした人、物、場などの環境が相互に関連し合い、子どもの生活が豊かなものとなるよう、次の事項に留意しつつ、計画的に環境を構成し、工夫して保育しなければならない。
>
> ア　子ども自らが環境に関わり、自発的に活動し、様々な経験を積んでいくことができるよう配慮すること。
>
> イ　子どもの活動が豊かに展開されるよう、保育所の設備や環境を整え、保育所の保健的

環境や安全の確保などに努めること。

ウ　保育室は、温かな親しみとくつろぎの場となるとともに、生き生きと活動できる場となるように配慮すること。

エ　子どもが人と関わる力を育てていくため、子ども自らが周囲の子どもや大人と関わっていくことができる環境を整えること。

この中で「計画的に環境を構成し、工夫していかなければならない」という部分があります。このことは、室内環境だけではなく、園庭環境についても同じことがいえるのではないでしょうか。たとえば季節に応じて遊具を入れ替えたり、移動したりということもありうると思います。このことを踏まえながら、本章では、園庭の環境の構成について考えていきたいと思います。

2　固定遊具は「固定」なのか

私の知っている保育園の園庭の多くは、周囲に大型遊具が置かれ、真ん中に広いスペースをとっていて、いわゆる小学校のグラウンドに似た作りになっています。ここには、大型遊具を動かさないという発想があるように感じられます。みんなで体操をするときや、運動会を園庭でするときに、邪魔にならないように大型遊具が置かれることが多くなるのでしょう。

しかし、安良保育園は、周囲に動かない大型遊具がいくつかは置かれているものの、移動可能な大型遊具があり、新年度や季節、行事、子どもたちの遊びに合わせて、園庭の大型遊具の配置換えを行い、園庭の環境を変化させています。

大型遊具は、固定遊具とも呼ばれ、動かないものとしてイメージされているのではないでしょうか。安良保育園では園庭の遊具を動かすのは当たり前のこととしてとらえられています。これは今に始まったことではありません。

もちろん、ブランコや登り棒、丸太小屋など大型遊具の中でも動かせないものもあります。つまり固定遊具です。しかし、他の大型遊具は、基本的には移動可能なことが前提で置かれています。最大の遊具でも、保育者（女性のみ）７～８人で動かせます。

次ページ写真上の２枚は、春の園庭写真です、２枚を横並びにすると、だいたい園庭全体になります。写真右を見てもらうとわかると思いますが、周囲にブランコや登り棒など動かないものがあります。ジャングルジムは移動可能です。写真左に見られる台形すべり台やグローブジャングル、鉄棒、自動車型のすべり台も移動できる遊具です。

写真下の２枚は、冬の写真です。上の２枚と比べると、ジャングルジムが写真右の場所から写真左の方に移動しているのがわかると思います。また、写真左で見られた、台形すべり台やグローブジャングルがなくなり、代わりに乗り物遊具が出ています。他にも、子どもたちでも移動可能な平均台やテーブル＆チェアーなどもあります。

（春の写真）

（冬の写真）

園庭に置かれている大型遊具は、次のようになります。

固定遊具	ブランコ、登り棒、擬似棒、砂場、砂場の上に作られた丸太小屋、土管
移動可能な遊具	ジャングルジム、台形すべり台、グローブジャングル 、鉄棒、平均台、自動車型のすべり台、テーブル＆チェアー

大型遊具を動かす理由としては、いくつかあります。一つは、遊具を使って遊んでほしいという思いから、日差しの強い時期にはなるべく木陰に移動して、子どもたちが遊びやすいようにしています。次には、遊びのじゃまにならないように園庭の隅に移動するということがあります。また、運動会に合わせて園庭の周囲に移動したり、ルール遊びなどの広いスペースが必要なときにスペースを作るために移動したりしています。ですから、季節や子どもたちの遊びの状況によって動かしています。また、三輪車などの乗り物遊具は、園庭に配置されている時期と配置されていない時期もあります。

このようなことから、大型遊具は固定ではなく、移動可能な遊具であるということを知ってもらえたらうれしいことです。園庭の環境構成を考えるとき、一年中同じ場所に同じものがあるということではなく、子どもの遊びや季節、行事などに合わせて環境を構成していくということも、保育の計画のポイントの一つとしてとらえられるのではないかと思います。

3 園庭環境を構成する

安良保育園では毎年テーマを決めて園内研修を行っています。平成18年度に行った園庭環境についての園内研修も、園のある地域での実践発表の機会がきっかけでした。

以前から安良保育園では大型遊具を移動していました。長年の経験でこのあたりがいいのではないかと移動して配置していました。しかし、具体的になぜそこに配置するのか、なぜ、この時期に動かすのかなど明確化したことがありませんでした。そこで、言語化することによって、園庭環境の構成－再構成という視点からとらえ直し、園庭環境が子どもたちの遊びとどのようにかかわっていくのかをテーマとして研究を行うことになりました。

研究の方法としては、まず1年を通して見たときにどのあたりで遊具を動かしているのか、大きく変わるのはいつか、ということを大まかに考え、春夏秋冬の4つに分けました。一つの季節をとってみても範囲が広いので、グループを作って研究を進めることにしました。グループ分けは、次のように職員の経験年数が均等になるようにしました。

- 春……K保育士（11年）　T保育士（3年）　AT保育士（0年）
- 夏……H保育士（13年）　R保育士（3年）　S保育士（2年）
- 秋……Y保育士（9年）　K保育士（7年）　MA保育士（2年）
- 冬……U保育士（19年）　M保育士（2年）　HT栄養士（1年）

そして、各グループの共通の課題として、次の3つをあげました。

① 園庭の真上から見た配置図を作成してみる。

② なぜ、遊具をそういう配置にするのか。

③ その中でどのような遊びが展開されているのか。

それぞれのグループが、一昨年度、昨年度、今年度の日誌や記録を参考に、夕方や空いている時間を利用して何度も話し合いました。

1．日誌の読み直し

筆者は冬グループを担当したので、実際の進め方は冬グループを中心に話をすることにします。1回目は、冬の時期に子どもたちはどんな遊びを展開しているのか、0・1歳児、2・3歳児、4・5歳児をそれぞれが担当して持ち寄ることにしました。日誌を参考に遊びを拾い上げていったのですが、自分の担当の年齢の子どもの日誌ということで、担任ではない他の人の日誌を参考にすることになりました。それぞれの担任の日誌の書き方や遊びのとらえ方なども参考になりました。日誌によっては、生活面ばかりが多くて遊びについてあまり書かれていないものもあり、「これでは参考にならないよね」と人の日誌を見ることで、自分の記録の書き方を反省させられました。また、あとから見てわかる日誌の書き方、たとえば冬の時期には子どもたちの遊びがどう広がっていったのか、どんな遊びが盛んだったのか、外遊びが多かったのか、室内ではどうだったのか、暑かったのか、寒かったのか、天気はどうだったのか、いつ園庭の遊具を動かしたのか、新しい遊具がいつ配置されたのか、など他の人が見てもわかる日誌の書き方ということにも気づかされ、職員の意識向上につながったのではないかと思っています。

2．園庭の配置図　―保育者一人ひとりの思い違い―

次に、園庭がどうなっているのか、固定遊具がどのように使われているのか、子どもの遊びを出し合いながら話を進めていきました。すると、なぜこの時期にジャングルジムがこの位置にあるのか、自動車型のすべり台がなぜこの場所に置かれているのか、などの理由づけが自然にできていきました。

配置図を書くとき、「園庭ってどんな形？」「ジャングルジムはこの辺だったよね」とそれぞれのイメージを頼りに書いていきました。「たぶんこうだったよね」「木はどの辺だったかな？」と行き詰まったときには、実際園庭を眺めたこともありました。そしてそれぞれができ上がった配置図に、以上児と未満児に分けて展開されている遊びも書き入れていきました。

１回目の全体会では、園庭を真上から見た図で、遊具の位置や子どもの遊びをとらえてみようということで、配置図を出し合いました。ところが、４つのグループがそれぞれに園庭の形が違っていて、遊具の位置がズレていたり、木の位置や、遊具の大きさも、バラバラだったりしました。

図表７－１（p.136）は春のグループですが、四角い園庭になっています。図表７－２（p.136）は夏のグループですが、靴型になっています。図表７－３（p.137）は秋のグループですが、丸い園庭になっています。図表７－４（p.137）は冬のグループですが、台形になっています。

どれも同じ園庭の配置図を書いたつもりでしたが、まったく異なる４通りが出てきました。また、遊具の位置や木の位置を見てみると、図表７－２は夏グループですが、センダンの木が手前で、グローブジャングルが少し上の方にあります。図表７－３ではグローブジャングルの芯の方が手前にきています。また、図表７－２は、センダンの木とゾウやリスといったモニュメントの位置が上下で並んでいますが、図表７－４の冬のグループでは少し左側にズレています。同じ園庭を毎日見ているのにこんなにも違うものかと、みんなで大笑いでした。改めて、園庭の図面をもとに、実際の遊具の配置や大きさを測って統一した図を作成しました。これが図表７－５（p.138）です。

私たちが見ているつもりでいることがいかに当てにならないかが、浮き彫りになりました。これは、保育にしても同じことがいえるのではないでしょうか。同じ子どもを見ていても、それぞれに見方が違うということにもつながってきます。だからこそ、自分だけの見方ではなく、他の人の意見や話を聞いていろいろな見方を学んでいくことが大切なのだと思います。

【図表 7-1】園庭の配置図（春グループ）

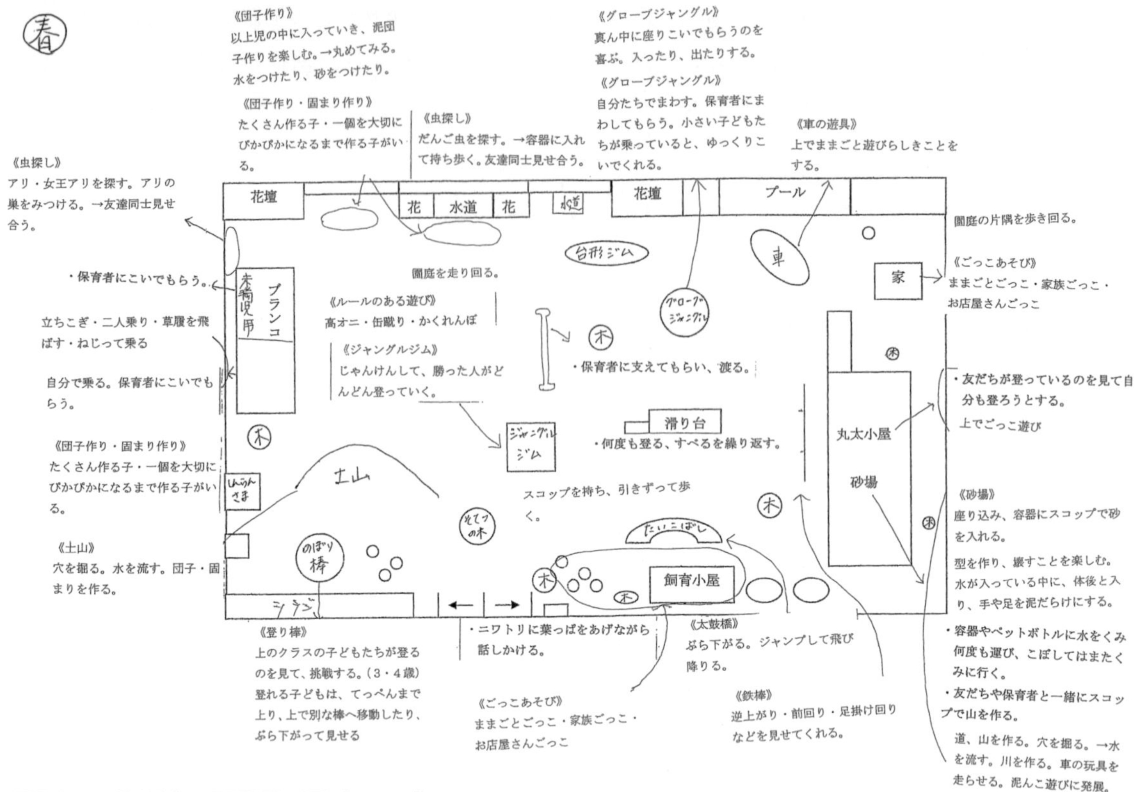

【図表 7-2】園庭の配置図（夏グループ）

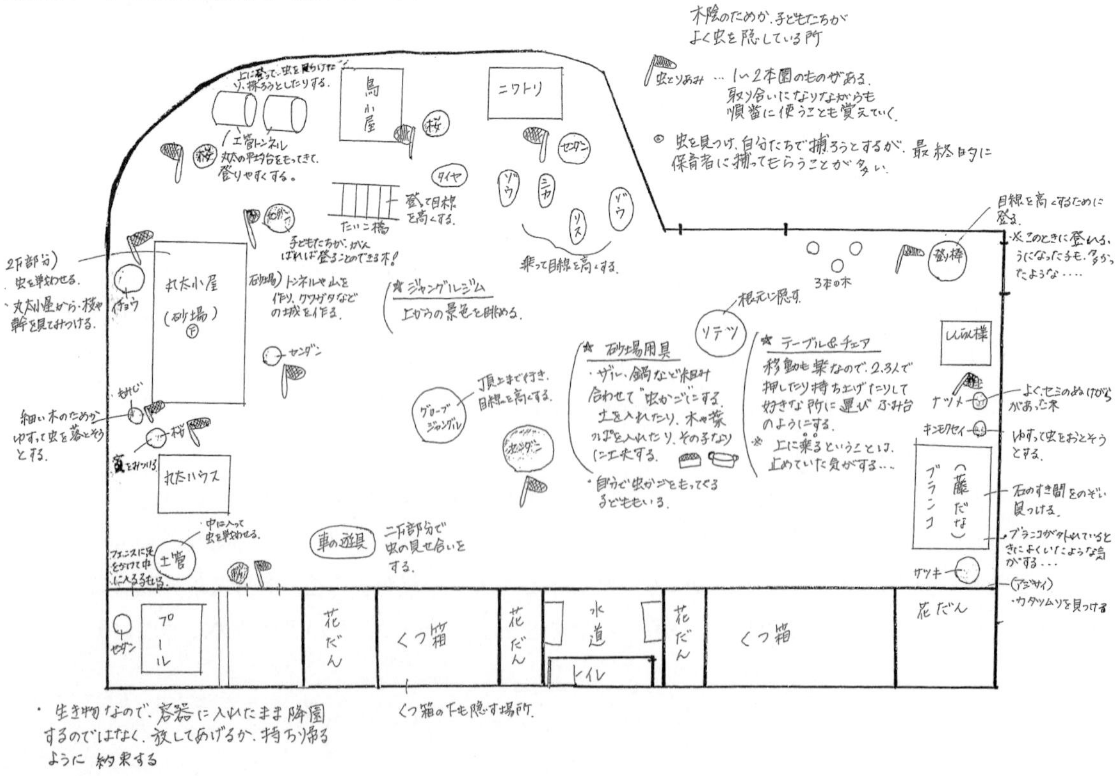

【図表 7-3】園庭の配置図（秋グループ）

【図表 7-4】園庭の配置図（冬グループ）

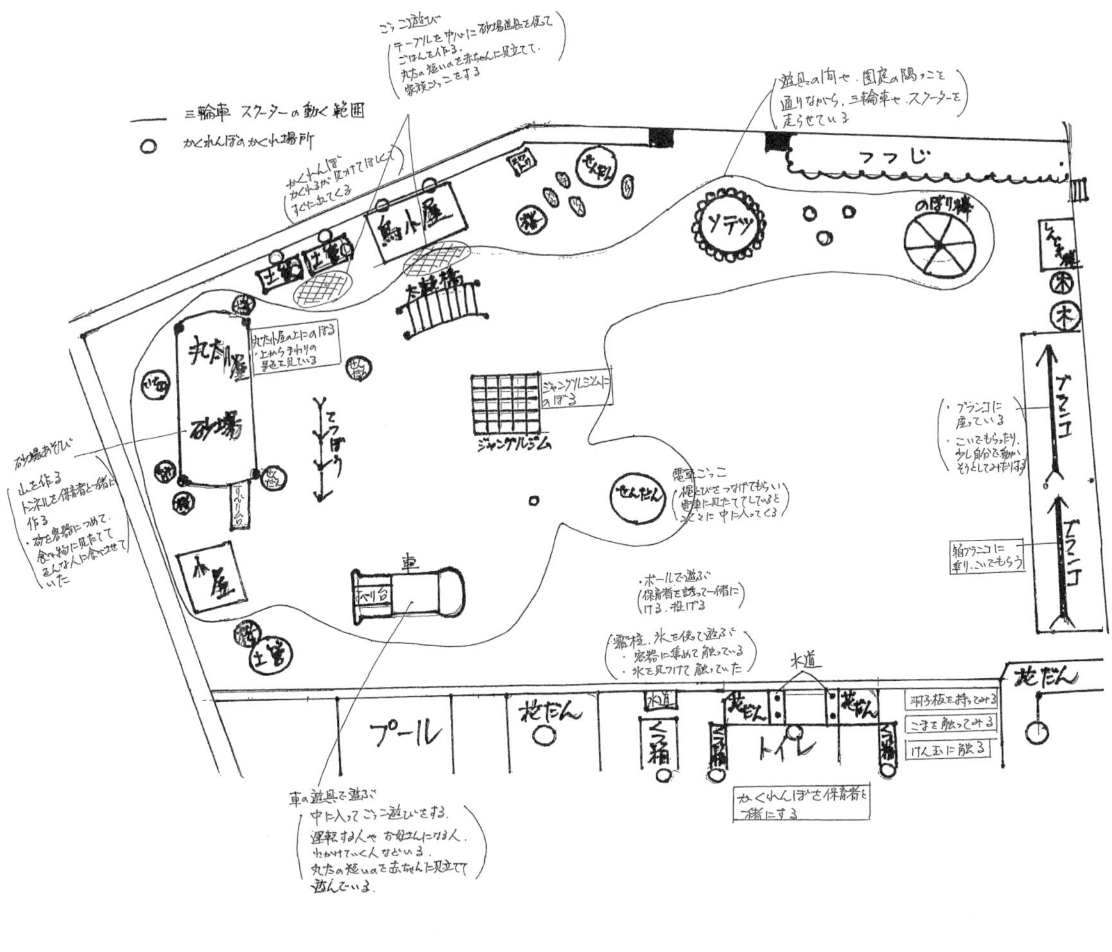

【図表 7-5】園庭の配置図

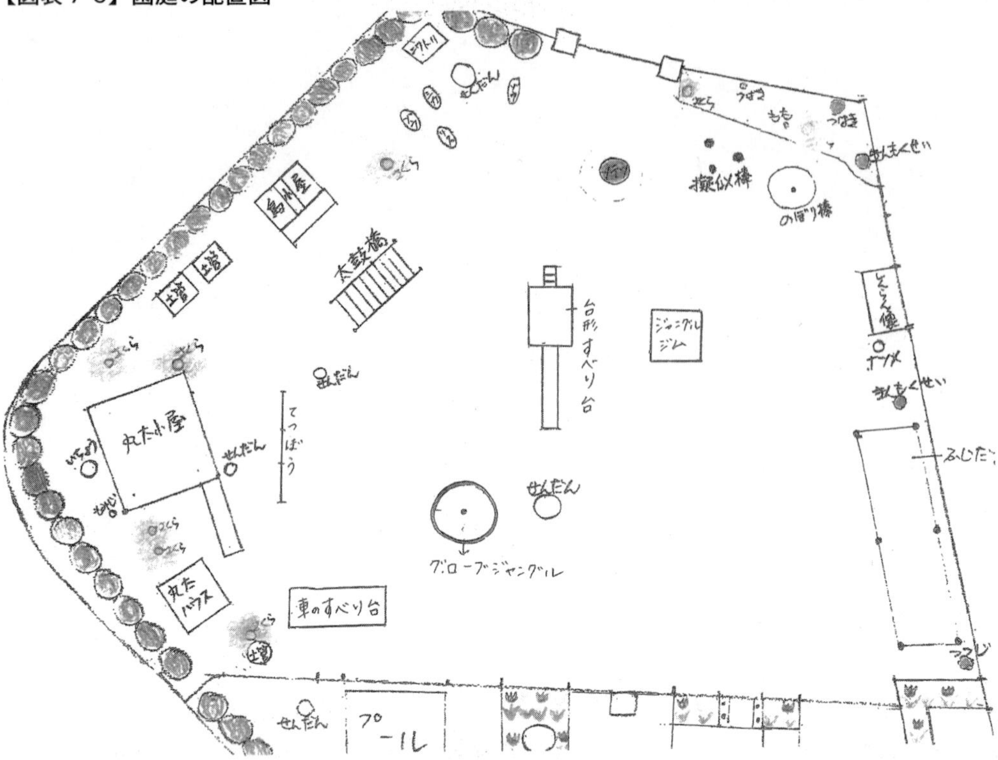

3．木陰と子どもの遊び

園庭の遊びを見ていく中で、木陰が関係してくることもわかってきました。安良保育園には、木がたくさん植えられています。センダンの木が大小５本、桜の木が大小７本、イチョウの木が１本、キンモクセイ２本、ナツメの木が１本という具合です。いずれも落葉樹ですので、夏は大きな木陰を作りますが、秋の終わりから冬にかけては陰を作らず、よく日が当たります。

これらは自然の環境ではありますが、人工的に作られたものであり、30 年以上も前から育んできたものです。この木陰が、季節の遊びや遊具の移動にも関係してきます。この点は、どの季節のグループも同じでしたので、木陰も図の中に入れて、関係性をさらに見ていくことにしました。また、一歩踏み込んで、木陰調査を毎月 19 日を目安に１日３回（10 時、13 時、16 時）、１年間行いました。

【図表 7-6】木陰調査（5 月 19 日 10 時）

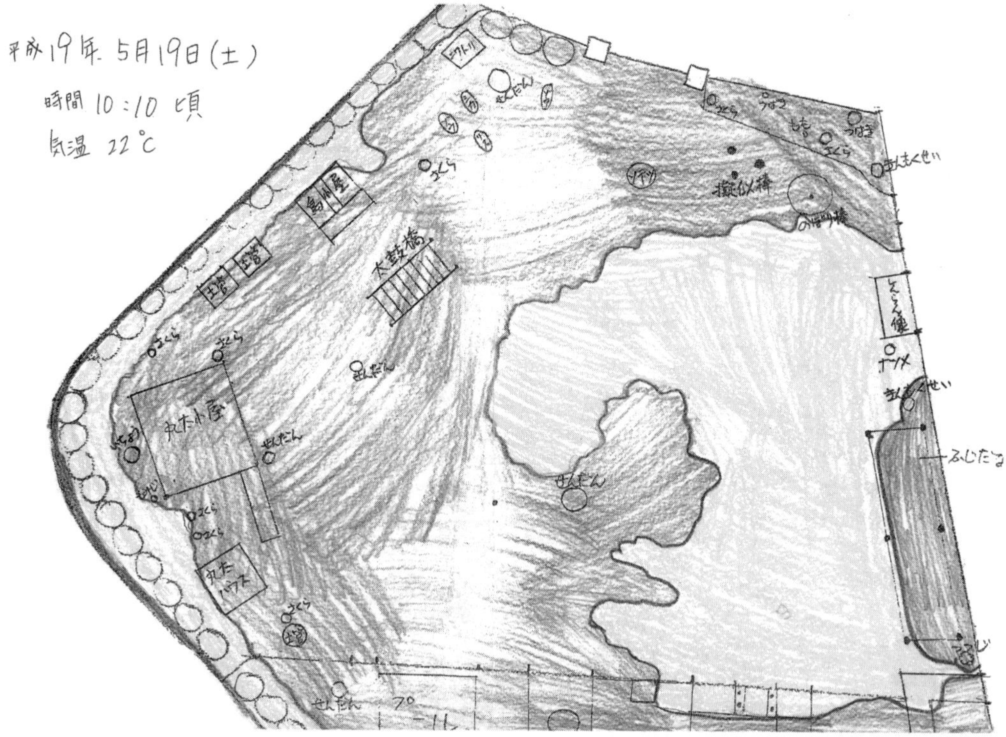

【図表 7-7】木陰調査（5 月 19 日 13 時）

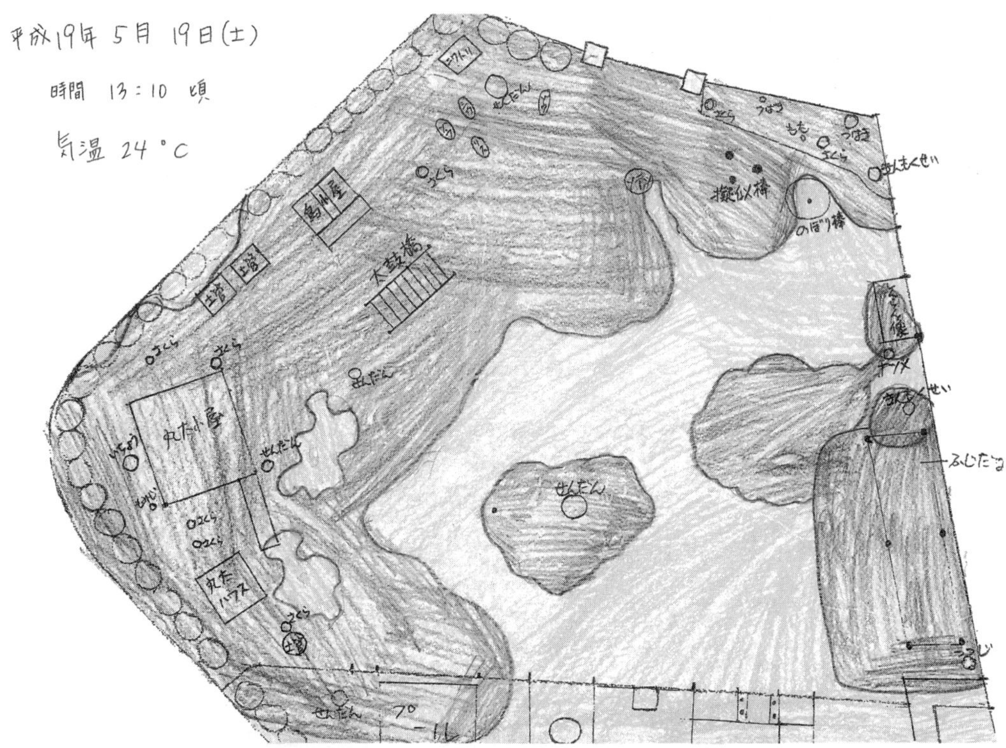

【図表 7-8】木陰調査（5月19日16時）

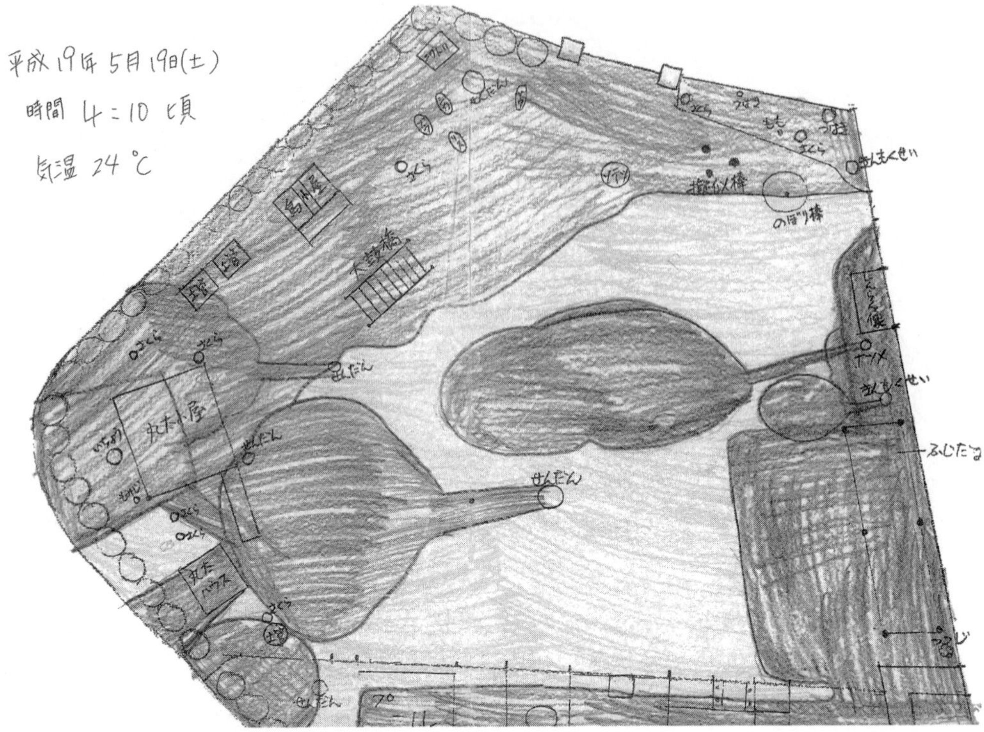

【図表 7-9】木陰調査（7月23日10時）

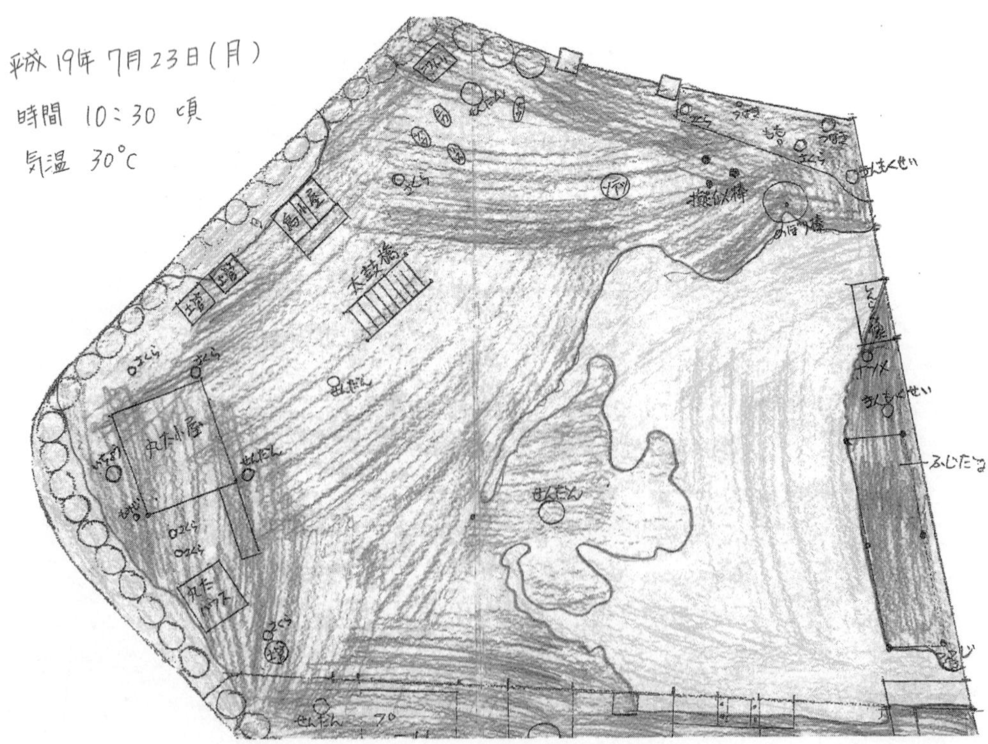

【図表 7-10】木陰調査（7 月 25 日 13 時）

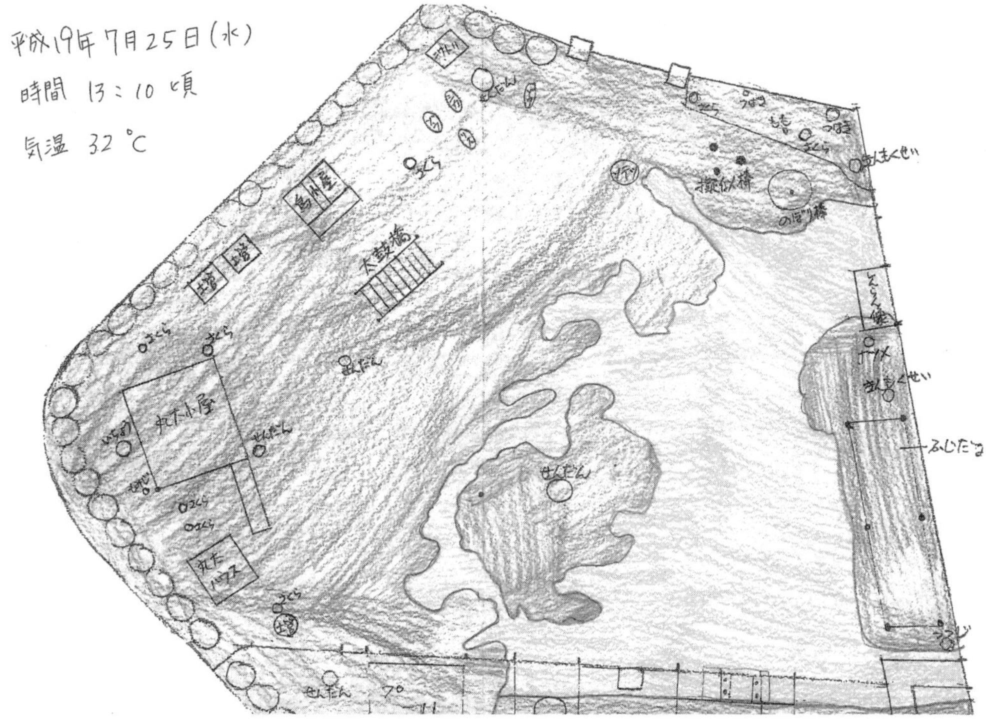

【図表 7-11】木陰調査（7 月 25 日 16 時）

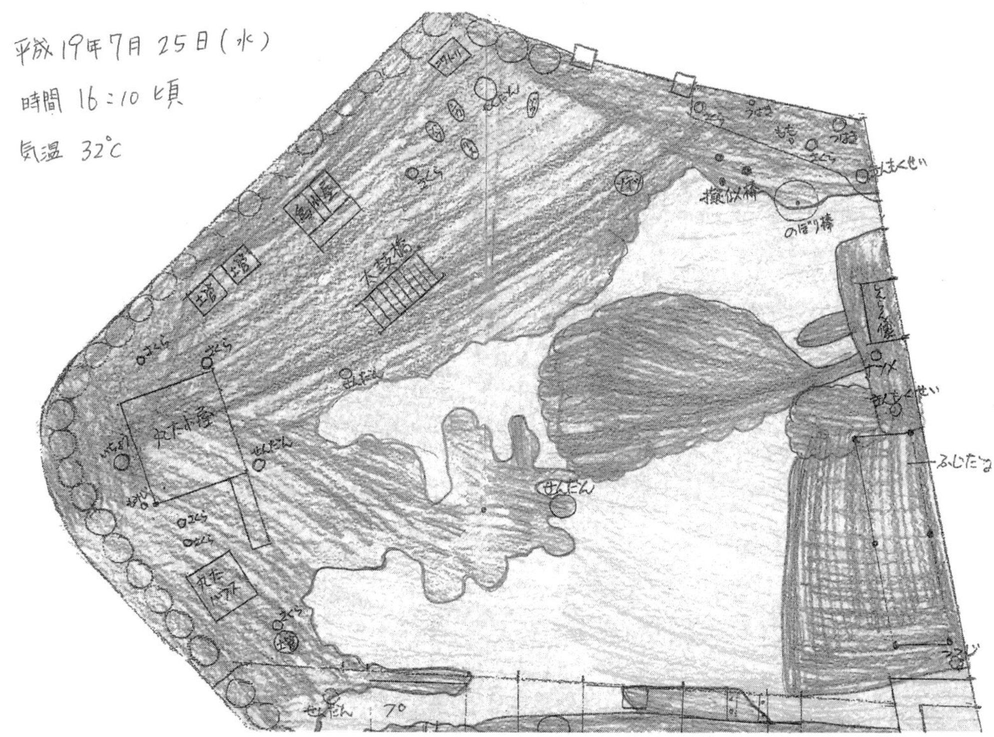

【図表 7-12】木陰調査（2月19日10時）

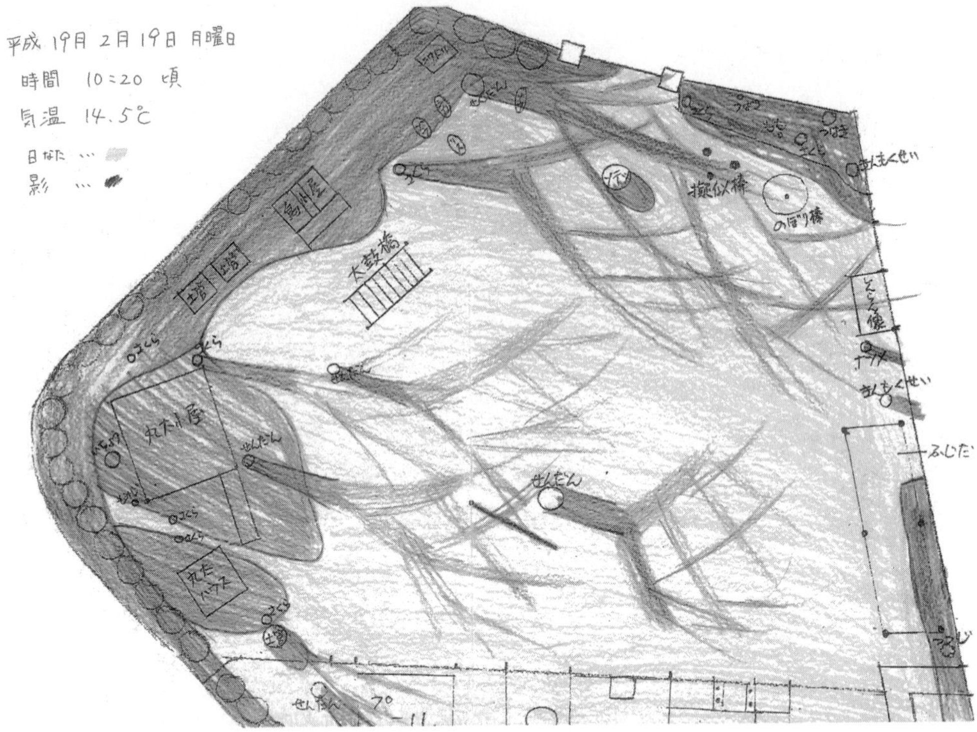

これらの木陰調査の図は、時期や時間によって、遊具の置かれている位置や子どもの遊びの理由を裏付けるものになりました。たとえば、台形すべり台は4月の頃は日差しが柔らかいので日なたに置いても大丈夫なのですが、5月、6月は日差しが強くなり、そのままでは子どもたちは遊ばなくなります。そこで、木陰に移すと、遊びが継続していくので、その遊具を使いこなしていく姿が生まれてきます。図表7－7は5月19日の13時10分頃に行った木陰調査です。写真右は、ちょうどその頃に撮ったものです。木陰調査でもわかるように、太鼓橋の前が陰になっています。台形すべり台を木陰に移したことにより、未満児も大いに利用しています。

また、夏は大型遊具は木陰に配置します。しかし、遊具で遊ぶというよりは、自然を生かした環境の構成に変わっていきます。それによって、子どもたちの遊びも大型遊具を中心とした遊びから、自然を利用した遊びへと変わっていきます。たとえば、木陰で色水作りや虫取り遊び、団子作りや泥んこ遊びなどが展開されます（次ページ写真左）。ジャングルジムは、冬になると、逆に日向に移動

することで、上り下りの遊びだけでなく、ジャンケン遊びをしたり、長なわ跳びを結ぶ場になったりしています。これも、木陰調査と合わせて見て下さい。図表7－12は、2月19日10時20分頃の木陰調査の結果です。太鼓橋の前は日が当たっていて、上の写真右がちょうどその場所になります。

以上のように、時期や時間によって木陰や日向に大型遊具を動かすことが、子どもの遊びの変化に密接に関連していることがわかります。

4　オープンエアの保育園

保育園に通う子どもたちは、生活時間の多くを保育園で過ごします。長い子どもは11時間くらいを過ごしています（7時半～18時半の開所で延長保育はしていません）。

子どもたちは、毎日保護者と一緒に、登園してきます。しかし、毎日機嫌がいいわけではありません。家庭から嫌なことを引きずったまま登園する子どももいます。そんな中、時間になったからと、クラスの中に入り他の子どもたちと一緒に過ごすことは、その子にとっては窮屈な場合もあります。もう少しゆっくりと過ごせる場であったり、安心できる保育者のそばで少しゆっくりできる時間があるといいのではないでしょうか。学校のように何時に何をして、次はこれをして、次は○○といったように、大人によって作られたプログラムだったら、保育園が子どもたちにとって、家庭のようにくつろいで過ごせる場、安心して過ごせる場に、どれほどなっているでしょうか。そこで、安良保育園では、クラス枠もなければ、1日の生活も大まかな時間の流れの中での保育を行っています。

1．クラスも園庭も出入り自由

クラス枠がないとはいっても、年齢ごとに保育室があり、生活の拠点として、カバンや着替えを置く場所としてのクラスはあります。また、子どもの成長をしっかりと見守っていくために、年齢別に担任もいます。しかし、1日のほとんどの時間、クラス単位で動くのではなく、0歳児から5歳児までが入り交じって遊んでいます。ですから、安良保育園では保育者1人に対して子ども60人、つまり1対60を基本に保育をしています（園は60人定員）。

たとえば、5歳児クラスで紙遊びが始まると、4歳児も3歳児も出入り自由なので、一緒に遊び始めます。そこに1歳児がくると、5歳児が剣や帽子などを作ってあげる姿があったり、作ってもらうのを待っている1歳児の姿があります。2歳児、3歳児は保育者や4・5歳児に作ってもらったり、自分で何となく作ってみたりと、同じ部屋で遊ぶ姿もさまざまです。それぞれの担任が、自分のクラスの子どもがどこにいるかを確認し合い、「ここにいるけど大丈夫？」「○○ちゃんここにいるよ」と常に意識をしながら、子どもたちと一緒に遊んでいます。

生活の流れも、時間枠にとらわれることなく、子どもの主体性を尊重することを基本としています。休息や食事、おやつの時間は大まかに決まってはいますが、それ以外は、ほとんど時間割やクラスの枠にとらわれることなく、どの保育室も出入り自由になっています。ただし、0・1歳児の部屋だけは、生活の拠点としての安全確保のために、0・1歳児しか入れないことになっています。これは保育者が教えたことではなく、子ども同士の中で暗黙の了解となっています。不思議なことに、昨年まで1歳児だった子どもが2歳児の部屋になったとたんに、0・1歳児の部屋には入らなくなります。新入園児については、保育者からいわれてわかってくる子どももいますが、子ども同士で「この部屋には大きい子は入れないんだよ」と教え合ったり、毎日の生活をくり返す中でわかってくる姿があります。

また、みんなの共有の場であるリズム室があります。安良保育園は、園舎の造りがリズム室を囲むように各部屋が位置していますので、部屋と部屋とをつなぐ役目をしています。オープンスペースになっていますので、ここを中心に子どもたちも保育者も部屋の行き来をしています。下図が園舎の平面図です。次ページ写真がリズム室です。

【図表7-13】園舎の見取り図

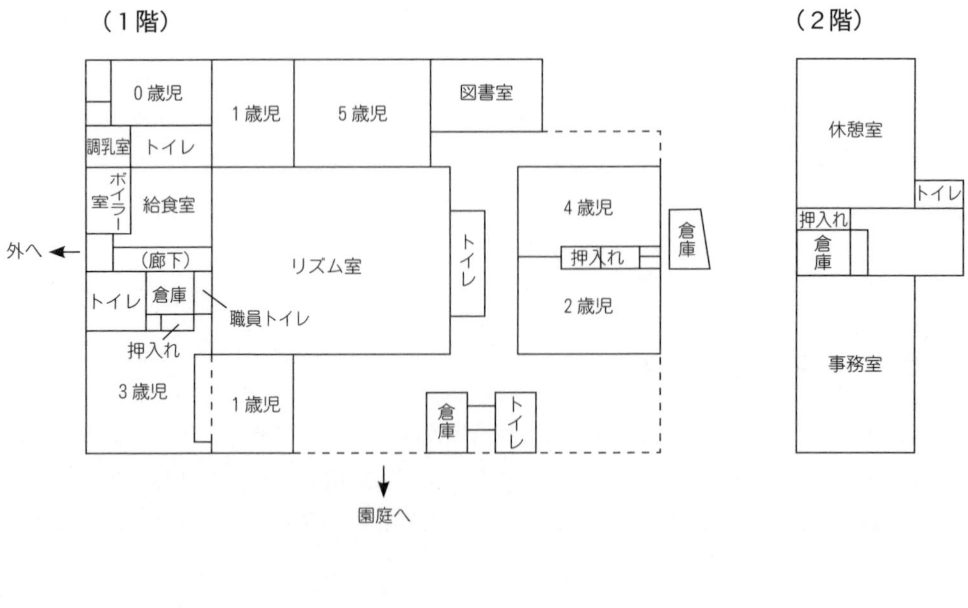

（リズム室）

4・5歳児は、リズム室で昼食をとることが多いです。向こうに写っているのが、0・1歳児の部屋です。4・5歳児と0・1歳児は、ドアを挟んで隣り同士で食事をとっています。左に見えるのが給食室になります。給食室も離れた場所ではなく、いつも子どもたちの見える場所にあるため、リズム室から「まだかなあー」「今日のおかずは何だろう」と、子どもたちがのぞいています。ですから、給食室もいつも子どもたちの生活の場の中にあります。

先ほども話をしましたが、クラス枠がない保育をしていますので、たとえば3歳児の部屋で粘土遊びを始めると、そこに3歳児だけでなく、4歳児も5歳児も入って遊び始めます。一つの部屋が一つのコーナーになるような感じです。また、同じ時間に5歳児の部屋で4歳児が絵描きをしていたり、4歳児の部屋で3歳児や2歳児が一緒にままごと遊びをしていたりします。担任も自分のクラスにいるということではなく、状況に応じて、5歳児の担任が3歳児のクラスで粘土遊びをしていることもありますし、4歳児の担任がそばにきた1歳児のオムツを替えるために0・1歳児の部屋にいることもあります。

このように、担任は自分のクラスの子どもだけでなく、保育園全体の子どもと一日付き合っていくことになります。ですから、自分がかかわった子どもについて、担任に「さっきおしっこが出ていたからオムツを替えました」「○○ちゃんは2歳児の部屋にいました」「こんな遊びをしていたよ」「最近○○ちゃんと○○ちゃんは仲がいいね」「さっき転んで泣いてたよ」など、保育者間で、正規職員も臨時職員も関係なく、お互いに情報を交換し合っています。また、「○○ちゃんさっき元気がなかったみたいだから、気をつけて見ててね」など、担任が気がついていないことなどを知らせ合って、子どもたちがどこで、誰とどんな遊びをしていたかがわかるようにしています。

上の写真左を見て下さい。これは3歳児クラスでの新聞紙遊びの様子です。新聞紙の中に寝ころんでいるのが、4・5歳児です。周りに座っているのが1歳児と4歳児、後ろに棒を持っているのが3歳児です。このように、いつも一つの遊びに0歳児から5歳児が自由に出入りして一緒に遊んでいます。写真右は、2歳児クラスでままごと遊びをしている様子です。

2．時間枠にとらわれない

時間枠も、大まかに休息、昼食、おやつという、だいたいの目安はありますが、それ以外は子どもたちが自分で遊びを見つけて、友だちや保育者と一緒に遊ぶことが中心です。

昼食は、昼の12時に大きなサイレンが鳴るので、それをきっかけに子どもたちが遊びに区切りをつけて、机やイスを出し始め、準備をします。先に書いたように、4・5歳児は自分たちのクラスではなく、リズム室で一緒に食べています。準備ができたら、そろった人から配膳をしてもらい、食前の言葉を唱えて「いただきます」をして食べ始めます。ですから保育者は、子どもと一緒に何回も「いただきます」をすることになります。また、自分で言える子はさっさと「いただきます」をして食べ始めます。

右下の写真は、p.145の写真と同じ場所です。4・5歳児が一緒に食べています。向こうの保育室で、0・1歳児も食事をしているのが、ちらっと見えています。

食べ始めがバラバラですので、終わりもそれぞれです。一斉に「ごちそうさま」はしません。最後の子どもを待っていたら、遊ぶ時間がなくなってしまいます。

食べ終わると、自分たちで歯磨きをしてから、ほとんどの子どもが園庭に出てきます。子どもたちは園庭が大好きです。いつでもすぐに外に出られる環境を作ってあげることが大事だと思っています。ときには、「ちょっと待ってて」「今、先生が誰も出ていないから」と待ってもらうこともあります。保育者が外に出ていないと外には出られないことを子どもたちもわかっているので、「わかった、早くしてね」と逆に言われることもあります。

ですから、昼食も、先に食べる保育者と、後片づけをする保育者と時間差で食べ始めます。とくに複数担任の場合は、どちらが先に食べるかを週単位で決めています。未満児から１人、以上児から１人と、少なくとも２名以上が昼食後すぐに園庭に出るようにしています。

室内の出入りが自由であることを話しましたが、一つの部屋がコーナーになるような遊びが日常行われています。これは、室内の環境の構成をしていることになりますが、それと同じで、園庭も日常的に環境の構成をすることはできなくても、季節や行事、木陰の具合によって、年数回は環境の構成をすることにしています。

園庭も室内と同じで、出入り自由です。何時に何組がとか、今大きい組が使っているから、未満児は部屋でということはありません。０歳児から５歳児までが同じ時間に入り交じって遊んでいます。とくに昼からの時間は、おやつ以外は降園の時間まで園庭で遊んでいる子どもの姿が多く見られます。安良保育園では、降園時、何時になったら一つの部屋に子どもを集めるということはしていません。

そんな中、１歳児が外に出たくて玄関に座っていると、年長児が靴を履かせる姿も珍しくありません。一緒に手をつないで園庭に出てきます。これはいつも一緒に遊んでいるからできることです。

写真右は、９月のある日の午後の子どもたちの様子です。真ん中に三輪車に乗っている２人が４歳児です。左側にスコップを持って遊んでいる女の子２人が５歳児。土山にいるのが５歳児と３歳児。右側に写っているのが、１歳児と２歳児です。次ページ写真も、園庭での遊びの様子です。このように、園庭でも０歳児から５歳児が一緒に入り交じって遊んでいます。

外遊びは特別ではありません。私たちは、保育室の延長線上に園庭があると考えています。ですから、室内にクラス枠がないのと同じように、園庭も未満児用、以上児用と分けられていませんし、時間も何時にどのクラスがというふうには区切って使っていません。部屋も園庭も同じ保育の場であり、生活の場です。だからこそ、園庭の環境も大事にしたいし、気をつけていきたいのです。

5　一年間の園庭環境の構成計画

安良保育園で園庭環境についての研究をしてきたことを、３の「園庭環境を構成する」のところで述べてきました。研究の結果として、春夏秋冬の特徴的な園庭環境の構成が明らかになりました。研究の結果については、日本保育学会（2008年）においてポスター発表を行っています。それを踏まえて、ここからはそれぞれの季節で明らかになった特徴的な園庭環境の構成と子どもの遊びについて述べていきたいと思います。

１．春（４月～６月）の園庭環境

・落ち着いた雰囲気の中で遊びが展開されるような、大型遊具を中心とした園庭環境の構成

春は、年度始まりの園庭環境と、日差しの変化で遊具を動かす園庭環境との２つに分けて考えました。

年度の始まりは、落ち着いた雰囲気の中で安定して遊ぶということを考えて、まず、三輪車、スクーター、手押し車などをしまい、そして大型遊具（ジャングルジム・台形すべり台・車のすべり台・グローブジャングル・鉄棒など）を窮屈にならないように配置するようにします。前年度の終わり頃、子どもたちは、三輪車などの乗り物遊具でスピード感を楽しんでいました。年度が替わってからは、スピード感のないものをなくすのではなく、グローブジャングルやすべり台などの大型遊具でスピード感を楽しめるようにします。

４月は、大型遊具を一番広く配置している時期です。この時期は、まだ日差しの心配はあまりしません。子どもの姿が見えなくなるような場所は避け、子どもたちが落ち着いて遊びやすいように、遊具と遊具の間隔を考えて配置し、門から入ってきたときや部屋から出てきたときに、遊具が子どもの目に留まりやすい場所に置くようにしています。

また、３月にはなかった、台形すべり台、グローブジャングルを出します。その理由は、クラスが替わったり、進級したりしたことで子どもたちの気持ちが高ぶっているので、落ち着いてじっくり遊ぶ空間が必要になってくるのではないかと考えているからです。新入園児、継続児共に不安定な気持ちになりやすい時期なので、大型遊具が園生活に安定感をもたらすことをねらいとしています。

５月半ば頃からは、日差しが強くなってくるので注意が必要になってきます。この頃から気温も上がってきます。日なたで遊び続けることは避けたほうがいいので、ジャングルジム、台形すべり台を陰の方へ移動します。そのときの遊具を配置する際の留意点として、枝や葉っぱに子どもたちが手を伸ばすと危ないので、そのような場所は避けます。木陰に遊具を集めると空間が詰まってしまいますが、この頃になると子どもたちは落ち着いてきていますので、あまり狭さを感じなくなってきています。ですから少し窮屈でも陰を優先しているのです。

このような園庭環境における配慮として、次のことを保育者間で共通理解しています。

- ・帽子を着用するように声をかける
- ・正しい遊具の握り方や指を使ってつかむということを知らせる
- ・手にものを持って遊具に登らないことを伝える、遊具のそばや下には道具を置かない
- ・危ないからといってすぐに子どもの動きを止めないようにする
- ・未満児の場合はとくにそばに付き目を離さないようにする

春は、大型遊具を一番多く配置している時期であり、遊具にかかわる中で、手足の力や身のこなし方など、体の感覚を養ってほしいという保育者の思いもこの時期にはあります。実際に、未満児から以上児まで大型遊具を使ってよく遊んでいます。

図表７－14、７－15（p.150）を比較してもわかるように、年度始めは、ジャングルジムが

【図表 7-14】園庭環境（春４月）

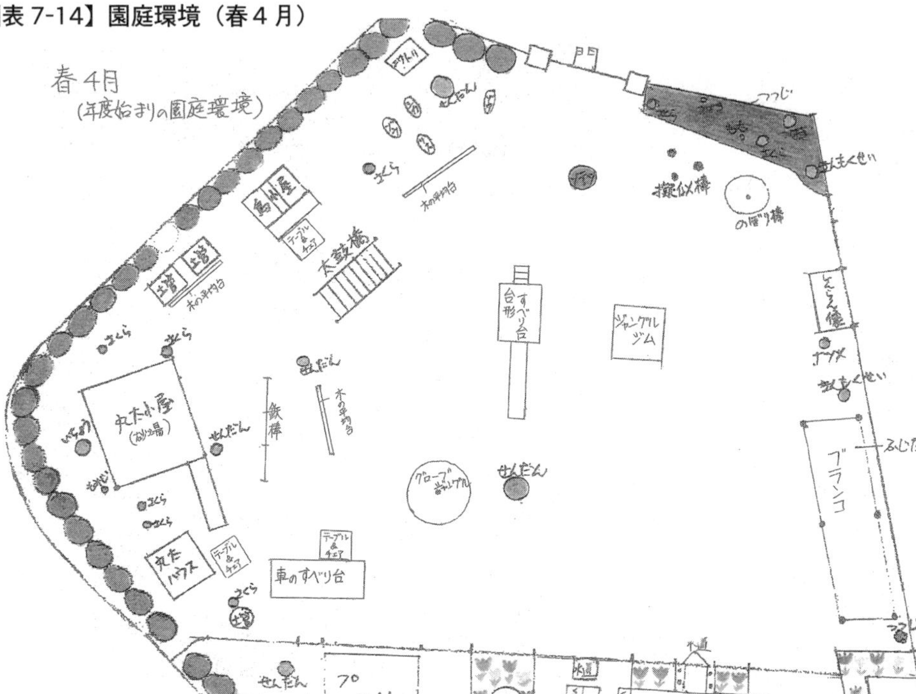

【図表 7-15】園庭環境（春５月）

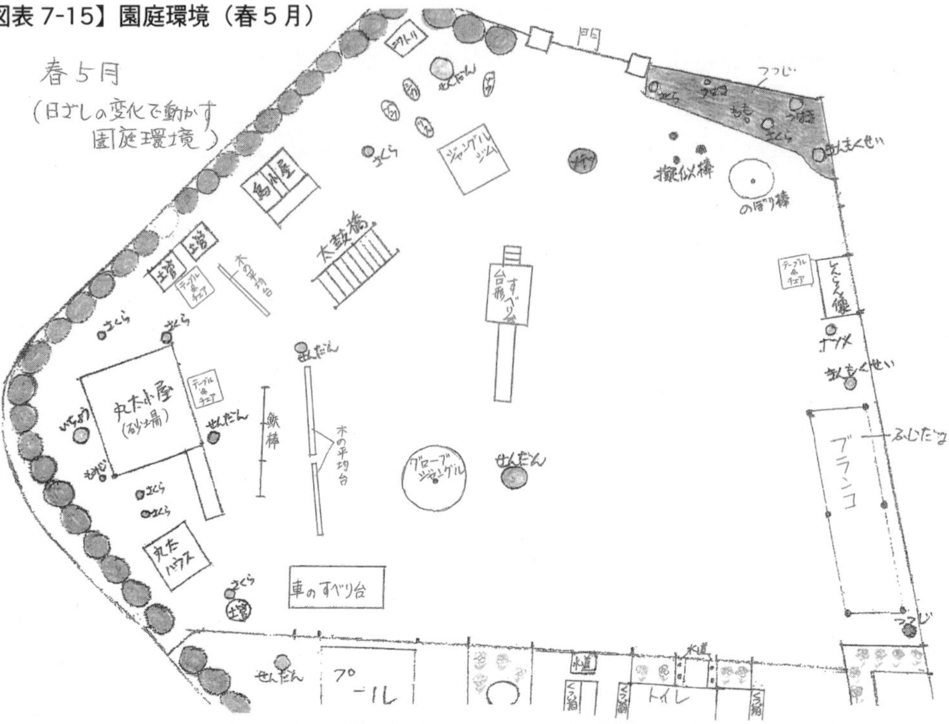

園庭の右側にあります。しかし、日差しが強くなる５月後半は、ジャングルジムを木陰に移します。それによって、平均台やテーブル＆チェアーも移動しています。

写真は、固定遊具で子どもたちが遊んでいる様子です。

２．夏（７月～９月上旬）の園庭環境

・自然環境を生かした遊びが十分できるような園庭環境の構成

夏は、強い日差しを避けるために、ジャングルジムや台形すべり台などの大型遊具を木陰に移動しています。このときは、“この場所だから遊ぶだろう”ということではなくて、“この場所なら遊びのじゃまにはならないだろう”という点に配慮して動かします。また、

ぞうりや裸足で活動することが多くなるので、朝の掃除のときなどに園庭に石やガラスなどの危険物や動物の糞などがないかなどをとくに確認します。あった場合は、取り除いたり消毒したりして、子どもたちが安全に園庭で遊べるように整備しています。

4月、5月の人工的な色合いの強い環境に対して、夏の環境は、自然の環境を生かす構成に変わってきます。しかし、自然の環境はすぐには用意できません。たとえば、色水遊びをするためには、サルビアやポーチュラカ、アサガオなど、子どもたちがよく色水に使う花を、5月中旬には植えておかなければなりません。園庭のあちこちにある葉っぱも色水遊びの材料になります。

園庭にある、イチョウ・サクラ・センダンなどの木々も、この時期には庭の半分以上を木陰にしてしまうほど豊かに茂ります。これは30年以上もの歳月がかかっている自然の環境です。しかも、ただ木陰を作るだけではなく、木々にはたくさんのセミが集まり、にぎやかに鳴いています。それを捕まえようと手にアミを持ち、上を見上げ探してまわる子どもたちがいます。また、これらの木に登ってみようと挑戦する姿も見られます。

この時期には土山を利用して泥んこ遊びもします。この土山は、もともと園庭にあるものではなく、時期を見計らって造っています。土山の目安は、子どもが登って楽しめる、登ってみて高くなったと感じられる程度の大きさであって、大体トラックの3台分ぐらいの量になります。土山での遊びは人工的に作られたものですが、これも木陰に作ります。積み上げられた土山を自分たちで踏み固めていきます。裸足になり、手足を十分に使って、砂とは違う感触を味わっています。土や泥んこなどに、子どもたちが自分からかかわることで、体を使って遊ぶことの楽しさを十分味わうことができているのではないかと思っています。

この時期、自然環境が表に出てくるといいましたが、決して野放しというわけではありません。花壇の花、園庭の木々、土山なども人の手によって手入れがされています。

図表7－16（p.152）は、夏の園庭の木陰の様子です。園庭の半分と、真ん中のセンダンの木の周り、ブランコの周りとほとんどが木陰になっています。

p.153の写真は、ブランコの前の木陰でボディペインティングをしている様子です。

また、図表7－17（p.152）、7－18（p.153）は、夏の子どもたちの遊びを園庭の図に書き込

【図表 7-16】園庭環境（夏７月）

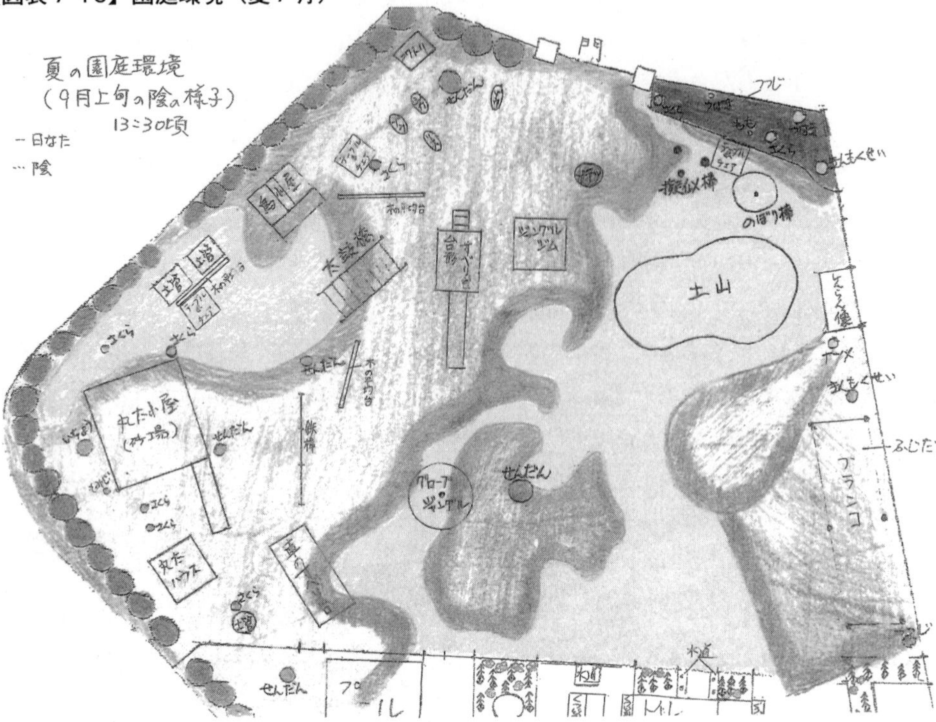

【図表 7-17】夏の子どもたちの遊び

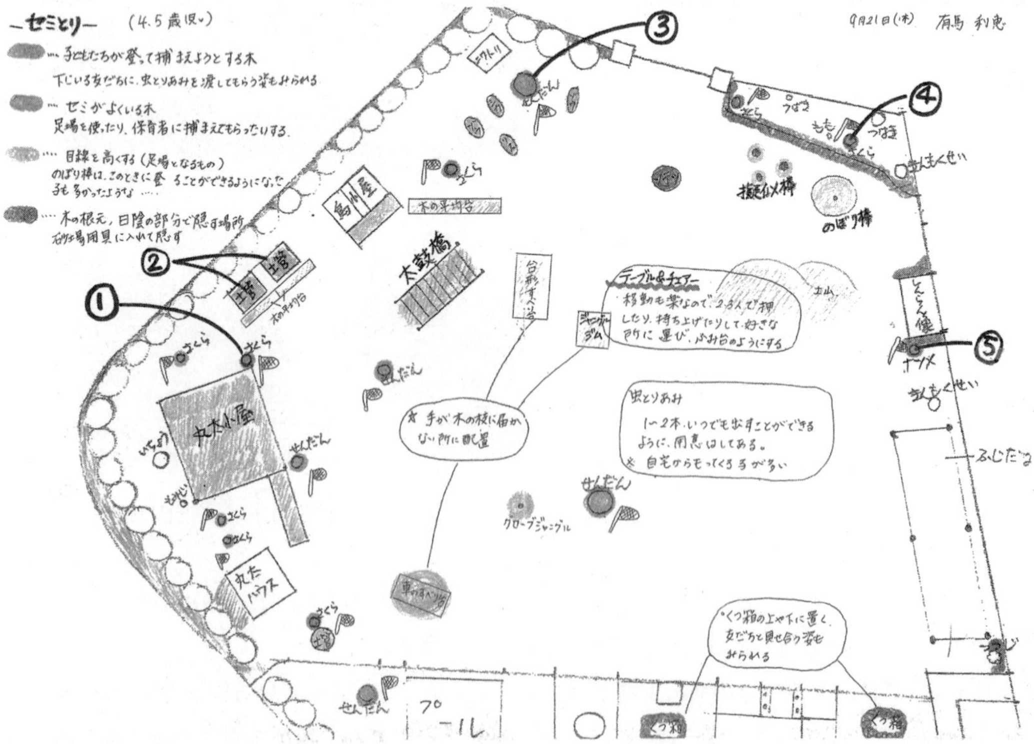

【図表 7-18】夏の色水遊び（5歳児）

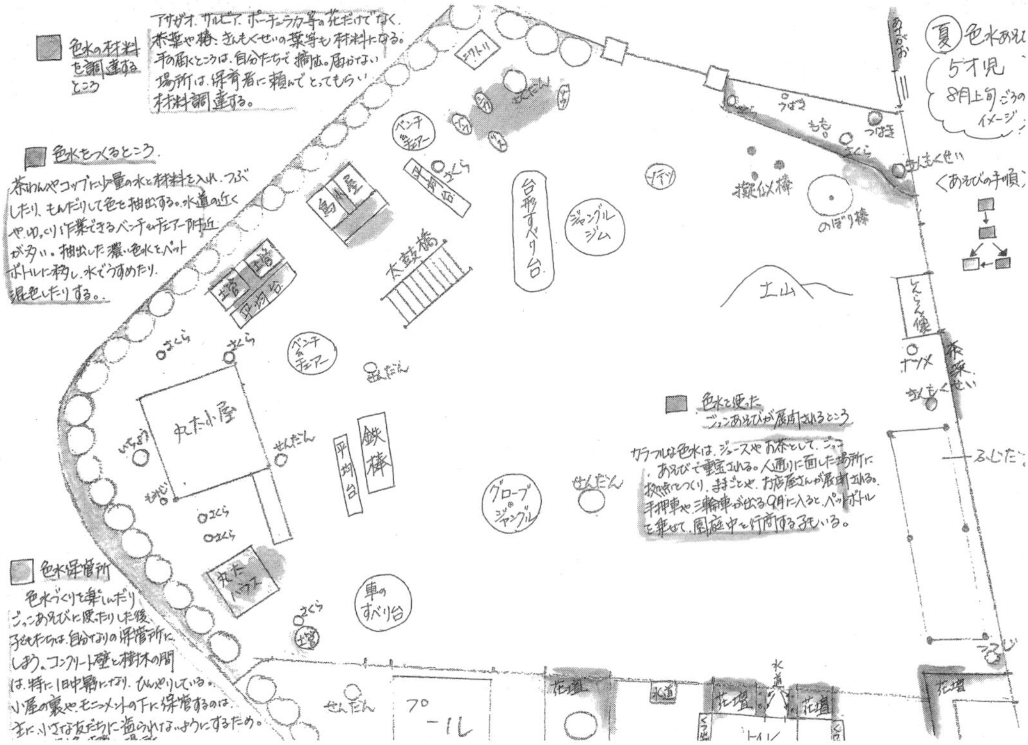

んだものです。実際どこで子どもたちが遊ぶのか、どこを遊びの場として利用しているのか、どんな遊びが展開されているのかが、この図によってわかってきました。

3．秋（9月中旬～11月）の園庭環境

・体を使っての遊びが十分楽しめるような園庭環境の構成

年度始めから半年が過ぎ、この頃になると一人ひとりの成長が見られるようになります。気候的にも体を動かしやすくなり、子どもたちの活動は、今までよりもますます大きくなってきます。

この時期には、年度始めとは逆に、いろいろな遊具を使い体を動かしてほしいという思いから、乗り物遊具（三輪車・バイク・スクーター）を園庭に配置します。以上児も未満児も、園庭中を動きまわりながら遊びます。そのため、園庭環境も子どもたちが動くということを中心に考え、広い空間を作るために大型遊具を移動します。また、9月中旬になると、全体の活動も運動会を意識したものになるので、そのことも考慮しながら園庭環境を整えていき

ます。9月後半になると、グラウンド作りも行うのでこのときは、運動会の練習や遊びなど子どもたちの動きをさえぎらないように配慮しながら、大型遊具を配置することになります。

これまで、台形すべり台・グローブジャングルにスピード的な感覚を求めていましたが、これに代わる乗り物遊具がでてきたので、これらは季節的に使わなくなったプールにしまいます。車のすべり台・ジャングルジムなどは園庭の隅のほう、木陰のほうに移動します。ブランコは、未満児用（椅子ブランコ）と以上児用（板ブランコ）の2種類あり、運動会の練習中は安全面に配慮して、取り外すようにしています。それぞれ取り外しの頻度は違います。未満児はブランコに座ることで落ち着き、そこから練習を見たりしているので、未満児用は出してあることが多いです。

この時期に土山を徐々に崩し始めます。土山がグウンドにかかっているため、そのあたりから崩し始め、運動会の1週間前には崩し終わるようにしています。

図表7－19は、運動会の練習前の園庭の図です。園庭の右側に土山があり、車のすべり台が門の方に、ジャングルジムがプール側に移動しています。真ん中にグランドができたため、走るのにじゃまにならない位置に移動しています。

図表7－20は、運動会後の園庭の図です。運動会が終わると、車のすべり台はプール側の位置に戻します。ここのほうが遊ぶときに利用しやすのではないかと考えています。また、この頃から日なたを求める時期に入ってくるので、ジャングルジムを真ん中の日の当たるほうへ移動させます。しかし、子どもたちの遊びの中にまだ運動会が残っているので、グラウ

【図表7-19】園庭環境（秋9月）

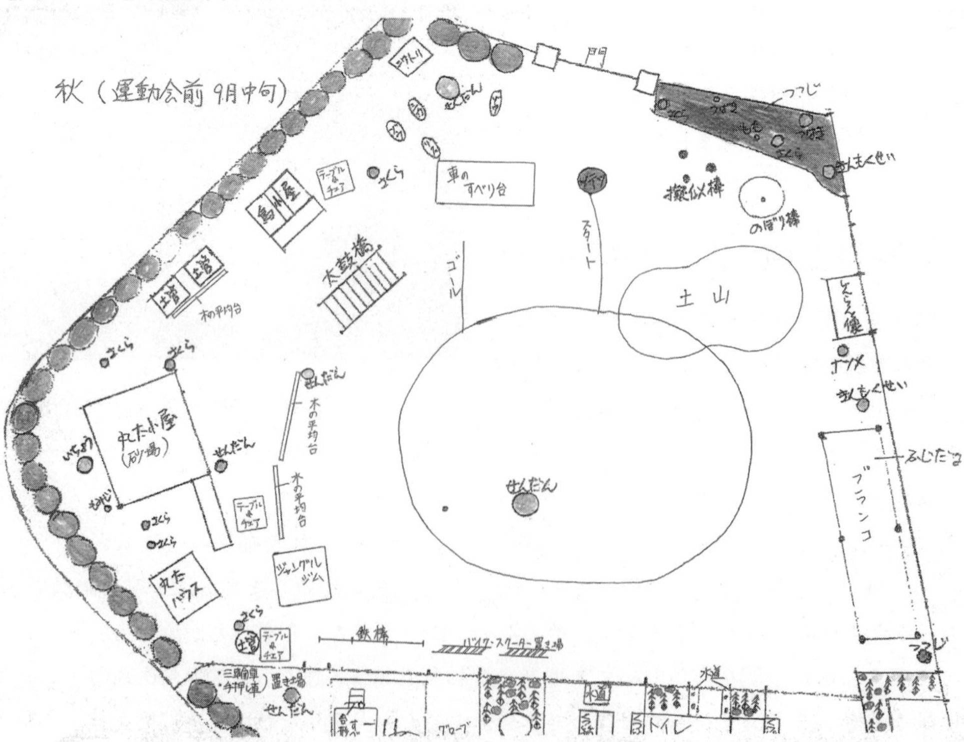

【図表 7-20】園庭環境（秋 10 月）

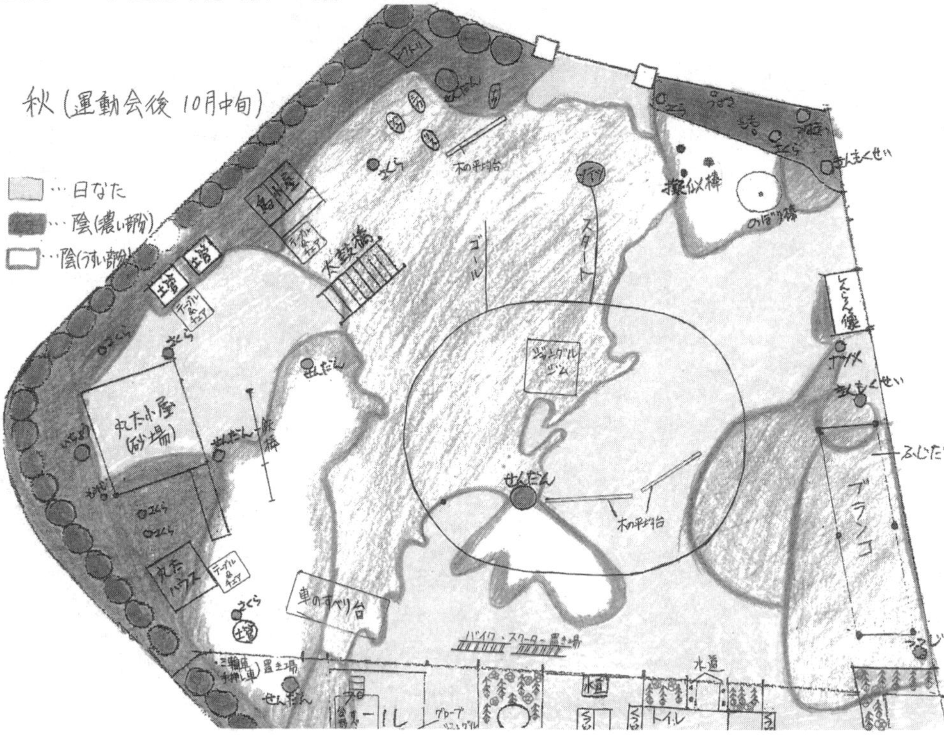

ンドはさえぎらないように気をつけます。

成長してきた子どもたちが、運動会をきっかけに大きく動きまわるようになります。しかし、逆に、団子作りのようにあまり動かない遊び、腰を据えて遊ぶものもあります。動きっぱなしで遊んでいるかと思えば、静かな遊びもあることに気づかされます。

右の写真は、11 月始めの子どもたちの遊びの様子です。三輪車に乗っている 3 歳児が、他の子どもたちに話しかけています。後ろのほうでは、4 歳児がままごと遊びを始めています。この頃から、乗り物遊具での遊びも落ち着いてきて、遊びの様子も少し変わってきます。

4．冬（12 月～3 月）の園庭環境

・ごっこ遊びとルール遊びが併存するような園庭環境の構成

運動会も終わり、その後もかけっこやリレーなどで競争して走ることを十分に楽しんだ子どもたちの中から、次に出てくる遊びの一つに、お互いのやりとりを楽しむルール遊びがあります。4・5 歳児は、陣取りや鬼ごっこ、色鬼、高鬼、缶けり、ケイドロなど、ただ走る

だけではなくて、ルールのある遊びを求めてくるようになります。また、この時期にグルグルジャンケンやドッジボール、縄跳びなど、広いスペースを必要とする遊びも出てきます。

園庭の使われ方としては、図表 7－21 を見てもらうとわかると思いますが、オープンスペースを以上児、固定遊具が多くあるほうを未満児がよく利用しています。夏は、日当たりが良すぎて子どもたちは陰の多い砂場側で遊んでいることが多かったのですが、冬は逆に日当たりが良いところで、ドッジボールや缶けり、縄跳びなどをして遊んでいます。

また、同じ遊具でも遊びによって利用の仕方が変わってくることもわかりました。たとえば、ジャングルジムがただの上り下りではなく、ジャンケンをしながら勝ったら一段上がる、負けたら一段下がるなどのジャンケンゲームに使われていたり、長縄跳びの結び場として利用されたりしています。車のすべり台も上り下りだけでなく、とくに未満児のごっこ遊びの拠点として利用されています。

次ページ写真は図表 7－21 と合わせて見て下さい。写真左は園庭の右側で、グルグルジャンケンをして遊んでいる様子です。写真右は、図表 7－21 の車のすべり台の前に置かれているテーブル & チェアーのところで遊んでいる様子です。

冬の時期は、ルール遊びをする子どもたち（4・5歳児）が広い空間を必要とするのに対し、ごっこ遊びをする子どもたち（3歳児以下）には、狭い空間が必要になってきます。

ルール遊びは道具をあまり必要としません。しかし、ごっこ遊びをする子どもたちには、道具が必要になります。大きな遊具は家やスーパーなどに、小さな遊具は皿やお椀などに見立てて遊んでいます。ごっこ遊びをする子どもたちにとって、大型遊具は本来の遊び方では

【図表 7-21】園庭環境（冬 12 月〜３月）

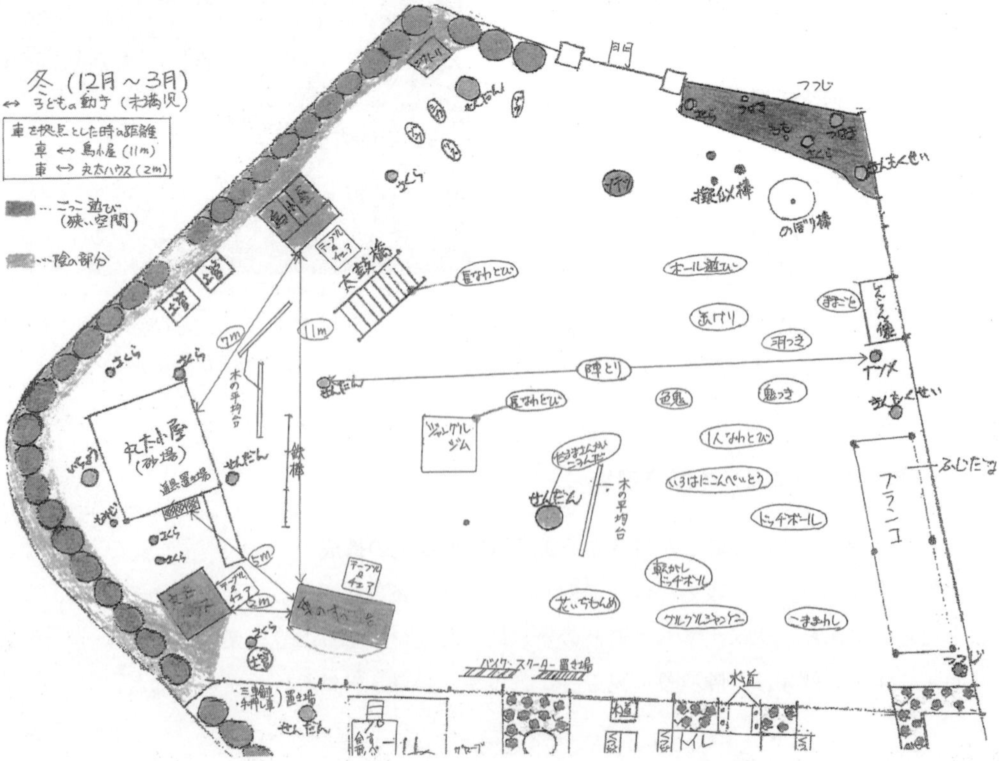

なく見立ての道具として使われていることがわかりました。

夏は、暑さから逃れるために陰を求めて遊具を移動させます。逆に冬は、寒さから逃れるために遊具を日の当たる場所に置いています。しかし、実際のところは、園内で一番寒い砂場や、遊具自体には日が当たるが遊具の中は陰になっている場所に子どもが集まってくるのです。このことから、日なただから車の遊具に子どもたちが集まるというわけではなく、“狭い空間”を子どもたちが求めているのがわかります。

この時期の4・5歳児は、遊具を使っての遊びから自分の体を使っての遊びへと変化してきています。いわゆる空間を利用した遊びへと変わってきているのではないでしょうか。ということは、狭い空間では遊びが広がっていかないので、広いスペースが必要になってきます。ルール遊びを楽しむために遊具をどんな配置にしたらいいのかなど、子どもたちの発達に合わせて遊びが広がっていくような園庭環境が求められていることがわかってきました。

5．冬の子どものエピソード

これまで、春夏秋冬の特徴的な園庭環境の構成と子どもの遊びについて話をしてきました。では、ここで実際、園庭でどんな遊びが行われているのか、子どもの遊びを紹介したいと思います。

－５歳児の缶けり－

「缶けりするが」と缶を見つけた５歳児男児が、周りにいた子どもたちを誘っていた。すると、やはり５歳児の男の子たちが「する、する」と集まってくる。その集まった場所は、砂場側の車とジャングルジムの間だったが、缶をそのままそこに置いての缶けりが始まった。缶をけって鬼が100数える間に隠れるのだが、あっという間に隠れていた。鬼は、隠れ場所が近いのもあるのか、缶からなかなか離れない。見つかった子どもたちの中には「缶から離れてよ」「探しに行かないと」と鬼に文句を言いながら待っている姿も見られた。缶から離れないのに待ちきれずに顔をのぞかせて見つかったり、近くで遊んでいる子たちが「ここにいるよ」と教えたりして、すぐに見つかることが多くて、結局は、「おもしろくない」と言って次々にやめていった。

遊具の集まったわずかな空間のスペースの中で始まった缶けりでした。どうなることやらと見ていましたが長続きしませんでした。缶を置く場所をここにした理由は何だろうと考えたときに、隠れる場所が近いほうがいいと思ったのだろうか、それともあまり考えないで始めてしまったのか、あまり缶けりをしたことのない子どもたちが集まったからだろうかといくつか考えられました。長続きしなかった理由としては、あまり隠れ場所が近すぎて、すぐに見つかってしまうからだろうか、隠れ場所が近すぎて鬼が缶からなかなか離れないこともあったのだろうか、そして、遊具で遊んでいる子どもたちが隠れている場所を鬼に教えてしまったり、また缶をけりにいく距離が短くておもしろみがないなどが考えられました。

缶けりは、あまりごちゃごちゃしている中では、生まれにくい遊びであるとともに、ただ広いだけでも、遊びのよさは出てこないのかなと思いました。5歳児になると、楽しむことはもちろんですが、やりとりの中でスリルを楽しむようにもなるので、隠れ場所と缶との適度な距離が必要になってくると思います。

だからこそ、私たちが園庭の環境を整えるときに、たとえば缶けりという遊びをもっと楽しんでほしいならば、当然、缶を置くための広いスペースと隠れるための遊具の配置を考えることが必要になってくるのではないかと思います。

6．園庭環境の構成　──再構成の必要性──

子どもたちの成長のためには、1年中同じ状態のままでいるのではなく、季節や遊びに応じて環境を常に再構成していくことが大切です。たとえば安良保育園では、年度始めは、子どもの遊びのために環境を構成し、夏は自然環境を生かした遊びが十分できるように、秋は体を使っての遊びが思い切り楽しめるようにと、保育者の思いや意図を込めた環境作りが中心でした。それに対して、冬は道具を使わずにできるルール遊びへと変化していく中で、遊びのじゃまをせず、むしろ遊びそのものが育っていくような環境作りが必要になってくるということでした。再び新年度を迎え、4月の環境から改めて1年が始まります。園庭環境を再構成することで、子どもの遊びや発達に影響があることを改めて再確認できたのです。

私たちは、そこにある園庭の環境を最大限に生かした保育をしていきたいものです。あの園だからできるのではなく、この園だからこそできること、それにはまず、自分たちの置かれている保育園の園庭の再確認から始めてみましょう。きっと、その保育園ならではの工夫の仕方で、子どもたちの遊びが変わってくることと思います。

8章

保育あれこれの工夫

保育士になって子どもたちと生活していく中で感じることは、日々の生活に追われ、あっという間に時間が流れ、一年間が終わってしまうということではないでしょうか。そんな中で、子どもたちと遊び、毎月の行事をこなし、運動会や生活発表会などの大きな行事もしなくてはなりません。

保育園は、月曜日から土曜日までの6日間、1日11時間開所するようになっています。ということは、保育園は1週間で66時間開所していることになります。でも保育士には労働基準というものがあり、週40時間が労働時間となっています。そのために、指定休や土曜日休みなどが入ってきます。そうなると保育園の職員全員がそろう日はなかなかありません。職員の多い職場ではそれも仕方ないのかもしれませんが、でも本当にそうでしょうか。子どもが大好きでなった保育者集団。きっと何か工夫をすれば、全員がそろって保育のことを話せる日が月に1回くらいはあるのではないでしょうか。

保育の現場には、園長、主任保育士、保育士、看護師、栄養士、調理員、そのほかに短時間保育士など、いろいろな職種の職員がいます。その全員の協力を得ることにより、時間を作ることは可能になるはずです。時間を作るだけでなく、行事を作り出すことなど、すべてにおいて、保育園ではいろいろな職種の仲間が協力していくことが必要です。そのためには、いろいろな面でそれぞれが工夫していくことが必要です。

ここに紹介する保育の工夫のあれこれは、鹿児島県の北部に位置する田舎の保育園のことです。この地域には、最低基準以外の保育士加算はありません。加算保育士がいなくても、工夫次第でこれだけのことができる、そんなふうに見てもらいたいと思います。

1　計画と記録を書く工夫

計画や記録を書く時間がないというつぶやきが聞こえます。1年間を通して考えると、3歳以上児では「年間計画」「期案」「週案」「日誌」そして期ごとに子どもの成長を振り返る「発達の記録」などがあります。また未満児では「年間計画」「月案」「個別日誌」と3歳以上児と同じように「発達の記録」などがあります。これらを書く時間を確保するのはなかなか難しいものです。

1．計画を書く

「年間計画」は、担任になって年度最初の仕事です。子どもたちの様子はどんな感じなのか、前担任に聞いたりすることもあります。新入園児と在園児のこれからの1年間を子どもたちとどう生活していけば、より良い発達に結びついていけるのか考えなくてはなりません。安易に手近にある保育雑誌を手当たり次第に引っ張り出し、そのままを書き写すこともあるかもしれません。でもそれでは目の前の子どもたちの生活とは結びついてこないのが現実です。保育雑誌には日本全国の平均的なことが書かれているかもしれません。またその雑誌を書く担当園になっている保育園のある地域の特性を生かした書き方がしてあるかもしれません。しかし、それは目の前の子どもたちの姿とは違うのではないでしょうか。まずは自分の目の前の子どもたちをしっかりと見て、知ることが先決です。

年長児であれば、1年間でどのような発達をするのが望ましいのでしょうか。保育士はどのようにかかわるべきなのでしょうか。そのためには、5歳児の発達の姿とはどのような状態なのか知らないといけません。それには普段から保育所保育指針やそのほかの保育の専門書を読む必要があると思います。それ以上に目の前の5歳児の子どもたちの普段の生活をよく見て、その成長の姿を知る必要があります。またその保育園独自の保育課程を基盤に子どもの育ちを考えなくてはなりません。保育雑誌をうまく利用するのも必要かもしれません。ですが雑誌の言葉を鵜呑みにするのではなく、自分の言葉に置き換えて、子どもの育ちと重ねていく必要があるでしょう。こういうときには、先輩保育士に話を聞くことも必要になります。年間計画を簡単に書けるはずはありません。園長や主任保育士と話しながら、何回も書き直すことで、子どもの姿がだんだんとはっきり見えてくるのではないかと思います。

記録に時間をかければ、いいものが書けるというわけでもないと思います。記録は子どもの発達を知る上でなくてはならないものです。記録を書くためには、保育士同士でうまく時間を作り出していく必要があります。それには保育士間のコミュニケーションが大切です。お互いに時間を作り出すためにどうするのがいいのでしょう。安良保育園では、勤務時間が終わった後、よく保育士同士、また主任保育士や園長、理事長を呼び止めて話をする光景が、見られます。

新任保育士が担任をすることがあります。でも、専門の資格を取っているからといって、１年目の保育士にクラス担任のすべてを任せてしまっていいものでしょうか。専門家といってもまだ保育士の資格を取り、保育士というスタートラインに立ったばかりです。その保育士が、子どもの育ちを十分理解しているとはいえません。保育士が保育園の生活の流れに慣れるのに戸惑っているのに、子どもたちのことをしっかり受け止められるとは思えません。そんなときこそ主任保育士や先輩保育士が力を発揮する場であってほしいと思います。時間も大切ですが、周りの保育士とのコミュニケーションから良い計画はでき上がっていくと思います。

期案、月案も同様です。年間計画を土台に、保育園独自の行事やその時期にしかできない遊びをどう取り入れていけばいいのか、知ることから始まります。そして、そのことを通して子どもはどう育っていくのか、保育士がどう援助していくのが良いのかが、わかってくるはずです。計画を書くときのいろいろな疑問は、周りの先輩保育士をどんどん利用してみたらいいのではないでしょうか。それでもまだわからないときは、園長や主任保育士にもどんどん質問していくといいのではないでしょうか。保育園のことを子どものことを、よく知っている人に聞くことが大切なことだと思います。

２．日誌を書く

日々の保育日誌は皆さんはどんな時間に書いているのでしょう。保育時間に書くのはまず無理です。子どもたちの傍らにいる保育士としては、子どもたちが保育園で生活している限り、たとえ遅い時間になり、子どもが１人になっても見守り、一緒の時間を過ごすことが一番大切なことだと思います。

また、安良保育園では休息の時間も、子どものそばにいることが基本です。子どもが寝ているのだから、その間に日誌を書くのもいいのではと思いがちです。でも、もし書いている途中で、まだ起き出すはずのない子どもが目覚めてきたら、すぐに日誌を書くのをやめて子どもにかかわれるでしょうか。ついつい「ここまで書いてから」などとやってしまうかもしれません。それ以上に書くことに夢中で、それすらも気づかないことがあるかもしれません。それでは保育士の仕事とはいえないのではないでしょうか。子どもはいつ起き出すかわかりません。いつもはよく寝る子どもでも、体調によっては早く目覚めることもあるでしょう。ときにはいつまで寝ているのだろうと心配になってのぞき込むこともあります。

園で実際にあったことですが、３歳児が休息中に「ひきつけ」を起こしてしまいました。布団がピクンピクンと動くのを見て保育士が不思議に思い近づいて気づいたのです。すぐに主任に伝え、救急車で運ばれて事なきを得ました。もし気づかなかったらどうなっていたのかと思うと、怖い気がします。このようなことがいつ起こったとしても、保育士はすぐ対応できなくてはならないのです。活動している子どもの様子と、寝ているときの子どもの様子の違いを見ることにより、小さな変化を見逃さないことにつながっていくのではないでしょうか。

以上のようなことを考えると、記録を書くのは、勤務時間が終わってからということになります。ときには家に持ち帰ることもあります。日誌などの記録は、保育園以外に持ち出すことはいけないことかもしれません。でもそれは誰かれかまわずに見せたり、自分の目の届く範囲以外に置きぱなっしにしたりするようなことがない限りは、よいのではないかと思います。守秘義務がもちろん大前提ですが。

日誌は片手間で書くのではなく、子どものことをじっくりと思い出せる一人のゆっくりした時間に書きたいものです。それはつまり勤務が終わってからということになります。それが良い記録につながっていくことになると思います。

2　行事の小道具の蓄積

保育園では、1年を通じていろいろな行事があります。毎月の誕生会や年に一度の運動会などさまざまです。それらの行事を子どもたちと一緒に楽しむためには、いろいろな準備が必要になります。

行事の中には、家庭の中から少しずつ消えてしまっているものもあります。保育園では、子どもに伝えていきたいものとして、伝統行事や正月遊びなどのような遊びがあります。そのためには保育者も、その行事をする意味を自分たちで調べることから始まります。

たとえば5月の子どもの日では

> 5月5日の節句。
> 古来邪気を払うために菖蒲や蓬を軒に挿し、ちまきや柏餅を食べる。菖蒲は勝負や尚武と音通もあって、近世以降は男の子の節句とされ、甲冑・武者人形をなどを飾り、庭前に幟旗や鯉のぼりを飾り男子の成長を祝う。第二次世界大戦後は「子どもの日」として国民の祝日の一。
> （『広辞苑』岩波書店）
>
> 鯉のぼり
> 紙または布で鯉の形に作り、端午の節句に立てる幟。竜門をのぼった鯉は竜に化すという中国の故事から出世のたとえとされ、縁起物として江戸中期から用いられるようになった。
> （『百科事典マイペディア』平凡社）

行事担当の保育士が、このように調べたことを子どもにわかりやすい言葉に変えて話したり、紙芝居や絵本などを利用して子どもに伝えます。また実際に鯉のぼりをあげたり、柏餅を作ったりすることもあります。行事はただするのではなく、子どもや保護者に伝え、一緒に楽しむことも大切なことだと思います。

次にあげてあるのは私の勤務する保育園の行事です。

ここでは、毎月ある行事の例として誕生会を、年1回ある行事として生活発表会と運動会を紹介したいと思います。

年１回の行事	４月―入園式、はなまつり、春の遠足 ５月―子どもの日のつどい、母の日 ６月―虫歯予防デー、時の記念日、父の日 ７月―七夕会、夏祭り、お泊まり保育 ９月―祖父母の会、十五夜 10月―運動会、ふれあい運動会、秋の遠足 12月―餅つき会 １月―新年子ども会 ２月―節分、生活発表会 ３月― ひな祭り会、お別れ会、卒園式
毎月ある行事	誕生会、避難訓練

１．誕 生 会

毎月ある誕生会。安良保育園では、年度当初に勤務年数が平均になるように、また３歳以上児と未満児の担任構成のバランスをとるように、保育士のグループを作ります。そのグループで、誕生会の出し物や壁面構成を考えるのです。いつでもそのグループ全体で準備に取り組めるわけではありません。未満児のクラスのように複数担任がいる場合は、保育に差し障りのない時間を準備に使います。また３歳以上児のクラス担任の場合、複数担任の保育士がその月の係の保育士と連絡を取り合い、少しの時間でもそのクラスの子どもと遊ぶことで、係の保育士を準備に行かせることができます。そのためには保育士間の連絡の取り合いが大切になります。こういうときのためにも、担任ではないので、担任以外のクラスの子どものことはわからないということがないように、常日頃から連携を取り合っています。いつでも保育園の子どもたちのことは、職員全員で理解するようにしているのです。

たとえば、平成18年度の誕生会の担当のグループは次のようになっています。

＜18年度の誕生会のグループ＞

・１グループ……U保育士（20年目）H保育士（３年目）T保育士（１年目）
　４月、７月、10月、１月担当
・２グループ……K保育士（12年目）K保育士（７年目）A保育士（３年目）
　５月、８月、11月、２月担当
・３グループ……M保育士（10年目）R保育士（４年目）M保育士（３年目）
　６月、９月、12月、３月担当

誕生会の催し物や壁面は、保育雑誌や催し物の掲載されている本を参考に、グループの保育士同士で話し合い、簡単な人形劇や、ペープサート、パネルシアターなど子どもたちの喜びそうなもので季節を感じられるものを用意します。もちろん壁面でも季節や子どもの関心のあるものを考えます。出し物では、パネルシアターやペープサートなどを工夫して、同じものが毎月続くことがないように配慮することも忘れないようにします。

誕生会は毎月、そして毎年行うものです。出し物は、その月に作って子どもの前で演じたものは、一回切りにしないために、脚本や楽譜など、その出し物に必要なものをひとまとめにしておくことが必要です。演じた月を書いてあると、次にまた使うときに役立つことになります。また親子サークルの誕生会でも使います。親子サークルで出し物をするときは、親子サークルの担当者だけではできないこともあります。そのときは、その月の担当だった保育士が、親子サークルに手伝いに行きます。また同法人の経営する療育センターがあるのですが、そこでもやはり誕生会の催し物を利用することがあります。そのとき手が足りなければ、保育園の保育士が手伝いに行くこともあります。このように行事をするときにも、常に連携を図ることを大切にしています。

壁面は毎月作ります。下の写真は、左は7月の壁面で、右は10月の壁面です。このように作成したものは全て保管していて、卒園式には会場の周りに飾り、子どもたちと1年を振り返ることになります。

下の写真は出し物で、写真左はパネルシアターで9月の歌、右はペープサートになっています。

2．生活発表会

私の保育園で、1年間の行事の中で一番準備の多いのは生活発表会です。衣装、そしてバックの絵、小道具、大道具。年齢別に遊戯や劇遊びなどがあるので、その数は膨大なものになります。

準備の仕方で大切なことの一つは、時間をうまく作ることです。生活発表会までの3週間くらい。道具を作る時間は、早番の職員から準備に取りかかります。夜遅くまですることはありません。長い時間するのではなく、全員の子どもが帰ったらそこでその日の作業は終わりです。1日に準備する時間は、早番の職員で長くて2時間ぐらいでしょう。全員で準備にかかることはほとんどありません。

もう一つの工夫は、今までに作って使用した衣装や道具を保管していることです。

保育園の倉庫には、衣装箱が並んでいます。また大道具や小道具、バックの絵もほとんど保管されています。筆者が勤務し始めた30数年前にすでにあった着物であっても、今でも十分使えます。

生活発表会の内容の準備は、まず年長児を中心に考えていきます。どんな遊戯や劇をするかが決まると、それにはどのような服が適当であるか、担任を中心に園長、主任と話し合って決めます。今までの服で使えるものは使います。イメージに合わず、どうしても作らなければならない服は別にあげます。

衣装や大道具など必要なものを作るとき、クラス担任が1人ですべて作るということはありません。職員全員で取りかかります。たとえば、衣装を作るときは、縫い物の得意な職員が、イメージを聞き、ミシンを踏んで作ります。できるところをお互いで手分けして作っていくのです。運動会も生活発表会も5歳児を中心に作り上げます。そして4歳児、3歳児、未満児と選んでいきます。

1年目、2年目の職員は、衣装をすべて知っているわけではありません。たくさんある衣装箱の中から子どもの身長なども考えながら選んでいくのですが、保育士が「こんなのもあるんだ」「これはどんな遊戯で使うのですか」「これ可愛いから使いたい」「誰が作ったのですか」などと言っては、一つ一つ手に取ったり、自分に当てたり感激しながら探します。こんなふうに子どもに合った衣装一つ一つを選んでいく作業は、楽しみながらできるものです。

生活発表会の準備はだいたい3週間くらいかけますが、先ほども書いたように、園児全員が帰ったら、準備も終わるという時間設定です。ですから時間をうまく使っていかないと準備ができ上がらないということになりかねません。そのために、クラス別に必要なもののリストをあげて貼っておき、できたものから順にチェックしていきます。

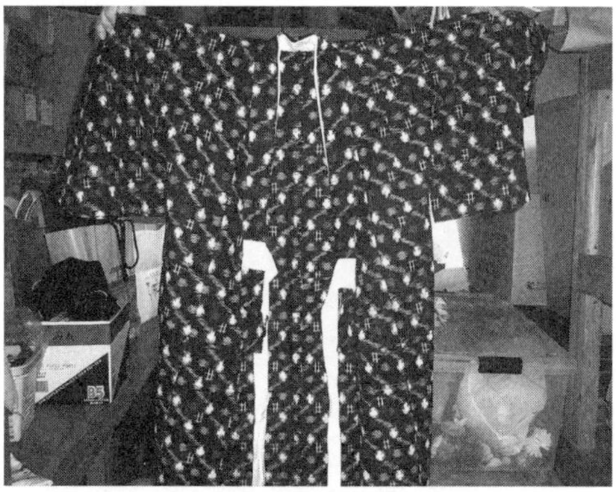

30年以上前に作られた着物

右の写真は絣の着物です。3枚同じものがあるので、遊戯に使ったり、お母さん役の子が着たりします。また絣には違う柄の着物もあります。

次ページの写真左上は4枚同じものがあります。銀杏の遊戯をしたときに作ったもので

10年以上前に作られた着物

着物いろいろ

す。平成20年度は、タンポポの遊戯で使いました。

写真右上は「ききみみずきん」の劇で使った着物です。お母さん、こたろう、村人などが着物を着ています。

着物はもちろんですが、スカートなども全て布でできています。ですから汚れたら洗うことができます。使うときはアイロンを当ててから使います。

これらの衣装箱はすべて倉庫に保管されています。衣装や小道具などは透明の衣装箱に入れて保管します。服の名称や色などを書いていると見つけるときに便利です。また箱に入れてしまうときも、見たらすぐわかるように、道具などの名前を書いています。そうすると、1、2年目の保育士に「○○を持ってきて」と言ったときでも、探し出せるのです。

劇遊びなどに使うバックの絵も同じです。次ページ写真上は、平成20年度「あかずきんちゃん」のために描きました。中は「ききみみずきん」「ねずみのすもう」などに使います。下は「てぶくろ」「かさじぞう」などの冬の場面が多い劇に使います。

これらのバックの絵の大きさは、縦が2メートル、横が5メートルです。

バックの絵を描くときは、いつも準備に

いろいろな服

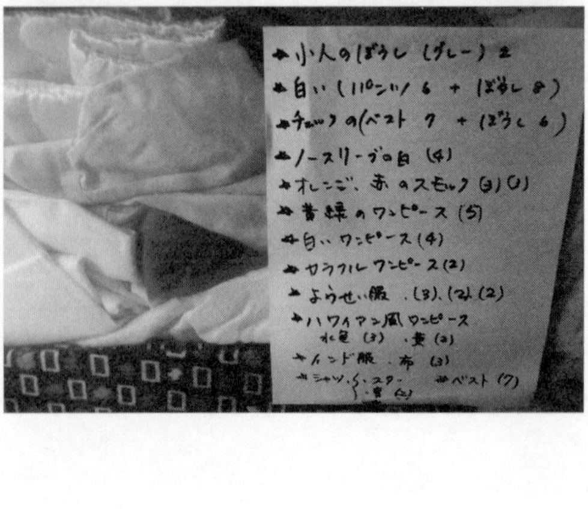

使う休憩室では狭いので、ある年齢の部屋を使うことになります。どの部屋で描くかを決めて、4時くらいから準備を始めます。子どもと遊ぶ職員とバックの絵を描く職員と役割分担をすることも連携の一つです。絵が得意という職員が率先して描くのです。連携がないと、担任以外の子どもたちとすんなり遊べないかもしれません。子どもたちは、職員が準備する様子を横目で見ながら、自分たちの遊びをします。「ねえ、何してるの」と興味津々です。生活発表会の準備をしている場面を見るのも良い経験だと思います。

このような取り組みは、保育園の子ども全員を保育できるという気持ちを職員全員が大切にしているからできるのだと思います。子どもが全員帰ると、絵を描くのに手が足りないときは絵を描く手伝いをします。そのほかの職員はいつもの準備をする部屋に行きます。そしてまだできあがっていない分を確認して、準備に入ります。時間を無駄にしないための工夫を全員でできるように、主任を中心に進めていくことが大切です。このバックの絵を描く日だけは、絵ができ上がるまで少し準備の時間を長くとることになります。

3．運 動 会

生活発表会と同じように、年間を通じて大きな行事の一つが運動会です。運動会では、かけっこのように道具が必要でない競技もありますが、道具を使う競技や遊戯もあります。その年によっていろいろ趣向を凝らすのはどこの園でもやっていることだと思います。使える道具は、生活発表会と同様必ず保管することにしています。

運動会の準備は、2週間ぐらいでできあがるようにします。生活発表会と同様に、保育園の全職員が協力して時間を作ります。各クラスの必要なものは、生活発表会の準備同様書いて貼っておきます。準備のために部屋に行った職員がそれを見て、できていないものを作り始めます。前年度までに作ったもので使えるものは使うことになります。使い回しというと悪い印象があるかもしれませんが、使えるものは大切に保管しておきます。また数年後に使うことになるかもしれないからです。倉庫に保管するときは、必ず箱の側面に名称を書いています。そうすると、次に探すのに手間がかかりません。

運動会は、準備するものはそれほど多くはありませんが、ここで一番大切な準備は、運動会当日のプログラムをどうスムーズに進められるかということです。そのために運動会当日の役割分担をします。またプログラムを一つずつ、誰が見てもすぐに準備できるように書いた紙を準備します。その紙には、園庭のトラック、円周が書いてあります。スタート地点から道具をどの辺りに置くかを一目でわかるように書き入れます。安良保育園では、予行練習は職員だけでしますから、保護者の手伝いの練習はありません。ですから運動会当日に保護者に手伝いをお願いしますが、その紙を準備することで、手伝いの保護者も戸惑うことがないのです。

写真は、運動会当日の道具の置く場所を書いたものです。大道具の係をする職員が、クラス担任に聞いたり練習を手伝ったりして、確認をして書いています。

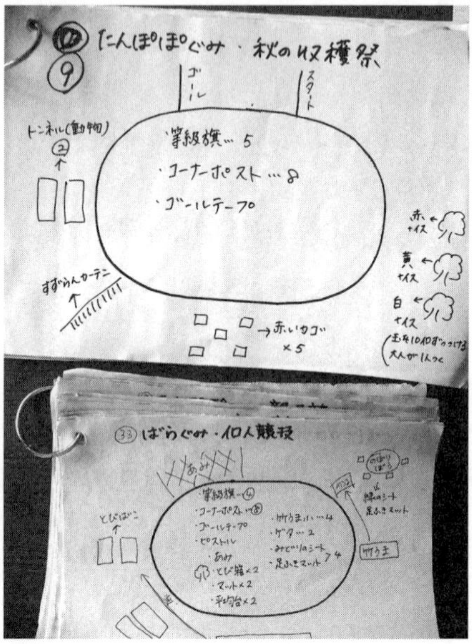

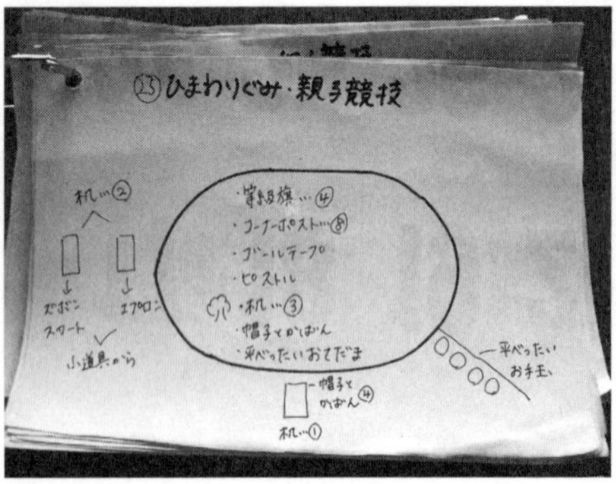

③ クラス王国からの脱出 —協働の専門性を発揮するために—

保育園の子どもたちが登園してきます。「おはようございます」と言って迎えに出るのは、その日の早出の職員です。早出の職員は２名です。安良保育園では保護者の送迎は全員自家用車です。保育園の前に駐車場があります。そこに車が入ってくると、園庭の掃除をしていた手を止めて、走って子どもを迎えに出ます。車のドアを開けて、子どもを降ろしながら、手を握り、視診をします。このとき子どもが１人なら保育士も１人で対応しますが、１、２歳児のきょうだいでの登園のときは、保育士が２名で迎えることもあります。そして年齢の低い子どもは部屋へ連れて行き、荷物を置いたら、天気の良い日は戸外遊びに誘います。８時出勤の保育士が来るまでは、ときには室内の様子も見なければなりません。保育士は何かをするために動くときの行き帰りにも仕事をすることになります。

朝の保護者は、仕事に向かうためにどうしても時間に余裕がありません。そんな気ぜわしいとき、子どもの対応は担任がするというこだわりをしていては、スムーズにいきません。電話連絡も、気づいた職員が対応します。電話の近くに小さな黒板が置いてあります。そこに連絡事項を書きます。それを朝礼のときに、職員全員で共有できるように連絡します。

どの子にも同じような笑顔で迎えることから一日が始まります。それぞれの子どもの荷物の片づけも手の空いている職員がします。たとえば０・１歳児ですと、オムツや着替え、おしぼり、手拭きタオルなどと荷物も多くなります。その荷物をキャスターに入れたり、連絡帳を確認したりしなければなりません。また０・１歳児は、ほ乳瓶の消毒やお湯を沸かすなど、しなければならないことが数多くあります。このようなことをすべてクラス担任以外の職員もできるようにしているのです。もちろんそれは、２歳児や３歳児のクラスはもちろん、ほとんどのことができるようになる４、５歳児の子どもたちにも同じように対応することが望まれるのです。

子どもの基地として、クラスは年齢別にあり、担任も決まっています。いろいろな場面で子どもたちは担任を頼りますし、クラスの子どもも同じ年齢であることがわかっています。とくに小さい年齢では、担任の役割は大きいものです。だからといって未満児の子どもの相手を担任ばかりがするとは限りません。たまたまそばにいた子どもが「トイレに行きたい」と保育士に伝えたら、担任でなくても連れて行くのは当然のことです。もちろんオムツをしている子どものオムツが濡れたことに気づいたとしたら、それも同じように替えてあげます。このような場面は一日中、あちこちで見受けられます。

保育園の毎日は遊びの連続です。担任以外の職員も遊ぶのはもちろんです。栄養士も、食事の後の少しの時間や、おやつの後の時間など、子どもから誘われると積極的に一緒に遊びます。食事もいろいろなクラスの子どもと一緒にして、食べる様子などを見るようにしています。子どもを知ることが給食作りにも役立ちます。

未満児の遊ぶスペースと以上児の遊ぶスペースが別々だったり、時間帯で分けていたりする保育園の話を聞くことがありますが、安良保育園ではそういうことはありません。いつでも一緒に遊んでいます。障害のある子どもも同じです。もちろん年齢によって遊びは違います。しかし、同じ空間でお互いの遊びを見ながら遊んでいます。すべり台やブランコなど小さい友だちがいると、ゆっくりすべったり、ブランコを大きくゆするのをやめたりすることもあります。またすべり台を一緒にすべったり、ブランコをこいであげたりすることもあります。保育士も「一緒に遊ぼう」と誘われると、担任以外の子どもたちと遊ぶこともよく見かける光景です。大きい子どもの遊びを見て、見よう見まねでするようになります。また、ままごと遊びに小さい子どもを仲間に入れて、赤ちゃん役にする姿もあります。クラスは違っても年齢の近い子ども同士で遊ぶ姿もあります。ぶつかり合いやけんかをすることもあります。おもちゃの取り合いや貸し借りのいざこざもあります。でもその中から子どもたちは、遊び方や友だちとのやりとりの仕方、仲直りの仕方を学んでいるのです。学んでいくことにより、お互いの遊びが成長していきます。

いろいろな遊びをする中で、大切なのは年齢によって援助することが違うことです。たとえば、運動会が近くなると5歳児全体が、登り棒に挑戦する時期があります。それを見ていた3歳児が同じように登ろうとして保育士の手を引き、手伝ってもらいます。そのとき5歳児にするのと同じような援助をしていては、年齢の育ちを理解していないことになります。年齢によって発達が違うことを知り、援助の仕方も違うことを知るのが専門性でしょう。

「鍛えればできる」というセリフに踊らされることがあります。でも本来の子どもの育ちがわかる保育士ならば、この年齢ではどう対応するべきかを、そのときどきで判断できなくてはなりません。もし1年目の保育士がそのような援助をしていたら、すぐに主任保育士などが、年齢によって援助の仕方が異なることを指導するべきだと思います。

クラスはもちろん年齢別にあります。でも保育室への行き来は自由にできます。たとえば、4歳児のクラスで積み木で遊んでいるとき、そこへ5歳児や3歳児も仲間入りすることがあります。もちろん2歳児、1歳児もやってきます。そのとき担任は、同じように遊びに迎え入れます。積み木の使い方は5歳児が上手なことが多いです。作っていると小さい友だちが崩してしまうこともあります。そのとき「あーあ仕方ないな、○○ちゃんは小さいしなー」とあきらめたり、「あっ、○○ちゃんがくる」と言って、みんなで守ったり、そのときどきの対応の仕方を実に上手にしています。遊び方も小さい子への対応の仕方も、4歳児や3歳児は見よう見まねで覚えていきます。まさに見て育つのです。遊びの場面では、ときには1年目の保育士より上手に対応している姿もよく見かけます。でもこういうことが自然に生まれることばかりではありません。保育士が子どもに、また保育士同士がやさしく接する姿を見なければそういう姿は育ってきません。

4　学びの楽しさ　―そのための時間を作り出す工夫―

保育士は専門性を持っているといわれます。では1年目の保育士は、どのくらい子どものことを理解しているのでしょう。日々、目の前の子どもの保育に追われ、仕事をこなすのがやっとでしょう。学生のときに多くを学んできたのになどと言っていては、とても専門性とはいえません。保育所保育指針には以下のように記されています。

> 保育所全体の保育の質の向上を図るため、職員一人一人が、保育実践や研修などを通じて保育の専門性などを高めるとともに、保育実践や保育の内容に関する職員の共通理解を図り、協働性を高めていくこと。

平成18年度は、子どもの食事のことが話題にあがりました。そこで、母親の子どもの食に対する思いはどんなものだろうということで、『変わる家族　変わる食卓―真実に破壊されるマーケティング常識』[1)]という本を、園長に勧めてもらいました。また保育園の園庭環境について、今までしてきたことを理論づけるということで職員全員で考えました。その成果が、本書の第7章です。平成19年度はいつも子どものそばにいる保育士としての姿勢を考えるため『こどもの傍らに在ることの意味』[2]を読みました。

平成20年度は、保育所保育指針の改定に当たり、保育所全体で保育のことを勉強し直すことになりました。

保育士になってから、私たちは1年間に何冊本を読んでいるでしょう。保育の本といっても、イラストや写真の多い雑誌についつい目が向かいがちではないでしょうか。子どもの育ちを知ることや発達の援助をきちんとできるように、保育の専門書を読むことは必要なことです。

安良保育園の勉強会は、本を取り上げることが多くあります。保育の本を読むことで、子どもを見る目が変わり、保育が変わることが目的です。ただ勉強会に参加するという形ではありません。前もって読んでおいて参加することが前提です。職員全員が各章を読んで、その章の担当者がレジュメを作り、それに沿って本の内容について発表します。担当以外の職員も質問や疑問に思ったことを話します。そうすることで本の内容を深く理解することができると思います。

実際の研修する時間は子どもが全員が帰った後ですから、だいたい午後6時30分を過ぎてからです。時間を作り出すことはなかなか難しいです。保育時間以外に全員がそろわないといけないからです。でも前にも書きましたように、時間は作り出すものです。時間がないといえばそれで終わりです。勉強したいという人はどんなことをしても時間を作り出しているのを見ると、多分作れるのではないかと思っています。時間は作ったが、どういうふうに進めればいいのかはまた悩みの一つです。

経験1年目の職員もいれば数十年という職員もいます。ですから、発言の機会が年長者に多くなりがちです。若い職員が声を出す機会を、まずは作るようにしています。近くに座った職員2、3人で話すと声が出始めます。行事などのように自分の保育に関係が深いと話しやすいですが、本の内容となるとどうしても躊躇してしまいます。やはり間違ったことを他の職員の前で言ってしまうのではないかという心配もつきまといます。でも誰でもすべてを知っているわけではありません。知っているのであれば、勉強する必要はないからです。わからないこと、知らないことを学ぶ場が研修の場です。

そして、自分の意見をみんなの前で言えるような話しやすい雰囲気作りも大切です。それは司会役の主任の役割の一つでもあります。一つの意見から話が広がっていくと、みんな話しやすくなります。楽しい話題だけではなく、たまにはきつい意見が出ることもあります。でも、そのような経験をすると、次の機会も話しやすくなります。話し合いを重ねることで、保育について職員全員が共通理解を図っていくことができます。

保育においては、職員同士の協働が大事だといわれます。そのためには、学び合い、高め合っていけるような充実した時間を作ることが必要です。誰かが敷いてくれたレールに乗っかるのではなく、自分から始めていく、そのことが保育者には求められているのです。

1）岩村暢子『変わる家族　変わる食卓ー真実に破壊されるマーケティング常識』頸草書房、2003
2）大場幸夫『こどもの傍らに在ることの意味』萌文書林、2007

おわりに

保育の計画について意識的に考え始めたのは、1990年の保育所保育指針の改訂のときでした。安良保育園において子ども主体の実践について試行錯誤していましたが、計画や日誌に関してはまだ手つかずでした。そこで、保育指針の改訂を機に、計画・日誌の様式を一新しました。それまでは、毎日の活動を予定として記しているような計画であり、子ども主体の実践を記述するようなものではありませんでした。

改訂された保育指針に則って、「子どもの姿―ねらい・内容―環境構成―子どもの活動―保育者の援助」という流れをどのようにしたら様式に反映できるかと勉強会を重ね、結果的にオープンスペースを中心とした様式に落ち着きました。環境構成、子どもの活動、保育者の援助は、常に絡み合いながら実践の中に現れてきますので、オープンスペースでないと記述するのは困難だということがわかってきたからです。徐々に、計画→実践→記録→実践……というサイクルを、保育の中に生かせていけるようになっていきました。

当時、保育園の全体の計画であった保育計画も、子どもの育ちを見通せるようにとのねらいを持って作成していました。1990年の保育指針改訂以前は、当園には全体計画としての保育計画はありませんでした。保育目標や保育方針はありましたが、それを保育計画としてきちんと位置づけるという意識がまだなかったように思います。

ですから、1990年の保育指針の改訂は、安良保育園では大きなインパクトがありました。保育計画も指導計画も、実践とリンクして明確に意識されたのがそのときです。それ以来当園では、計画は独自の様式をもって作成されてきました。

保育の計画は、各保育園で独自に作成するといわれていますが、実際にはどうなのでしょうか。見聞きするところによると、既成の様式や保育雑誌に掲載された指導計画を参考にしているところがかなり見受けられます。それではやはり実践の力にはなっていかないでしょう。自分たちの中から何を生み出すかが重要なのだと思います。

当園は、過疎地の民間保育園の常として、毎年のように退職と新規採用があります。新規採用者は、ほとんどが養成校の新卒です。数年で顔ぶれが大幅に変わることもあります。

これまでの経験でいえば、新任保育者は、保育とは保育者主導型で行うと思っている場合がほとんです。自分の中では「子ども主体」をイメージしながら、実際には子どもをそろえ、活動を投げかけ、その通りに子どもを動かしていく、そんなかかわりをしてしまう新卒者が、子どもの中から生まれる活動を尊重する保育実践のスタンスを身につけることは容易なことではありません。どうしても子どもをまとめたくなってしまい、とにかく保育室に子どもを閉じこめようとすることがあります。その反対に、子どもの主体性の尊重という意識が、子どもを放任する姿勢になってしまうことも珍しくありません。

当園では、新卒から3年目頃までに、子ども主体の保育を身につけていくようになってほしいといろいろな取り組みをしていますが、なかなか容易にはいきません。本書の第3章で取り上げた保育者の発達段階になぞらえていえば、「生き残り」や「足元固め」がうまくいかない場合も出てきます。保育者が育つために必要なものは何だろう、そう自問することがよくありますが、そのポイントの一つとして子ども主体の計画の作成があります。計画と実践のつながりをここでも意識させられます。

そんなこんなで、あっちにぶつかりこっちにぶつかりながら時間が経つうちに、計画そのものの作成の仕方に疑問を持つようになりました。時間の順番に上から下へ、左から右へ書いていくようなやり方が、しっくりこないように感じ始めたのです。その頃、一緒に共同研究をさせていただいている大場幸夫先生から、「Emergent Curriculum　創発カリキュラム」について教えていただきました。そのことがきっかけで、当園の計画の作成が創発カリキュラムになっていった経緯については、本書で取り上げた通りです。

最初は海のものとも山のものともつかぬ創発カリキュラムでしたが、当園ではそれなりに計画の作成に力を発揮しました。この方式が、当園にしっくりきていることが少しずつ実感されてきています。

また、当園独自の園庭環境の研究については、日本保育学会の発表時に、阿部和子先生に強い興味を持っていただきました。ポスター発表で提示していた園庭環境の図や写真なども細かいところまで見ていただき、議論を通していろいろな示唆をいただいたことが、本書には反映されています。

厚生労働省で保育所保育指針の改定作業が始まったのが、2006年12月でした。そのとき、大場幸夫先生が座長となって作業が進められるのを知り、いつも以上の注意を払って、保育指針の改定を注視してきました。そして、2008年3月の告示以降、園内で保育指針の勉強会を進めてきました。

来年度へ向けて保育課程をどのように編成しようかと考えていた矢先の2008年10月29日に、萌文書林の服部雅生氏から、阿部和子先生と一緒に「保育課程」の本を作りませんかというお誘いをいただきました。敬愛する阿部先生との仕事ということで、喜んで引き受けましたが、それからが難行でした。保育課程という真新しい言葉によって示されるものがどのようなものになるか、皆目見当がつかない状態です。保育課程とは何かというところから始めて、果たしてどこに行き着くだろうか、と徐々に不安が募ってきました。

その後、阿部先生が鹿児島の安良保育園まで足を運んで打ち合わせをしていただき、「これまでの実践の蓄積を生かして原稿を作ってください」と言われ、何とか方向が見いだせました。原稿執筆の期間は短かったのですが、実際に本書の土台となっている資料や写真などはこれまで蓄えられていたものです。その意味では、新しいものを生み出すというより、これまでの実践を整理し、とらえ直す作業が中心となり、自分たちとしても非常に有意義なものとなりました。保育課程といって全く新奇なものを意味するのではなく、実践の中にあるものをどのように形にするかが大事なのだということを、改めて気づかされました。

今回またとない勉強の機会を与えてくださった阿部和子先生、実践の言語化の場を与えてくださった萌文書林の服部雅生氏、資料が多く煩雑な原稿を整理してくださった幸田匡代氏、そして保育の学びの伴走者として常に傍らにいて精神的支柱となってくださっている大場幸夫先生に深く感謝申し上げます。

筆者は、2006年3月まで園長職にありました。その後、保育士養成の大学教員になったのを機に、保育園の園長から法人の理事長になりました。職名からすると現場を離れたかのような印象があると思いますが、実際にはほとんど変わらずに現場とのかかわりを持ち続けています。保育を学ぶには現場に軸足を置くことが大切だという思いは、大学教員になってからむしろ強くなっています。子どもがいるからこそ保育は学べる、その思いを込めて、ともに過ごしてくれる子どもたちにも感謝したいと思います。

2009年3月

前原　寛

参考文献

【1章】
・阿部和子『子どもの心の育ち－0歳から3歳』萌文書林、1999
・阿部和子『続子どもの心の育ち－3歳から5歳』萌文書林、2001
・阿部和子編著『乳児保育の基本』萌文書林、2007
・阿部和子『保育の内容：3歳未満児』別冊発達29　ミネルヴァ書房、2009、pp.126～135
・岩田純一『<わたし>の世界の成り立ち』金子書房、1998
・岩田純一『子どもはどのようにして<自分>を発見するか』フレーベル館、2005
・内山節『子どもたちの時間』岩波書店、1996
・内山節『自由論－自然と人間のゆらぎの中で－』岩波書店、1998
・大場幸夫『こどもの傍らに在ることの意味』萌文書林、2007
・大場幸夫他編著『保育を創る8つのキーワード』フレーベル館、2008
・滝川一廣『「こころ」はだれが壊すか』洋泉社、2003
・西研『ヘーゲル・大人のなりかた』日本放送協会、1995
・浜田寿美男『子ども学序説』岩波書店、2009
・浜田寿美男『「私」というもののなりたち』ミネルヴァ書房、1992
・早川操『デューイの探求教育哲学』名古屋大学出版会、1994
・溝上慎一『自己形成の心理学』世界思想社、2008
・ミネルヴァ編集部編『保育所保育指針・幼稚園教育要領解説のポイント』ミネルヴァ書房、2008
・武藤隆他編『育ちと学びの生成』東京大学出版会、2008
・望月威征『保育の基本と工夫　環境とカリキュラムを考える』スペース新社保育研究室、2007
・矢野智司『子どもという思想』玉川大学出版部、1995
・矢野智司『意味が躍動する生とは何か』世織書房、2006
・矢野智司他編『人間学命題集』新曜社、1998
・山田英世『J．デューイ』清水書院、1994
【2章】
・保育法令研究会監『保育所運営ハンドブック　平成20年度版』中央法規出版、2008
・『ひとつの試み』安良保育園、1987
【3章】
・大場幸夫・網野武博・増田まゆみ『保育を創る8つのキーワード』フレーベル館、2008
・教育思想史学会編『教育思想事典』勁草書房、2000
・倉橋惣三『育ての心　上』フレーベル館、1976（原著1936）
・鈴木忠『生涯発達のダイナミクス』東京大学出版会、2008
・『荘子1』森三樹三郎訳　中央公論新社、2001
・ドナルド・A.ショーン『省察的実践とは何か』柳沢昌一・三輪建二監訳　鳳書房、2007
・松瀬学『サムライハート　上野由岐子』集英社、2008
・望月威征『保育の基本と工夫　環境とカリキュラムを考える』スペース新社保育研究室、2007
・"A Practical Guide to Early Childhood Curriculum" Petersen, Evelyn A. , Allyn and Bacon, 2003
・"Emergent Curriculum" Jones, E. & Nimmo, J. , Nationl Association for the Education of Young Children, 1994
・""Our School's Not Fair!" A Story about Emergent Curriculum" Polo, A. , Young Children November, 1997

・“Talks with teachers of young children : a collection ” Katz, Lilian. Ablex, 1995
・“Who am I in the Lives of Children ? 7th.ed.” Feeney, S. , Christensen, D. , Moravcik, E. , Pearson , 2006
【4章】
・前原寛・大場幸夫「保育と子育て一保育者論考（4） interest-based curriculum に着目して」日本保育学会第57回大会発表論文集、2004
・前原寛編『子育て現場の試行錯誤』南方新社、1999
【6章】
・『ステップ　－コーナー保育からフリー保育へ－』安良保育園、1988
【7章】
・内村真奈美・井上裕美子・前原寛「園庭環境の構成と子どもの遊び（1）」日本保育学会第60回大会発表論文集、2007
・内村真奈美・井上裕美子・前原寛「園庭環境の構成と子どもの遊び（2）」日本保育学会第61回大会発表論文集、2008
・内村真奈美・井上裕美子・前原寛「園庭環境の構成と子どもの遊び（3）」日本保育学会第62回大会発表論文集、2009
【8章】
・岩村暢子『変わる家族　変わる食卓ー真実に破壊されるマーケティング常識』勁草書房、2003
・大場幸夫『こどもの傍らに在ることの意味』萌文書林、2007

著者紹介

編著者

阿部和子（あべ かずこ）

日本女子大学大学院修士課程修了（児童学専攻）。聖徳大学短期大学部助教授を経て、現在大妻女子大学家政学部児童学科教授。柏市健康福祉審議会子ども部会長として、子育てにかかわっている。
【主な著書】『子どもの心の育ち―0歳から3歳―』『続 子どもの心の育ち―3歳から5歳―』『保育者のための家族援助論』（萌文書林）、『乳幼児の「心の教育」を考える』（フレーベル館）、『新・保育講座　乳児保育』（編、ミネルヴァ書房）、他多数。

前原　寛（まえはら ひろし）

東京大学文学部心理学専修課程卒業。筑波大学大学院文芸言語研究科応用言語学専攻修士課程修了。安良保育園 園長を経て、現在鹿児島国際大学准教授。他に社会福祉法人 至宝福祉会理事長、光明寺住職。保育現場に軸足を置きながら、保育者の専門性の発達について研究的関心を持っている。
【主な著書】『子育て支援の危機』（創成社）、『保育は〈子ども〉からはじまる』（ミネルヴァ書房）、『大丈夫？「心」の子育て』（南方新社）、『保育者が出会う発達問題』（共著、フレーベル館）、他多数。

著者
（五十音順）

井上裕美子（いのうえ ゆみこ）

鹿児島県霧島市横川町在住。1975年より安良保育園に勤務。子どもからエネルギーをもらって元気倍増中！

宇佐美純代（うさみ すみよ）

熊本県八代市在住。1987年より文政保育園に勤務。子どもの笑顔に元気をもらい、家族の応援に支えられ、保育のできる自分は幸せ！

内村真奈美（うちむら まなみ）

鹿児島県姶良郡湧水町在住。1986年より安良保育園に勤務。保育の魅力にとりつかれて22年。体力には自信あり！？
多少のことでは動じません！

久留須泉子（くるす いずこ）

鹿児島県霧島市横川町在住。1997年4月より安良保育園に勤務。鹿児島弁が大好きで、子どもたちに伝言中！

【資料提供】 安良保育園・文政保育園
【写真提供】 安良保育園

＜装　丁＞ レフ・デザイン工房

保育課程の研究
―子ども主体の保育の実践を求めて―

2009年5月20日　初版発行 ©

編著者　阿部和子
　　　　前原　寛
発行者　服部雅生
発行所　㈱萌文書林
〒113-0021 東京都文京区本駒込6-15-11
TEL (03) 3943-0576　FAX (03) 3943-0567
(URL) http://www.houbun.com
(e-mail) info@houbun.com

印刷／製本　シナノ印刷（株）

ISBN 978-4-89347-135-2　C3037